Ulf Heitmann, Peter Melcher, Egbert von Steuber

Die Lokomotiven der Baureihe 50
und ihr Verbleib

– eine Stationierungsdokumentation –

Titelseite:
050 997 und 052 963 bespannten im Juni 1969 gemeinsam einen Sonderzug von Marburg nach Korbach. Südlich von Cölbe befindet sich der Zug noch auf der Hauptstrecke Gießen–Kassel. Der Fotostandpunkt ist heute nicht wieder zu erkennen, zwei Straßenbrücken überspannen hier jetzt die Gleise. Foto: Manfred Ritter

Rückseite:
Planmäßig mit Dampflok: Am 21. Juli 1983 passiert 50 3562 mit dem P 19413 (Thale–Halberstadt) das Einfahrsignal von Neinstedt; der Zug besteht ausschließlich aus Kurswagen nach Berlin. Foto: Peter Tadsen

Impressum

Herausgeber: LOKRUNDSCHAU Verlag GmbH,
Geesthachter Straße 28a, 21483 Gülzow
Autoren: Ulf Heitmann, Peter Melcher, Egbert von Steuber
Layout: bruns Medienkommunikation, 21522 Hohnstorf
Druck: Fuldaer Verlagsanstalt GmbH & Co. KG, Fulda

ISBN 978-3-931647-22-3
© LOKRUNDSCHAU Verlag GmbH
1. Auflage 2008
Alle Rechte – auch der Vervielfältigung – vorbehalten.
– Printed in Germany –

Inhaltsverzeichnis

Vorwort 5

Die Baureihe 50 (alt) 7
   Die Baureihe 50 bei der DB 11
   Bauartänderungen bei der DB 17
   Die Baureihe 50 bei der DR 19
   Bauartänderungen bei der DR 23
Verbleibsliste 50 (alt) 24
Die Baureihe 50.40 der DB 151
Verbleibsliste 50.40 DB 154
Die Baureihe 50.35 der DR (Umbau-/Rekolok) 156
Verbleibsliste mit Erstbeheimatung 50.35 DR 158
Die Baureihe 50.50 der DR (Öl-Umbau) 176
Verbleibsliste mit Erstbeheimatung 50.50/50.00 DR 178
Die Baureihe 50.40 der DR (Neubau) 181
Verbleibsliste 50.40 DR (Neubau) 184

Lieferlisten Baureihe 50 (alt) 188
Lieferliste Baureihe 50.40 DR (Neubau) 190
Erstzuteilungen Baureihe 50 (alt) 191
Erstzuteilungen Baureihe 50.40 DR (Neubau) 199

Technische Daten 201
Verzeichnis der Abkürzungen 204
Literaturverzeichnis 206

Der Güterverkehr zwischen Herzberg/Harz und Ellrich war bis 1976 Aufgabe von Dampfloks, darunter auch der Baureihe 50. Die Steigungen dieser Strecke, hier zwischen Scharzfeld und Osterhagen mit 050 446 im März 1976, forderten den Maschinen einiges ab. Foto: Joachim Stübben

Sehr geehrter Eisenbahnfreund,

nach 1972 und 1993 ist nun also die dritte Veröffentlichung zur Baureihe 50 von der LOK-RUNDSCHAU erschienen. Gegenüber dem Buch von 1993 wurden sowohl der Berichtsteil als auch der Statistikteil erweitert und vor allem total überarbeitet. Teilweise hatte der leider viel zu früh verstorbene Karl-Heinz Jansen, Mitautor vieler bei der LOKRUNDSCHAU erschienener Stationierungsdokumentationen, Daten und Ergänzungen zur Baureihe 50 gesammelt, so dass wir darauf zurückgreifen konnten. In mühevoller Kleinarbeit haben wir versucht, Informationslücken zu schließen und unterschiedliche Angaben zu hinterfragen, trotzdem blieben bei den Verbleibsangaben einige wenige Lücken. Unter insgesamt 3.570 nachzuweisenden Loknummern ist der Vermerk »Verbleib unbekannt« bei neun Loks absolut vertretbar.

Bei der Menge an Daten, die hier verarbeitet werden mussten, ist uns durchaus klar, dass es Ergänzungen und Verbesserungen geben wird. Senden Sie diese Angaben dann bitte an die Verlagsanschrift, wir werden diese sammeln und in unregelmäßigen Abständen auf unserer Internetseite (www.lokrundschau.de) veröffentlichen.

Ohne die Zuarbeit und Unterstützung von vielen Eisenbahnfreunden wäre auch diese Veröffentlichung nicht möglich gewesen. Dafür möchten wir uns herzlich bedanken. Die Auswahl bei den Fotos haben wir uns nicht leicht gemacht. Wollten wir doch Bilder, die in dem Buch von 1993 veröffentlicht waren, nicht noch einmal bringen. So finden Sie hier eine ganz neue Palette an Einsatzfotos dieser Baureihe. Auch bei den Fotoeinsendern, hier möchten wir die Herren Dietmar Brämert, Werner Brutzer, Hartmut Duvendack, Reinhard Gumbert, Dr. Daniel Hörnemann, Holger Kaufhold, Wolfgang Löckel, Bernhard Mrugalla, Hansjürgen Rippin, Manfred Ritter, Helmut Röth, Joachim Stübben und Peter Tadsen besonders nennen, bedanken wir uns herzlich.

Die vielseitig einsetzbaren Lokomotiven der Baureihe 50 waren lange Zeit sowohl bei der DB als auch bei der DR nicht entbehrlich. Bei beiden Bahnen war die Baureihe fast bis zum Schluss der »Dampfzeit« eingesetzt. Bei der DB endete der Einsatz der Baureihe 50 im Februar 1977, bei der DR sogar erst im Oktober 1988.

Etliche Lokomotiven haben »überlebt« und sind heute als Denkmal oder als Museumslok noch vorhanden, teilweise sind sie auch im »richtigen Einsatz« vor Museumszügen oder gar bei »Plandampf-Veranstaltungen«. Besonders die Lokomotiven der Reko-Baureihe 50.35 haben hierbei einen großen Anteil, da sie bis zuletzt bei der DR im Plandienst eingesetzt wurden.

Gülzow, Westheim, Lingen an der Ems im September 2008
   Ulf Heitmann, Peter Melcher und Egbert von Steuber

Die Baureihe 50

Die Überalterung der Länderbahnmaschinen zwang die neu gegründete Deutsche Reichsbahn, ihren Lokomotivpark zu verjüngen. Als Folge daraus entstanden die »Einheitslokomotiven«. Im mittelschweren Güterverkehr bildete die Baureihe 57.10, die ehemalige preußische G 10, das Rückgrat. In der Ebene konnte sie immerhin einen Güterzug mit 1.460 t mit einer Geschwindigkeit von 50 km/h befördern. Mitte der dreißiger Jahre machte man sich im Reichsverkehrsministerium (RVM) Gedanken über einen Ersatz für die Baureihe 57.10, welche erstmals 1910 gebaut worden war. Zu diesem Zeitpunkt waren die Maschinen also zwischen 10 und 25 Jahre alt. Wesentlich negativer bemerkbar als das Alter machte sich die mit 60 km/h entscheidend zu geringe Höchstgeschwindigkeit. Gestiegene Zuglasten und eine höhere Streckengeschwindigkeit ließen die Baureihe 57.10 nicht mehr zeitgemäß erscheinen. Deshalb beauftragte das RVM 1937 das Reichsbahn-Zentralamt (RZA) mit der Durchbildung einer leistungsfähigen Güterzuglokomotive für Nebenbahnen. Die neue Lokomotive sollte eine Höchstgeschwindigkeit von 80 km/h erreichen, in der Ebene einen mittelschweren Güterzug (1.400 t) mit mindestens 60 km/h befördern, sowie Bögen mit 140 m Halbmesser befahren können. Weitere Forderungen waren: Hohe Rückwärtsgeschwindigkeit, höchstens 16 t Achslast sowie eine einfache Bauweise.

Weil man beim RZA einer 1'E-Lokomotive nicht die hohe Rückwärtsgeschwindigkeit zutraute, plante man eine 1'D-Lokomotive, für welche die Baureihenbezeichnung 46 vorgesehen war. Beim RVM bezweifelte man, ob eine 1'D-Lok die erforderliche Reibungsmasse erhalten könne und empfahl zu prüfen, ob eine 1'E-Maschine nicht zweckmäßiger sei. Von den Lokomotivfabriken wurden folgende Entwürfe eingereicht: Henschel & Sohn zwei 1'D-Lokomotiven, das Vereinheitlichungsbüro der Deutschen Reichsbahn (VB) und Borsig je eine 1'D-Lokomotive. Nur die Berliner Maschinenbau AG, vorm. L. Schwartzkopff (BMAG), und Krupp boten neben einer 1'D auch den Entwurf einer 1'E-Lok an. Nach langen Debatten setzte sich dann schließlich die 1'E-Lokomotive durch.

1939 lieferte Henschel die ersten zwölf Loks in den Monaten März bis Juli an die Deutsche Reichsbahn ab. Neben Henschel waren von Anfang an auch die Firmen Krauss-Maffei, Krupp und die Wiener Lokomotivfabrik AG (WLF, manchmal auch in Betriebsbüchern als »Lofag« bezeichnet) am Bau der Baureihe 50 beteiligt, was für 1939 ein Ergebnis von 214 Maschinen ergab.

Bei der 50 011, hier Ende Juni 1939 im Werkshof der Firma Henschel in Kassel fotografiert, war versuchsweise ein Weikato-Funkenfänger eingebaut.   Henschel Werkfoto, Sammlung Dr. D. Hörnemann

Die Baureihe 50

Noch fast fabrikneu, Abnahme 3. Juni 1939, präsentiert sich 50 008 vom Bw Engelsdorf in Rangierbahnhof Dresden-Friedrichstadt im August 1939. Foto: Carl Bellingrodt, Sammlung Dr. D. Hörnemann

Zum 01.01.1940 verteilten sich diese Lokomotiven auf 21 Direktionen und folgende Bw:

RBD Augsburg:	Bw Kempten/Allgäu, Lindau i. B.
RBD Berlin:	Bw Wustermark
RBD Erfurt:	Bw Coburg, Gera
RBD Essen:	Bw Wedau
RBD Frankfurt/Main:	Bw Betzdorf/Sieg, Limburg(Lahn)
RBD Halle/Saale:	Bw Elsterwerda, Engelsdorf, Leipzig-Wahren
RBD Hannover:	Bw Bremen Vbf, Wesermünde-Geestemünde
RBD Karlsruhe:	Bw Karlsruhe Rbf, Radolfzell
RBD Kassel:	Bw Nordhausen, Sangerhausen
RBD Köln:	Bw Köln-Eifeltor
RBD Linz:	Bw Linz/Donau
RBD Mainz:	Bw Mainz-Bischofsheim
RBD München:	Bw Ingolstadt, Simbach/Inn
RBD Münster(Westf):	Bw Osnabrück Hbf
RBD Nürnberg:	Bw Nürnberg Rbf
RBD Regensburg:	Bw Plattling, Passau
RBD Saarbrücken:	Bw Ehrang, Kaiserslautern, Trier Hbf
RBD Stuttgart:	Bw Heilbronn/Neckar
RBD Villach:	Bw Knittelfeld, Villach
RBD Wien:	Bw Mürzzuschlag, Wien West
RBD Wuppertal:	Bw Vorhalle

Durch den Kriegsausbruch am 1. September 1939 stieg der Bedarf an Güterzuglokomotiven sprunghaft an, und es machte sich ein Mangel an geeigneten Maschinen bemerkbar. Zunächst versuchte man dem mit einem eingeschränkten Fahrplan zu begegnen, was natürlich nicht die benötigte Anzahl an Loks freisetzen konnte. Um die Produktion an Güterzuglokomotiven zu erhöhen, stornierte die Reichsbahn 1941 sämtliche Dampflokbestellungen zugunsten der als wichtig eingestuften Baureihen 44, 50 und 86.

Die durch den Krieg bedingte Rohstoffknappheit forderte geradezu dazu heraus, die »verschwenderische« Friedensausführung der Baureihe 50 zu »entfeinern«. Neben dem Einsparen von wichtigen Rohstoffen sollte so auch der Übergang auf eine reine Kriegslok erleichtert werden. Die im einzelnen bei der Baureihe 50 durchgeführten Entfeinerungsmaßnahmen erreichten mehr als 400 Posten. Äußerlich augenscheinlich waren der Wegfall der Windleitbleche, nur noch ein Führerhausseitenfenster, Wegfall der schrägen Abdeckung des Umlaufbleches, Rauchkammerverschluss (Handrad) und Speisedom entfallen, ebenso Radkästen für Laufachsen. Betriebsnummern und Beschriftungen wurden nur aufgemalt. Zunehmend war das Auftauchen von Teilen der Baureihe 52 zu beobachten, wie beispielsweise Treib- und Kuppelstangen, Sandkasten, Schornstein usw. Die so »entfeinerten« Maschinen erhielten zur besseren Unterscheidung von der »friedensmäßigen« Ausführung den Zusatz »ÜK« (Übergang zur Kriegslok). Im Sommer 1942 unterschied sich die Baureihe 50 kaum noch von der geplanten Kriegslok der Baureihe 52. Bereits im September 1942 wurde die 52 001 der Öffentlichkeit vorgestellt.

Ab 1940 stiegen die Firmen Borsig, BMAG, Orenstein & Koppel (ab 1941 Maschinenbau u. Bahnbedarf AG, MBA) sowie Ferdinand Schichau in den Bau der Baureihe 50 ein, so dass 646 Maschinen an die DRG abgeliefert werden konnten. 1941 nahm die Maschinenfabrik Esslingen die Produktion der Baureihe 50 auf, und auch im besetzten Osten spannte man die dortigen Lokfabriken beim Bau der 50er ein. Dies waren 1941 die AG Skoda-Werke in Pilsen sowie die Deutsche Waffen- u. Munitionsfabriken AG, Werk Posen (vorm. Cegielski), 1942 die Erste Böhmisch-Mährische Maschinenfabrik in Prag (Ceskomoravská Kolben Danek = CKD), 1943 die Ostrowiecer Hochofenwerke Lokfabrik, Werk Warschau. Ab 1943 bezog man auch die im besetzten Belgien ansässigen Lokfabriken mit in den Bau der Baureihe 50 ein. Dies betraf die Firmen Cockerill, Couillet, Energie, Franco-Belge, Haine St. Pierre, La Meuse und Tubize. Insgesamt waren nun 21 Lokomotivfabriken am Bau der Baureihe 50 beteiligt, welche bis 1944 insgesamt 3.141 Exemplare auf die Schienen stellten.

Anfang 1943 hatte die Industrie bereits 2.758 Lokomotiven der Baureihe 50 an die Reichsbahn ausgeliefert. Gegenüber 1939 hatten inzwischen alle RBDen die Baureihe 50 in ihrem Bestand und die Anzahl der Bahnbetriebswerke hatte sich auch kräftig erhöht:

RBD Augsburg:	Bw Augsburg, Kempten/Allgäu, Lindau/Bodensee, Neu Ulm
RBD Berlin:	Bw Berlin-Lichtenberg, -Schöneweide Vbf, -Pankow, Potsdam, Seddin, Tempelhof Vbf, Wustermark Vbf

RBD Breslau:	Bw Arnsdorf b. Liegnitz, Breslau-Mochbern, Böhmisch Trübau, Görlitz, Kamenz(Schles.), Königszelt, Kohlfurt, Liegnitz, Oels, Sagan, Schlauroth, Sommerfeld, Strehlen(Schles.), Waldenburg-Dittersbach
RBD Danzig:	Bw Bromberg Hbf, Bromberg Ost, Danzig Vbf (vorm.»Rdz«), Deutsch Eylau, Dirschau, Graudenz, Illowo, Konitz, Marienburg(Westpr), Strasburg(Westpr), Thorn Hbf
RBD Dresden:	Bw Adorf(Vogtl), Chemnitz Hbf, Chemnitz-Hilbersdorf, Dresden-Friedrichstadt, Komotau, Riesa
RBD Erfurt:	Bw Coburg, Eisenach, Gotha, Saalfeld(Saale), Zeitz
RBD Essen:	Bw Bochum-Dahlhausen, Bochum-Langendreer, Dortmunderfeld, Dortmund Vbf, Duisburg, Gelsenkirchen-Bismarck, Hamm(Westf), Oberhausen Hbf, Osterfeld Süd, Recklinghausen Hbf, Wanne-Eickel Hbf, Wedau
RBD Frankfurt/Main:	Bw Bebra, Betzdorf/Sieg, Dillenburg, Elm, Frankfurt/M 1, 2 und 3, Fulda, Gießen, Limburg/Lahn
RBD Halle/Saale:	Bw Bitterfeld, Cottbus, Engelsdorf, Elsterwerda, Falkenberg(Elster), Großkorbetha, Halle P und G, Hoyerswerda, Köthen, Leipzig-Wahren, Senftenberg/Niederl., Wittenberg(Prov. Sa)
RBD Hamburg:	Bw Buchholz (Krs. Harburg), Flensburg, Hagenow Land, Hamburg-Eidelstedt, -Harburg, -Rothenburgsort, Lüneburg, Neumünster, Wittenberge
RBD Hannover:	Bw Braunschweig Hbf und Vbf, Bremen Hbf und Vbf, Gütersloh, Halberstadt, Helmstedt, Hildesheim, Lehrte, Löhne(Westf), Magdeburg-Buckau und -Rothensee, Minden(Westf.), Nienburg/Weser, Oebisfelde, Salzwedel, Seelze, Stendal, Uelzen, Wesermünde-Geestemünde
RBD Karlsruhe:	Bw Karlsruhe Rbf, Kolmar, Mühlhausen(Els) Rbf, Offenburg, Radolfzell, Straßburg(Els) Rbf
RBD Kassel:	Bw Göttingen P und G, Kassel, Marburg/Lahn, Nordhausen, Paderborn, Sangerhausen, Treysa
RBD Köln:	Bw Aachen Hbf und West, Bonn, Düren, Euskirchen, Gremberg, Herbesthal, Hohenbudberg, Jünkerath, Koblenz-Lützel, Köln-Eifeltor, -Kalk Nord und -Nippes, Linz(Rhein), Montzen, Neuß, Rheydt, Stolberg(Rhld), Troisdorf
RBD Königsberg(Pr):	Bw Allenstein, Bialystok, Eydtkau, Insterburg, Königsberg(Pr), Korschen, Lyck, Osterode/Ostpr., Prostken, Tilsit, Wolkowysk
RBD Linz:	Bw Amstetten(Niederdonau), Linz(Donau)
RBD Mainz:	Bw Bingerbrück, Darmstadt, Darmstadt-Kranichstein, Kirn(Nahe), Landau(Pfalz), Ludwigshafen/Rhein, Mainz-Bischofsheim, Oberlahnstein, Worms
RBD München:	Bw Ingolstadt, München Ost, Simbach/Inn

RBD Münster(Westf):	Bw Emden, Haltern(Westf), Kirchweyhe, Münster(Westf), Oldenburg(Old) Vbf, Osnabrück Hbf und Gbf, Rheine
RBD Nürnberg:	Bw Aschaffenburg, Bamberg, Gemünden(Main), Lichtenfels, Nürnberg Hbf und Rbf, Schweinfurt, Würzburg
RBD Oppeln:	Bw Auschwitz, Beuthen O/S, Dzieditz, Gleiwitz, Jablunkau, Karwin, Kattowitz, Kreuzburg O/S, Lazy, Myslowitz, Oderberg Hbf, Oderberg K.O., Oppeln, Peiskretscham, Ratibor, Rybnik, Schoppinitz, Strzemieszyce, Tarnowitz
RBD Osten:	Bw Arnswalde, Frankfurt(Oder) Vbf, Guben, Kreuz, Küstrin, Landsberg(Warthe), Neu Bentschen, Schneidemühl Pbf und Vbf
RBD Posen:	Bw Gnesen, Hohensalza, Jarotschin, Kutno, Konin, Lissa, Ostrowo, Posen Vbf
RBD Regensburg:	Bw Eger, Plattling, Schwandorf, Weiden(Opf)
RBD Saarbrücken:	Bw Diedenhofen(Westmark), Ehrang, Homburg/Saar, Kaiserslautern, Mayen Ost, Merzig/Saar, Metz, Neunkirchen/Saar, Riedingen, Saarbrücken Hbf und Vbf, Saargemünd, Trier Hbf
RBD Schwerin(Meckl):	Bw Güstrow, Lübeck, Neubrandenburg, Neustrelitz, Parchim, Seestadt Rostock, Schwerin(Meckl)
RBD Stettin:	Bw Angermünde, Belgard(Pom), Eberswalde, Jädickendorf, Naugard, Pasewalk, Pyritz, Stargard(Pom), Stettin Hbf und Gbf, Stolp, Stralsund, Wriezen
RBD Stuttgart:	Bw Aalen, Aulendorf, Crailsheim, Kornwestheim, Lauda, Pforzheim, Rottweil, Stuttgart Hbf, Tübingen, Ulm
RBD Villach:	Bw Knittelfeld, St. Veit(Glan), Villach, Villach West
RBD Wien:	Bw Lundenburg, Graz, Hütteldorf, Marburg(Drau), Mürzzuschlag, Wien FJB, Wien West
RBD Wuppertal:	Bw Altenhundem, Brügge(Westf), Dieringhausen, Düsseldorf-Derendorf, Düsseldorf Hbf, Hagen Gbf, Kreuztal, Opladen, Schwerte(Ruhr), Wuppertal-Langerfeld und -Vohwinkel
Generaldirektion der Ostbahn (Gedob):	Bw Siedlce, Sochaczew, Warschau Ost, West und -Praga

Die Baureihe 50 bei der DB

Als am 8. Mai 1945 die Waffen schwiegen, war das Deutsche Reich in vier Besatzungszonen aufgeteilt, die Gebiete jenseits von Weichsel und Oder waren an Polen gefallen, auch wenn noch bis in die fünfziger Jahre auf Landkarten vermerkt war: »Zur Zeit unter polnischer Verwaltung«.

Das RZA, welches seinen Sitz nach Göttingen verlegt hatte, veranlasste eine Zählung des vorhandenen Maschinenparks. Das Ergebnis per 31.12.1945 ergab 2.489 Maschinen der Baureihe 50 in den drei Westzonen. Diese verteilten sich auf die einzelnen Direktionen wie folgt:

RBD Augsburg:	40	RBD Kassel:	127	RBD Nürnberg:	67
RBD Essen:	272	RBD Köln:	240	RBD Regensburg:	16
RBD Frankfurt/M:	206	RBD Mainz:	130	RBD Saarbrücken:	137
RBD Hamburg:	228	RBD München:	13	RBD Stuttgart:	143
RBD Hannover:	398	RBD Münster(Westf.):	282	RBD Wuppertal:	100
RBD Karlsruhe:	90				

Bis 1948 schieden insgesamt 50 Lokomotiven aus, meistens wurden Kriegsschadloks ausgemustert oder solche Maschinen, bei denen sich die Aufarbeitung nicht mehr lohnte.

Die Forderung der westlichen Alliierten, dass alle im Ausland gebauten Maschinen an das jeweilige Land abzugeben seien, traf die Reichsbahn hart. Im wesentlichen betraf dies die Baureihen 42, 44, 50, 52 und 86, welche von folgenden Ländern gebaut worden waren:

Rund ein Jahr alt war 50 543, als sie am 26. Mai 1941 an der Strecke Deutsch Eylau – Allenstein, vermutlich in Osterode/Ostpreußen, aufgenommen wurde. Bei der DB wurde die Lok bereits 1956 ausgemustert.
Foto: Heinrich Moritzen, Sammlung Dietmar Brämert

Belgien	134 x BR 50
Frankreich	359 x BR 44, 52
Österreich	760 x BR 44, 50, 52, 86
Polen	252 x BR 44, 50, 52, 86
Tschechoslowakei	163 x BR 50, 52

Die Baureihe 50 betreffend waren 119 Lokomotiven an Belgien abzugeben. Auf Grund der bevorstehenden Abgaben ordnete die HVE an, dass im Ausland gebaute Lokomotiven nur noch L0 und L2-Ausbesserungen erhalten dürften, bei Anfall einer L3 oder L4 seien sie abzustellen. Die Übergabe der an Belgien abzuliefernden 50er erfolgte von August 1949 bis Januar 1950 über die Grenzbahnhöfe Herbesthal und Montzen. Als Ausgleich für die im Krieg zugelieferten Teile wie Armaturen, Bremsausrüstung oder Speiseeinrichtung, verzichtete Belgien auf zehn Maschinen. Mit Österreich erzielte die DB eine Einigung, dass die von der Wiener Lokfabrik gelieferten Loks in Betrieb blieben. Die in Polen und der Tschechoslowakei gebauten Maschinen blieben weiterhin abgestellt, da eine Abgabe an diese Länder nicht zustande kam. Ein geringer Teil sollte später wieder in Fahrt kommen, die meisten blieben abgestellt und wurden erst Anfang der sechziger Jahre ausgemustert.

Durch einen Lokomotivtausch mit Belgien kamen im Juni 1950 die Lokomotiven 50 133, 434, 1314, 1539, 1774, 2700 und 3052 an die DB zurück, welche alle, außer 50 3052, wieder in Betrieb nahm. 1952 kehrten aus Ungarn die 50 1387, 1689, 1900 und 2617 im Rahmen eines Loktausches zurück. Bis auf 50 1900, welche am 10.08.1957 ausgemustert wurde, wurden die restlichen drei Maschinen wieder in Betrieb genommen.

Am 1. Juni 1952 umfasste der Lokbestand 2.090 Exemplare der Baureihe 50, die sich wie folgt auf alle sechzehn Direktionen verteilten:

BD Augsburg	32	BD Kassel	40	BD Nürnberg	78
BD Essen	259	BD Köln	216	BD Regensburg	78
BD Frankfurt(M)	151	BD Mainz	175	BD Stuttgart	150
BD Hamburg	144	BD München	45	BD Trier	32
BD Hannover	284	BD Münster(W)	183	BD Wuppertal	140
BD Karlsruhe	83				

1956 konnte der Bestand um sieben Maschinen erhöht werden, da Lokomotiven der Nachkriegs-Bauserie der Baureihe 52 (52 129 – 52 135) im AW Bremen Rahmen von ausgemusterten 50ern erhielten und als 50 3165 bis 3171 eingereiht wurden.

1954 rüstete die DB die 50 1412 mit einem Franco-Crosti-Kessel aus und zeichnete sie 1958 in 50 4001 um. In den Jahren 1958 und 1959 rüstete das AW Schwerte(Ruhr) weitere 30 Lokomotiven in dieser Weise um und reihte sie als 50 4002 bis 50 4031 ein.

Bis 1957 hielten sich die Ausmusterungen in Grenzen, ausgemustert wurden lediglich Unfallloks oder abgestellte 50er, welche im Ausland gebaut worden waren. 38 Exemplare wurden so aus dem Bestand gestrichen. In den Jahren 1958/59 schieden weitere 54 Maschinen aus, in der Regel im Ausland gebaute Abstelllok.

Der Erhaltungsbestand vom 01.10.1959 umfasste noch 2.069 Lokomotiven (einschließlich Baureihe 50.40), welche sich wie folgt auf die Direktionen verteilten:

BD Augsburg	42	BD Kassel	52	BD Regensburg	66
BD Essen	317	BD Köln	202	BD Saarbrücken	67
BD Frankfurt(M)	132	BD Mainz	131	BD Stuttgart	87
BD Hamburg	150	BD München	48	BD Trier	39
BD Hannover	322	BD Münster(W)	170	BD Wuppertal	171
BD Karlsruhe	62	BD Nürnberg	69		

Da die Baureihe 50 weiterhin voll unterhalten wurde, fielen der Ausmusterung nur solche Maschinen zum Opfer, welche einen Kessel aus St 47 K hatten, Unfall-Loks oder im Ausland gebaute Altschadloks. Es schieden bis 1963 aus:

1960:	20 Loks
1961:	17 Loks
1962:	23 Loks
1963:	34 Loks

Zum 01.06.1963 betrug der Erhaltungsbestand immer noch 2.053 Lok, aber in den folgenden Jahren gab es erste Einschränkungen bei der Unterhaltung. Der um 1965 einsetzende Rückgang der Wirtschaft, Strukturwandel und Abstellung der Maschinen mit St 47 K-Kesseln sorgten dafür, dass in den kommenden Jahren der Bestand mehr als halbiert wurde. Die HVB musterte aus:

1964:	42
1965:	256 + 3 x 50.40
1966:	216 + 8 x 50.40
1967:	159 + 20 x 50.40

Am 31.05.1967 waren immerhin noch 1.105 Lokomotiven der Baureihe 50 im Erhaltungsbestand, die Baureihe 50.40 schied bis Ende 1967 komplett aus.

Die Einführung der elektronischen Datenverarbeitung (EDV) brachte für die Baureihe 50 neue Bezeichnungen. Die Baureihennummer wurde dreistellig und begann für Dampfloks mit einer Null, die Ordnungsnummer wurde ebenfalls dreistellig, ergänzt durch eine Prüfziffer für den Rechner. 50 001 wurde so zur 050 001-7, 50 1004 zur 051 004-0, 50 2020 zur

Die Baureihe 50

Sonntagsruhe auch für die Baureihe 50. Am 28. Juni 1970 konnte Peter Melcher die 052 323 zusammen mit den 052 790, 604, 053 009, 052 600 und 052 296 im Lokschuppen ihres Heimat-Bw Limburg/Lahn aufnehmen.

052 020-5, 50 3001 zur 053 001-4, lediglich 50 3000 erhielt abweichend die Nummer 053 003-8. Zur Umnummerung vorgesehen waren alle 1967/68 noch vorhandenen Maschinen, 1.607 Stück an der Zahl. In dieser Summe sind auch 18 Maschinen der Reihe 50.40 enthalten, vorgesehen als 054 002-1 bis 054 031-0, welche aber nicht zur Umzeichnung kamen, da sie bis Ende 1967 ausgemustert wurden. Für die ölgefeuerte 50 4011 war im übrigen die neue EDV-Nummer 059 011-7 reserviert. Ebenso schieden bis Ende 1967 noch weitere Maschinen aus dem Bestand, welche für eine Umzeichnung vorgesehen waren, so dass auch hier eine Umzeichnung entfiel. Auch bei vielen Loks, welche bereits abgestellt waren, verzichtete man auf eine neue Beschriftung.

In den Jahren 1968 (246) und 1969 (188) reduzierte die HVB nochmals kräftig den Bestand, ehe der im Herbst 1969 einsetzende Wirtschaftsaufschwung und der dadurch gestiegene Transportbedarf für Lokmangel sorgten. So kam es, dass die Baureihe 50 plötzlich wieder äußerst begehrt war und man bereits abgestellte Maschinen wieder von den Abstellgleisen holte und sie einer Ausbesserung unterzog. In einem Sonderprogramm sollten bis zu 140 Lokomotiven der Baureihe 50, welche teilweise seit 1966 abgestellt waren, wieder reaktiviert und einer Kesselauslaufuntersuchung (H2.8) unterzogen werden. Doch bereits im Dezember 1970 verfügte die HVB einen Aufarbeitungsstop und eine wiederholte Z-Stellung der noch auf Ausbesserung wartenden Maschinen.

Die Lokomotiven der Baureihen 50 und ihr Verbleib

Auf Grund des oben erwähnten Lokmangels schieden 1970 nur 42 Maschinen aus dem Bestand aus, 1971 waren es dann allerdings wieder 146. 1972 wurde mit 144 Exemplaren eine ähnlich hohe Quote erreicht, so dass sich am Jahresende 1972 noch 687 Lokomotiven der Baureihe 50 im Bestand der Deutschen Bundesbahn befanden und auf zwölf Direktionen verteilten:

BD Essen	Bw Duisburg-Wedau, Hamm(Westf), Oberhausen-Osterfeld Süd, Paderborn, Wanne-Eickel
BD Frankfurt(M)	Bw Limburg/Lahn
BD Hannover	Bw Lehrte, Uelzen
BD Karlsruhe	Bw Mannheim (nur Z-Lok)
BD Kassel	Bw Kassel
BD Köln	Bw Gremberg, Hohenbudberg, Koblenz-Mosel, Köln-Eifeltor, Mayen, Neuß, Stolberg(Rhld)
BD Münster(W)	Bw Emden
BD Nürnberg	Bw Aschaffenburg, Hof, Kirchenlaibach, Nürnberg Rbf, Schweinfurt
BD Regensburg	Bw Plattling, Schwandorf, Weiden(Opf)
BD Saarbrücken	Bw Dillingen/Saar, Ehrang, Kaiserslautern, Saarbrücken
BD Stuttgart	Bw Crailsheim, Heilbronn(Neckar), Rottweil, Tübingen, Ulm,
BD Wuppertal	Bw Betzdorf/Sieg

1973 verabschiedete sich die Baureihe 50 aus den Direktionen Frankfurt(M), Karlsruhe und Kassel, was in der Regel bedeutete, dass diese Direktionen damit auch dampffrei wurden. 1974 strich die DB weitere 190 Maschinen aus dem Bestand. So befanden sich am Jahresende 1974 noch 377 Lokomotiven der Baureihe 50 im Besitz der DB, verteilt auf sechs Direktionen. Mit den BDen Münster, Regensburg und Wuppertal waren drei weitere Bezirke von der BR 50 »befreit«, was aber damit zusammenhing, dass diese Direktionen aufgelöst werden sollten und man deren letzte 50er-Bw anderen Direktionen unterstellte. Im einzelnen war die Baureihe 50 noch zu finden in:

BD Essen	Bw Betzdorf, Duisburg-Wedau, Hamm(Westf), Oberhausen-Osterfeld Süd, Wanne-Eickel
BD Hannover	Bw Emden, Lehrte, Uelzen
BD Köln	Bw Gremberg, Mayen, Neuß, Stolberg(Rhld)
BD Nürnberg	Bw Bayreuth (Ast Kirchenlaibach), Hof, Schwandorf, Schweinfurt, Weiden(Opf)
BD Saarbrücken	Bw Ehrang, Kaiserslautern, Saarbrücken
BD Stuttgart	Bw Crailsheim, Rottweil, Ulm

1975 musterte die DB nach 1965 (256 Loks) und 1966 (224 Loks) mit 219 Stück die dritthöchste Anzahl an Maschinen der Baureihe 50 aus. Damit schrumpfte die Anzahl der 50er-Dienststellen gewaltig, am Jahresende verblieben in fünf Direktionen noch sieben Bahnbetriebswerke:

BD Essen	Bw Betzdorf, Duisburg-Wedau
BD Hannover	Bw Lehrte
BD Köln	Bw Stolberg
BD Saarbrücken	Bw Saarbrücken
BD Stuttgart	Bw Crailsheim, Ulm

Da die DB schnellstens dampffrei werden wollte, musterte man 1976 fast den gesamten Bestand an 50ern, nämlich 151 Stück, aus. Am 1. Januar 1977 beheimatete das Bw Duisburg-Wedau als letzte 50er-Dienststelle noch sechs Maschinen:

050 413 (z), 904
051 255, 724
052 429, 908

Als vorerst letzte DB-50er war 051 724 unter ihrer alten Nummer »50 1724« am 19. Februar 1977 zusammen mit 44 508 vor einem Sonderzug der DGEG im Einsatz. Mit der ZTL-Verfügung vom 21. Februar 1977 (200.2002 Fau 2/1) schieden die letzten sechs 50er aus dem Bestand der DB aus.

Bauartänderungen bei der DB

Nach dem Krieg hatte die DB rund 1.000 Maschinen im Bestand, deren Kessel aus hochfesten Kesselbaustoff St 47 K gefertigt waren. Dieser Kesselbaustoff erwies sich jedoch als spröde, weshalb man Kessel aus St 47 K gegen solche aus St 34 K der Baureihe 52 austauschte. Diese Maßnahme war ohne größere Anpassungsarbeiten möglich, und die Kessel von ausgemusterten 52er standen zur Genüge zur Verfügung.

1956/57 baute die DB sieben 52er mit Mischvorwärmer in Loks der Baureihe 50 um (52 129 – 135 = 50 3165 – 3171). Diese Loks erhielten den Rahmen von ausgemusterten Maschinen der Baureihe 50, während Kessel und Tender von der Baureihe 52 kamen.

Um die Wirtschaftlichkeit der Dampflok zu erhöhen, testete die DB in den fünfziger Jahren den Giesl-Flachejektor. 1955 wurde damit die 50 1503 ausgerüstet, sie blieb die einzige ihrer Art.

Der Mangel an Güterzug-Gepäckwagen führte zu Überlegungen, diese Art von Wagen nach Möglichkeit ganz einzusparen, da er in der Regel nur vom Zugbegleitpersonal benutzt wurde, ansonsten aber nur toter Ballast war. 1955 rüstete das AW Schwerte(Ruhr) zehn 50er-Tender mit Zugführerkabinen aus, die am Tenderende befestigt wurden. Diese Ausführung bewährte sich jedoch nicht, weshalb man ab 1957 die Kabine in die

Die Baureihe 50

Im Rahmen der Entwicklung der Kabinentender wurden 1955 zehn Tender versuchsweise mit Kabinen versehen, die am Tenderende elastisch aufgehängt waren, sich letztlich aber nicht bewährten. Im August 1955 stand 50 987 mit einem solchen Kabinentender in Köln Hbf.

Foto: Reinhard Todt, Sammlung Wolfgang Löckel

Tendermitte einbaute. Von dieser Bauform wurden insgesamt 734 Tender der Baureihe 50 umgebaut.

Die Baureihe 50 bei der DR

Die Lage der Eisenbahnen in der Sowjetischen Besatzungszone (SBZ) war genauso verheerend wie in den Westzonen, besonders negativ machten sich die Reparationsleistungen an die Sowjetunion (SU) bemerkbar, welche den Wiederaufbau erheblich verzögerten. Nicht nur ganze Industriekomplexe wurden demontiert, bei der Eisenbahn wirkte sich die vielfach durchgeführte Demontage des zweiten Streckengleises besonders hemmend aus. Hinzu kam der Abbau der Oberleitung samt Masten und elektrischer Ausrüstung und die Abfuhr von Lokomotiven und Wagen, wobei man nur das beste Material requirierte. Um den Abtransport der Reparationsgüter in die SU zu gewährleisten, richtete die sowjetische Besatzungsmacht bei vielen Bahnbetriebswerken sogenannte »Transportkolonnen« ein, welche dann für die Durchführung der Transporte verantwortlich waren. Zum Stichtag 01.03.1946 hatte die sowjetische Besatzungsmacht insgesamt 846 Güterzuglokomotiven der Baureihen 41, 42, 43, 44, 50, 52, 55.25, 56.2, 57.10 und 58 für ihre Transportkolonnen beschlagnahmt. Für die Baureihe 50 waren Transportkolonnen bei folgenden Bahnbetriebswerken eingerichtet:

Bw Berlin-Gesundbrunnen:	Kolonne 6
Bw Berlin-Karlshorst:	Kolonne 7
Bw Wittenberg(Prov. Sa):	Kolonne 18
Bw Senftenberg/Niederl.:	Kolonne 20
Bw Schwerin(Meckl):	Kolonne 21
Bw Wittenberge:	Kolonne 22
Bw Sangerhausen:	Kolonne 24
Bw Pasewalk:	Kolonne 26
Bw Stendal:	Kolonne 29

Die Lindauer 50 663, gekuppelt mit einem »Serien-Kabinentender«, rückt am 29. September 1965 ins Heimat-Bw ein. Im Hintergrund ist die ebenfalls im Bw Lindau beheimatete 38 2832 mit ihrem Wannentender zu sehen.

Foto: Peter Konzelmann, Sammlung Rippin

Anfang der fünfziger Jahre verringerte die Sowjetische Militäradministration Deutschlands (SMAD) die Bestände der Kolonnenloks, bis schließlich zum 01.08.1954 die letzten Transportkolonnen aufgelöst und die Lokomotiven an die Reichsbahn zurück gegeben wurden.

Auch in der SBZ wurden 1945 Zählungen durchgeführt, um den vorhandenen Lokbestand zu erfassen. Die Zählergebnisse für die Lokzählung vom 10.08.1945 sind leider nicht bekannt, aber nachdem man die Unterhaltung beim RAW Stendal konzentrierte und ihm zum 01.12.1945 342 Lokomotiven der Baureihe 50 zur Unterhaltung zugewiesen hatte, kann davon ausgegangen werden, dass eben 342 50er bei der Reichsbahn im Osten verblieben. Die Abfuhren in die SU hielten sich bei der Baureihe 50 in Grenzen, die Sowjets waren mehr an den in wesentlich größeren Stückzahlen vorhandenen 52ern interessiert. Für 1945 sind etwa 15 Maschinen abzuschreiben, 1946 nochmals sieben. Zum 01.07.1950 waren insgesamt 329 Lokomotiven der Baureihe 50 vorhanden, einschließlich der Kolonnenloks. Eingesetzt wurden sie in der RBD Berlin bei den Berliner-Bw Karlshorst und Pankow bei den Kolonnen 7 und 3 sowie beim Bw Frankfurt/Oder Vbf. Bei der RBD Greifswald tat die Baureihe 50 Dienst bei der Kolonne 6 beim Bw Pasewalk, und bei der RBD Schwerin führten die Bw Rostock und Wismar die Baureihe 50 im Bestand, hier handelte sich meist um abgestellte Kriegsschadloks. In der RBD Magdeburg hatte man den Rest konzentriert, insgesamt 235 Lokomotiven wurden von den Bw Aschersleben, Güsten, Halberstadt, Köthen, Oebisfelde, Salzwedel, Stendal sowie von den Magdeburger Bw Buckau, Hbf und Rothensee eingesetzt.

Bis 1953 wurden nur solche Kriegsschadloks ausgemustert, deren Aufarbeitung keinen Sinn mehr machte. Zum Jahresende 1954 zählten 325 Lok zum Bestand, davon eine im Schadpark. Die restlichen 324 Maschinen verteilten sich auf fünf Bezirke:

RBD Dresden	31
RBD Greifswald	10
RBD Halle	1
RBD Magdeburg	209
RBD Schwerin	73

Ende 1956 kamen die beiden Neubaulok 50 4001 und 4002 als Baumustermaschinen zur DR, die Serienfertigung folgte allerdings erst 1959/60. 1957 begann mit der Rekonstruktion der 50 380 zur 50 3501 der Umbau zur Baureihe 50.35.

Bis 1960 wurde mit 50 2517 (+ 14.10.1955) nur eine Maschine ausgemustert, mit 50 1624 folgte 1961 eine zweite.

Bis 1962 dauerte der Umbau zur Baureihe 50.35, Ende 1965 rüstete man erste Maschinen der Reihe 50.35 mit einer Ölhauptfeuerung aus und reihte sie als 50.50 ein.

Die Baureihe 50

Die beim Bw Nossen stationierte 50 1002 kam am 22. September 1976 mit einem Güterzug nach Deutschenbora.
Foto: Peter Melcher

Ebenso wie die DB hatte auch die DR eine größere Anzahl von Maschinen im Bestand, welche mit St 47 K-Kesseln ausgerüstet waren und zum Ersatz anstanden. Da die Kessel der 50 und 52 ohne größere Anpassungsarbeiten tauschbar waren, rüstete die DR entsprechende Lokomotiven mit 52er-Kesseln aus, nachdem diese nach der Rekonstruktion der Baureihe 52 genügend zur Verfügung standen.

Vom auch in der DDR einsetzenden Strukturwandel blieb die Baureihe 50 vorerst verschont, denn zuerst schieden die entsprechenden Länderbahnmaschinen aus. So musste mit 50 2263 bis 1967 nur eine weitere Maschine aus dem Bestand gestrichen werden, während dann ab 1968 jährlich mehr oder weniger 50er ausschieden. 1968 erwischte es 50 265 und 2893 sowie mit 50 4065 und 4085 auch zwei Neubaumaschinen, welche allerdings nach Unfällen schon mehrere Jahren abgestellt waren und teilweise als Heizloks genutzt wurden. 1969 traf es 50 689, 793, 866, 2311 und mit 50 4039 eine weitere Unfallok der Neubauserie. 1970 schieden mit 50 2810 eine Altbau- und mit 50 4024 eine Neubaulok nach Unfall aus.

Im gleichen Jahr begann auch die DR ihre Triebfahrzeuge auf EDV umzustellen. Die Lokomotiven der Baureihe 50 betreffend wurden die Altbaumaschinen zur Baureihe 50.10 (-30), die kohlegefeuerten Rekoloks blieben 50.35 (-37), die ölgefeuerten Rekoloks wurden zur Baureihe 50.00 und die Neubauloks blieben die 50.40.

In den folgenden Jahren schieden aus:

	1971	1972	1973	1974	1975	1976	1977	1978	1979	1980	1981	1982
50.00									1	8	8	12
50.10	8	2	10	7	8	2	19	13	18	1	10	
50.35						1			2			
50.40	1	1	2	4	14	8	12	8	5	9	13	4

1983 schied die Baureihe 50.40 komplett aus dem Bestand aus, auch die Baureihe 50.10 war äußerst dezimiert und stand kurz vor dem Ausscheiden. Bis 1987 rollten noch auf das Abstellgleis:

	1983	1984	1985	1986	1987
50.00	12	11	17	1	
50.10	1	1	2	1	
50.35		5	1		7
50.40	2				

Im Frühjahr 1988 waren noch fünf Altbau-50er vorhanden:

50 849	Traditionslok
50 1002	+ (vorgesehen zum Verkauf in die BRD)
50 2146	Z-Lok Bw Glauchau
50 2740	Bw Nossen, fahrfähige Heizlok in Döbeln
50 3145	Z-Lok Bw Karl-Marx-Stadt

Außer 50 849 blieben von den restlichen vier auch 50 1002 (bei der Österreichischen Gesellschaft für Eisenbahngeschichte), 2146 (als Denkmal in Weiden/Oberpfalz) und 2740 (bei den Ulmer Eisenbahnfreunden) erhalten.

Zum 01.01.1992 glich die DR im Vorgriff auf die Vereinigung mit der DB ihre Triebfahrzeugnummern an das System der DB an. Von der Baureihe 50 wurde mit 50 2146-4 eine Altbau-50er (Z-Park) als 050 146-0 umgezeichnet. Richtigerweise hätte man die Lok als 052 146-8 umzeichnen müssen, aber da der Baureihe 52 die Reihenbezeichnung »052« zugedacht war, ist diese Umzeichnung noch nachvollziehbar. Von den Reko-50ern zeichnete man noch 77 Maschinen um, davon befanden sich aber bereits 29 Maschinen im Z-Park. So wurde aus 50 3506-8 die 050 506-5 – in zweiter Besetzung der Nummer, da diese EDV-Nummer bereits 1968 einmal von der DB an die 50 506 vergeben worden war. Derartige Zweitbesetzungen ergaben sich durch die – in den meisten Fällen allerdings nur buchmäßig durchgeführte – Umzeichnung 1992 mehrfach. Warum man die 50.35 nicht als Baureihe 053 eingruppierte, was ja richtig und logisch gewesen wäre, bleibt wohl ein Geheimnis derer, welche diesen Umzeichnungsplan erstellten.

Bauartänderungen bei der DR

Die Ersatzteil- und Materialbeschaffung bereitete der DR große Schwierigkeiten. So musste man mangels Kupfer und Messing auf die Umstellung auf »Vorkriegswerkstoffe« (Buntmetalle) verzichten. Auch die Ausrüstung der Maschinen mit dem härteren Lagerausguss WM 80 konnte man nicht verwirklichen und musste bis zum Schluss mit dem wesentlich weicheren WM 10 auskommen. Auch dass alle Maschinen mit einem Geschwindigkeitsmesser ausgerüstet waren, konnte man nicht als selbstverständlich ansehen. In vielen Betriebsbüchern wird der Eintrag »Lok mit Geschwindigkeitsmesser ausgerüstet« als Bauartänderung vermerkt. Um die Verdampfungswilligkeit des Kessels zu erhöhen, verengte man das Blasrohr auf 140 mm wie bei der Rekolok. Der Einbau seitlicher Luftklappen am Aschkasten sollte für eine bessere Luftzufuhr sorgen, etliche Maschinen rüstete man mit Giesl-Ejektoren aus. ÜK-Loks erhielten einen Vorwärmer, die Lager der Steuerung Miramid H. Eine Spurkranzschmierung der Bauart »Heyder« sollte einen schonenderen Kurvenlauf ermöglichen.

050 088 vom Bw Mannheim zog an einem Wintertag im Jahre 1970 einen Güterzug durch den Bahnhof Hirschhorn/Neckar, der damals noch ein Ausweichgleis und Formsignale hatte.

Foto: Karl Gerhard Baur, Sammlung Wolfgang Löckel

Verbleibsliste Baureihe 50 DRB (DB, DR)

Ordnungsnr., EDV-Nr.	letzte dt. Bahnverw.	letzte dt. Heimat-Bw	Z oder Umbau	+ oder Abgabe	
001 → 050 001-7	DB	Gremberg	Z 14.11.1974	+ 05.12.1974	*
002 → 050 002-5	DB	Dillenburg	Z 28.08.1968	+ 11.12.1968	
003 → 050 003-3	DB	Duisburg-Wedau	Z 16.07.1976	+ 28.09.1976	
004 → 050 004-1	DB	Heilbronn	Z 14.01.1971	+ 02.06.1971	*
005 → 50 1005-3	DR	Nossen	Z 27.03.1979	+ 05.10.1979	
006	DB	Heilbronn	Z 25.05.1966	+ 27.09.1966	
007 → 050 007-4	DB	Kassel	Z 01.11.1967	+ 12.03.1968	
008 → 050 008-2	DB	Lehrte	Z 11.06.1968	+ 02.10.1968	
009	DB	Hohenbudberg	Z 19.09.1964	+ 03.06.1965	
010	DRB	(Engelsdorf)		(CFR/JDZ/JZ)	*
011	DRB	(RBD Karlsruhe)		(SNCF)	*
012	DR Reko	Güsten	U 22.06.1961 (→ 50 3671)		
013 → 050 013-2	DB	Goslar	Z 01.08.1967	+ 12.03.1968	
014 → 050 014-0	DB	Ulm	Z 25.05.1974	+ 18.09.1974	
015 → 050 015-7	DB	Wanne-Eickel	Z 22.02.1972	+ 18.04.1972	
016 → 050 016-5	DB	Braunschweig	Z 01.07.1969	+ 22.09.1970	
017 → 050 017-3	DB	Hamm	Z 14.08.1967	+ 12.03.1968	
018	DRB	(Eger)		(ČSD)	*
019	DB	Hmb-Rothenburgsort	Z 29.03.1966	+ 27.09.1966	
020 → 050 020-7	DB	Hmb-Rothenburgsort	Z 30.10.1970	+ 27.11.1970	
021 → 050 021-5	DB	Lehrte	Z 05.09.1967	+ 03.03.1969	
022 → 050 022-3	DB	Dieringhausen	Z 18.10.1968	+ 11.12.1968	
023 → 050 023-1	DB	Lehrte	Z 12.04.1976	+ 11.06.1976	
024 → 050 024-9	DB	Betzdorf	Z 20.09.1968	+ 11.12.1968	
025 → 050 025-6	DB	Wt-Vohwinkel	Z 14.01.1971	+ 15.12.1971	*
026 → 050 026-4	DB	Limburg	Z 12.05.1967	+ 02.10.1968	
027 → 050 027-2	DB	Nürnberg Rbf	Z 14.01.1971	+ 15.12.1971	
028 → 050 028-0	DB	Gremberg	Z 16.09.1968	+ 11.12.1968	
029 → 050 029-8	DB	Lehrte	Z 27.09.1968	+ 23.02.1971	
030	DB	Landau	Z 05.05.1959	+ 12.11.1962	*
031	DB	Emden	Z 09.12.1966	+ 24.02.1967	
032 → 050 032-2	DB	Schwandorf	Z 25.03.1970	+ 22.09.1970	

001: 1976 vk. an privat, West-Berlin; 1986 an Museum für Verkehr und Technik (heute: Deutsches Technik-Museum), Berlin
004: Vorherige Z-Stellung: 12.07.1969 – 09.07.1970
010: CFR-Mietlok der RBD Halle (Bw Engelsdorf) ab 01.1943, 08.1944 abg. in Chiochiuta [Rumänien], 1945 an JDZ/JZ (→ 33-101, 1947 → 33-179); + nach 1967
011: RBD Karlsruhe bis 30.10.1945, SNCF 1945 – 1947 (als Mietlok: Offenburg 15.09.1947 – 12.09.1948, Kirn 13.09.1948 – 1949), SNCF ab 1949 (→ 150Z011); + 14.11.1953
018: RBD Berlin 1943, Eger ab 10.1944, ČSD ab 1945 (→ 555.1500, 1947 → 555.105); + 24.04.1968 in České Budějovice
025: Vorherige Z-Stellung: 01.08.1969 – 10.08.1970
030: Z-Stellung in Bingerbrück, als Z-Lok 01.06.1959: Landau. Ausmusterung jedoch laut HVB-Verfügung in Kaiserslautern oder Worms

Die Baureihe 50 – Verbleibsliste

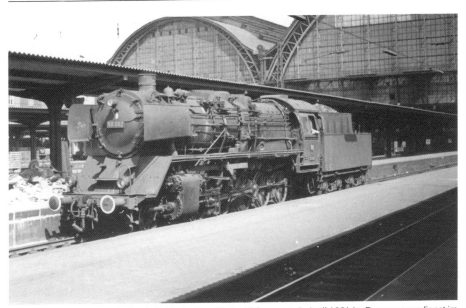

Die 50 002 vom Bw Frankfurt/Main 2, hier im Frankfurter Hbf, war am 9. April 1961 im Personenzugdienst im Einsatz. Foto: Peter Konzelmann, Sammlung Rippin

50 005 war die Maschine mit der kleinsten Ordnungsnummer dieser Baureihe bei der Reichsbahn in der DDR. Am 1. Juni 1969 pausierte die Lok im Bw Güstrow. Foto: Rudi Lehmann, Sammlung Peter Melcher

Die Lokomotiven der Baureihen 50 und ihr Verbleib

Die Baureihe 50 – Verbleibsliste   50 033 – 50 072

Ordnungsnr.	EDV-Nr.	letzte dt. Bahnverw.	letzte dt. Heimat-Bw	Z oder Umbau	+ oder Abgabe	
033	→ 050 033-0	DB	Flensburg	Z 07.06.1967	+ 03.03.1969	
034	→ 050 034-8	DB	Lehrte	Z 01.06.1976	+ 11.06.1976	
035	→ 050 035-5	DB	Stolberg	Z 30.12.1968	+ 03.03.1969	
036		DB	Hannover Hgbf	Z 18.05.1967	+ 14.11.1967	
037		DRB	(RBD Oppeln)		(ČSD/BDZ)	*
038		DB	Worms	Z 09.03.1964	+ 10.03.1965	*
039		DRB	(Riesa)		(PKP)	*
040	→ 050 040-5	DB	Emden	Z 04.11.1967	+ 19.09.1969	
041	→ 050 041-3	DB	Dillingen	Z 06.07.1967	+ 12.03.1968	
042	→ 050 042-1	DB	Saarbrücken	Z 13.08.1973	+ 06.03.1974	
043	→ 050 043-9	DB	Mühldorf	Z 28.01.1969	+ 10.07.1969	
044		DB MV	Stolberg	U 07.07.1958 (→ DB 50 4004)		
045	→ 050 045-4	DB	Ulm	Z 07.08.1972	+ 08.11.1972	
046		DB	Emden	Z 17.06.1967	+ 14.11.1967	
047	→ 050 047-0	DB	Mayen	Z 05.01.1973	+ 12.04.1973	
048		DB	Dortmund Rbf	Z 05.05.1967	+ 05.07.1967	
049		DRB KS	Bremen Vbf		+ 06.03.1945	
050	→ 050 050-4	DB	Duisburg-Wedau	Z 24.08.1973	+ 06.03.1974	
051	→ 050 051-2	DB	Gremberg	Z 31.10.1968	+ 03.03.1969	
052	→ 050 052-0	DB	Gießen	Z 13.11.1967	+ 12.03.1968	
053		DB	Oldenburg Rbf	Z 22.12.1965	+ 20.06.1966	
054		DRB	(RBD Hannover)		(BDZ)	*
055	→ 050 055-3	DB	Hof	Z 16.06.1972	+ 08.11.1972	
056	→ 050 056-1	DB	Duisburg-Wedau	Z 06.10.1975	+ 22.10.1975	
057		DRB	(RBD Stettin)		(BDZ)	*
058	→ 050 058-7	DB	Duisburg-Wedau	Z 26.11.1975	+ 22.12.1975	
059		DRB	(RBD Osten)		(BDZ)	*
060		DB	Osnabrück Rbf	Z 25.10.1966	+ 24.02.1967	
061	→ 050 061-1	DB	Dortmund Rbf	Z 01.07.1968	+ 11.12.1968	
062		DB	Münster	Z 16.03.1966	+ 27.09.1966	
063		DRB	(RBD Osten)		(BDZ)	*
064	→ 050 064-5	DB	Osterfeld Süd	Z 06.02.1970	+ 02.06.1971	
065	→ 050 065-2	DB	Mayen	Z 23.09.1967	+ 12.03.1968	
066	→ 050 066-0	DB	Augsburg	Z 06.12.1967	+ 19.09.1969	
067		DRB	(Beuthen)		(PKP)	*
068		DB	Stolberg	Z 24.06.1966	+ 19.08.1966	
069		DRB			(ÖStB/ÖBB)	*
070	→ 050 070-2	DB	Lehrte	Z 14.12.1972	+ 12.04.1973	
071		DB	Neumünster	Z 31.03.1966	+ 27.09.1966	
072		DB	Oldenburg Rbf	Z 22.08.1966	+ 22.11.1966	

037: Ratibor 1943, RBD Oppeln 1944/45, bei ČSD 1947 (→ 555.113); 1959 an BDZ (→ 14.39)
038: Z-Stellung in Ludwigshafen, als Z-Lok 22.04.1964: Worms
039: RBD Münster 05.1944, RBD Saarbrücken 08.1944, Riesa 08.1944, DOKP Katowice/PKP 05.1947, DOKP Poznań/PKP 06.1947 (→ Ty5-1); + 1978
054: 16.10.1943 an BDZ (→ 14.01)
057: 28.09.1943 an BDZ (→ 14.02)
059: 22.09.1943 an BDZ (→ 14.03)
063: 14.10.1943 an BDZ (→ 14.04); noch 1995 abg. in Dimitrowgrad [Bulgarien]; weiterer Verbleib unbekannt, vmtl. verschrottet
067: Beuthen 1944, Rybník/PKP 1946, Poznań/PKP 10.1946 (→ Ty5-); + 1973
069: 1945 an ÖStB/ÖBB (→ 50.069); + 15.07.1970 in Linz/Donau

Die Baureihe 50 – Verbleibsliste

Vor dem zweiständigen Lokschuppen im Bahnhof Gladenbach (Strecke Niederwalgern – Herborn) wartete 050 034 im März 1971 auf die nächste Zugleistung.
Foto: Manfred Ritter

Am 18. September 1965 rangiert die 50 042 in der Wagenabstellgruppe in ihrem Heimatort Gießen.
Foto: Peter Melcher

Die Baureihe 50 – Verbleibsliste 50 073 – 50 110

Ordnungsnr., EDV-Nr.	letzte dt. Bahnverw.	letzte dt. Heimat-Bw	Z oder Umbau	+ oder Abgabe	
073		DB	Duisburg-Wedau	Z 11.03.1967	+ 22.05.1967
074 → 050 074-4	DB	Dortmund Rbf	Z 27.05.1968	+ 02.10.1968	
075		DB	Saarbrücken	Z 01.05.1964	+ 10.03.1965
076		DB	Osnabrück Rbf	Z 20.10.1966	+ 24.02.1967
077		DB MV	Oldenburg Vbf	U 07.09.1958 (→ DB 50 4008)	
078 → 050 078-5	DB	Duisburg-Wedau	Z 11.10.1975	+ 22.12.1975	
079 → 050 079-3	DB	Duisburg-Wedau	Z 01.04.1969	+ 10.07.1969	
080 → 050 080-1	DB	Nürnberg Rbf	Z 08.05.1969	+ 19.09.1969	
081		DB	Wanne-Eickel	Z 10.02.1967	+ 22.05.1967
082 → 050 082-7	DB	Heilbronn	Z 14.01.1971	+ 02.06.1971	
083		DB	Soest	Z 10.01.1964	+ 10.03.1965
084		DRB	(RBD Essen)		(BDZ) *
085		DB	Kaiserslautern	Z 10.06.1965	+ 01.09.1965
086		DB	Neumünster	Z 20.09.1966	+ 22.11.1966
087 → 050 087-6	DB	Kassel	Z 08.08.1967	+ 12.03.1968	
088 → 050 088-4	DB	Mayen	Z 01.09.1973	+ 06.03.1974	
089 → 050 089-2	DB	Kaiserslautern	Z 24.10.1974	+ 05.12.1974	
090 → 050 090-0	DB	Wt-Vohwinkel	Z 10.05.1967	+ 11.12.1968	
091		DB	Worms	Z 15.01.1959	+ 12.11.1962 *
092		DB	Neumünster	Z 12.03.1966	+ 27.09.1966
093		DRB	(Posen Vbf)		(VU) *
094 → 050 094-2	DB	Duisburg-Wedau	Z 09.09.1968	+ 11.12.1968	
095		DRB	(Haltingen)		(SNCF) *
096		DR Reko	Werdau	U 22.07.1961 (→ 50 3680)	
097		DB MV	Oldenburg Vbf	U 17.12.1958 (→ DB 50 4022)	
098 → 050 098-3	DB	Crailsheim	Z 20.01.1976	+ 15.03.1976	
099		DRB KS	Emden		+ 14.06.1946
100 → 050 100-7	DB	Schweinfurt	Z 17.01.1968	+ 21.06.1968	
101 → 050 101-5	DB	Saarbrücken	Z 14.01.1971	+ 15.12.1971	
102		DB	Crailsheim	Z 15.05.1964	+ 10.03.1965
103 → 050 103-1	DB	Köln-Eifeltor	Z 24.02.1969	+ 10.07.1969	
104		DRB	(Rybnik)		(ČSD) *
105 → 050 105-6	DB	Hohenbudberg	Z 19.07.1968	+ 11.12.1968	
106		DB	Kirchenlaibach	Z 04.04.1965	+ 01.09.1965
107 → 050 107-2	DB	Osterfeld Süd	Z 02.08.1972	+ 08.11.1972	
108 → 050 108-0	DB	Mayen	Z 28.09.1972	+ 21.12.1972	
109 → 050 109-8	DB	Weiden	Z 14.07.1967	+ 03.03.1969	
110		DR Reko	Magdeburg-Buckau	U 18.08.1961 (→ 50 3681)	

084: 18.10.1943 an BDZ (→ 14.05); noch 2007 abg. in Kalojanowez [Bulgarien]
091: Ausmusterung laut HVB-Verfügung bei Bw Worms, nach anderen Angaben in Landau
093: CFR-Mietlok der RBD Posen (Bw Posen Vbf) ab 16.01.1943, bei Fliegerangriff am 06.05.1944 schwer beschädigt, 05.1944 abg. in Comana [Rumänien], evtl. 1945 CFR/Rückführlok, 1945 an SZD?
095: Mühlhausen Rbf 14.05.1944 – 19.09.1944, Kolmar ab 20.09.1944, Haltingen 01.07.1945 – 30.10.1945, SNCF 1945 – 1947 (als Mietlok: Haltingen 01.07.1947 – 30.10.1947, Offenburg 31.10.1947 – 24.09.1948, ED Trier ab 25.09.1948), SNCF ab 1949 (→ 150Z095); + 14.11.1953
104: Posen ab 06.01.1942, Oderberg 1942, Rybnik 1944/45, 1947 bei ČSD (ohne Umzeichnung); + 06.07.1957 in M. Ostrava

Die Baureihe 50 – Verbleibsliste

Noch nicht EDV-gerecht umgezeichnet war 50 117 am 8. September 1968, als Peter Melcher die Lok in ihrem Heimat-Bw Stolberg fotografierte.

Poznań (Posen) war für viele der in Polen verbliebenen 50er das letzte Heimat-Bw. Am 22. Mai 1976 wurde hier Ty5-3 (ex DRB 50 130) auf der Drehscheibe gedreht. Foto: Werner Brutzer

Im Mai 1956 gibt es im Essener Hauptbahnhof bereits moderne Lichtsignale, so ganz passt die Recklinghausener 50 132 und der alte Personenwagen im Hintergrund nicht dazu.
Foto Sammlung Dr. D. Hörnemann

Mit einem typischen Güterzug der 1950er Jahre durchfährt 50 136 vom Bw Bingerbrück den Bahnhof Köln West.
Foto: Carl Bellingrodt, Sammlung Dr. D. Hörnemann

Ordnungsnr., EDV-Nr.	letzte dt. Bahnverw.	letzte dt. Heimat-Bw	Z oder Umbau	+ oder Abgabe	
111 → 050 111-4	DB	Goslar	Z 25.05.1967	+ 11.12.1968	
112 → 050 112-2	DB	Crailsheim	Z 24.04.1974	+ 18.09.1974	
113 → 050 113-0	DB	Gremberg	Z 21.07.1972	+ 08.11.1972	
114 → 050 114-8	DB	Saarbrücken	Z 26.04.1971	+ 15.12.1971	
115 → 050 115-5	DB	Schwandorf	Z 13.08.1969	+ 03.12.1969	
116	DRB KS	Frankfurt/Main 2		+ 22.03.1947	*
117 → 050 117-1	DB	Stolberg	Z 12.04.1975	+ 27.06.1975	
118 → 050 118-9	DB	Ulm	Z 01.10.1975	+ 22.12.1975	
119	DRB KS	Bremen Vbf	Z 01.12.1944	+ 10.12.1945	
120 → 50 1120-0	DR	Reichenbach	Z 01.07.1981	+ 17.08.1981	
121	DB	Schwandorf	Z 29.07.1964	+ 10.03.1965	
122	DB	Lehrte	Z 23.06.1966	+ 27.09.1966	
123 → 050 123-9	DB	Dillenburg	Z 25.01.1971	+ 15.12.1971	
124 → 050 124-7	DB	Aachen West	Z 01.05.1969	+ 19.09.1969	
125	DRB	(Peiskretscham)		(ČSD)	*
126	DB	Hohenbudberg	Z 18.10.1962	+ 28.05.1963	
127 → 050 127-0	DB	Kaiserslautern	Z 13.09.1968	+ 11.12.1968	
128	DRB	(RBD Oppeln)		(BDZ)	*
129	DRB KS	Lauda		+ 04.01.1946	
130	DRB	(Peiskretscham)		(PKP)	*
131 → 050 131-2	DB	Lehrte	Z 14.04.1975	+ 27.06.1975	
132 → 050 132-0	DB	Wanne-Eickel	Z 31.12.1972	+ 12.04.1973	
133 → 050 133-8	DB Rück	Bestwig	Z 12.03.1968	+ 21.06.1968	*
134 → 050 134-6	DB	Kassel	Z 17.03.1972	+ 15.08.1972	
135	DR Reko	Halberstadt	U 14.01.1957 (→ 50 3504)		
136 → 050 136-1	DB	Dillingen	Z 14.01.1971	+ 02.06.1971	*
137	DB	Lehrte	Z 06.07.1965	+ 01.09.1965	
138	DB	Hannover Hgbf	Z 27.04.1966	+ 27.09.1966	
139	DRB	(Waren)		(ČSD)	*
140	DB	Schweinfurt	Z 03.10.1960	+ 28.03.1961	
141 → 50 1141-6	DR	Reichenbach	Z 06.10.1977	+ 02.12.1977	
142 → 050 142-9	DB	Gremberg	Z 08.06.1975	+ 25.07.1975	
143 → 050 143-7	DB	Lehrte	Z 01.06.1976	+ 11.06.1976	
144 → 050 144-5	DB	Karlsruhe	Z 08.07.1967	+ 12.03.1968	
145	DB	Emden	Z 01.02.1966	+ 20.06.1966	
146	DB	Hmb-Harburg	Z 21.05.1958	+ 30.09.1960	
147 → 050 147-8	DB	Mühldorf	Z 23.10.1967	+ 12.03.1968	
148 → 050 148-6	DB	Emden	Z 01.05.1967	+ 11.12.1968	

116: Räumlok des Bw Bingerbrück (amtl. Vermerk: »Lok steht mit schweren Schäden in Bingerbrück«); 12.1945 – 11.08.1946 abg. in Frankfurt-Griesheim

125: Peiskretscham 1944/45, 1947 bei ČSD (→ 555.123); + 29.10.1968 in České Budějovice

128: 28.09.1943 an BDZ (→ 14.16)

130: Jablunkau 1944, Peiskretscham 06.1944/1945, 1945 evtl. ČSD, DOKP Wrocław/PKP 1946 (→ Ty5-3); + 1979

133: Beuthen 01.1943, weiterer Verbleib unbekannt, SNCB ab 09.1944 (→ 2513, 01.1946 → 25.014), 06.1950 Rückgabe DB, vmtl. AW-Aufenthalt, Düsseldorf-Derendorf ab 06.1951

136: Vorherige Z-Stellung: 28.07.1969 – 01.07.1970

139: RBD Osten 06.1944, Waren 08.1945, SZD (ohne Umzeichnung) ca. 09.1945, bei ČSD (ohne Umzeichnung) 1948

Die Baureihe 50 – Verbleibsliste   500 149 – 50 185

Ordnungsnr.	EDV-Nr.	letzte dt. Bahnverw.	letzte dt. Heimat-Bw	Z oder Umbau	+ oder Abgabe	
149	→ 050 149-4	DB	Stolberg	Z 01.10.1969	+ 23.02.1971	
150		DB	Hameln	Z 14.09.1965	+ 06.01.1966	
151		DRB	(Kolmar)		(SNCF)	*
152	→ 50 1252-1	DR	Reichenbach	Z 15.03.1978	+ 16.06.1978	*
153	→ 50 1153-1	DR	Schwerin	Z 11.04.1975	+ 31.05.1975	*
154		DR Reko	Werdau	U 01.10.1960 (→ 50 3640)		
155		DB	Gsk-Bismarck	Z 07.05.1965	+ 01.09.1965	
156		DB	Minden	Z 27.05.1966	+ 27.09.1966	
157	→ 050 157-7	DB	Duisburg-Wedau	Z 26.06.1975	+ 25.07.1975	
158	→ 50 1158-0	DR	Karl-Marx-Stadt	Z 03.10.1978	+ 23.03.1979	
159		DB	Paderborn	Z 23.06.1965	+ 01.09.1965	
160		DR Reko	Güsten	U 14.10.1960 (→ 50 3631)		
161	→ 050 161-9	DB	Lehrte	Z 26.06.1968	+ 02.10.1968	
162		DB	Mühldorf	Z 01.07.1964	+ 10.03.1965	
163		DRB	(RBD Breslau)		(PKP)	*
164	→ 050 164-3	DB	Duisburg-Wedau	Z 06.11.1976	+ 22.12.1976	
165		DB	Hannover Hgbf	Z 12.03.1967	+ 05.07.1967	
166	→ 050 166-8	DB	Emden	Z 28.06.1967	+ 11.12.1968	*
167	→ 050 167-6	DB	Weiden	Z 25.06.1975	+ 25.07.1975	
168	→ 050 168-4	DB	Schwandorf	Z 26.03.1975	+ 16.05.1975	
169	→ 050 169-2	DB	Wt-Vohwinkel	Z 19.08.1968	+ 11.12.1968	
170	→ 050 170-0	DB	Emden	Z 17.10.1967	+ 19.09.1969	*
171	→ 050 171-8	DB	Lehrte	Z 15.11.1972	+ 21.12.1972	
172		DB	Uelzen	Z 07.12.1964	+ 03.06.1965	
173	→ 050 173-4	DB	Lehrte	Z 17.09.1975	+ 22.10.1975	
174	→ 050 174-2	DB	Schweinfurt	Z 14.01.1971	+ 15.12.1971	*
175		DB	Goslar	Z 06.06.1967	+ 14.11.1967	
176		DRB	(RBD Posen)		(BDZ)	*
177	→ 050 177-5	DB	Schweinfurt	Z 14.01.1971	+ 15.12.1971	
178	→ 050 178-3	DB	Gießen	Z 29.04.1968	+ 02.10.1968	
179		DB	Gremberg	Z 17.07.1962	+ 15.10.1963	
180		DRB	(Lundenburg)		(ČSD)	*
181	→ 50 1181-2	DR	Karl-Marx-Stadt	Z 18.11.1978	+ 14.05.1979	
182	→ 050 182-5	DB	Stolberg	Z 26.01.1973	+ 12.04.1973	
183	→ 050 183-3	DB	Kaiserslautern	Z 21.05.1973	+ 24.08.1973	
184		DRB	(Flensburg)		(PKP)	*
185	→ 050 185-8	DB	Lehrte	Z 01.06.1976	+ 11.06.1976	

151:	Mühlhausen Rbf 06.1944, Kolmar 20.09.1944 – 22.10.1944, SNCF 1945 – 1947 (als Mietlok: Zweibrücken 13.01.1948 – 24.08.1948, Landau 09.10.1948 – 19.01.1949), SNCF ab 20.01.1949 (→ 150Z151); + 14.11.1953
152:	Ordnungsnummer computermäßig geändert, da 50 1152 belegt
153:	Z-Stellung in Güstrow, als Z-Lok 08.05.1975: Schwerin; 08.05.1975 – 06.12.1976 vermietet an VEB Brauerei Schwerin
163:	RBD Breslau 1943, Bydgoszcz/PKP 1946 (→ Ty5-9'); + 1976. In den Umzeichnungsplänen der PKP werden sowohl 50 163 als auch 50 394 als »Ty5-9« aufgeführt. Evtl. wurde aus beiden Maschinen besagte Ty5-9 zusammengebaut.
166:	Z-Stellung in Osnabrück Rbf, als Z-Lok 29.09.1968: Emden
170:	Z-Stellung in Osnabrück Rbf, als Z-Lok 29.09.1968: Emden
174:	Vorherige Z-Stellung: 25.02.1970 – 20.10.1970
176:	22.09.1943 an BDZ (→ 14.06)
177:	Vorherige Z-Stellung: 20.10.1969 – 06.07.1970
180:	Lindau 1943, Lundenburg 02.1945, 1947 bei ČSD (→ 555.122); + 08.03.1967 in České Budějovice
184:	Flensburg 03.1944, Gdańsk/PKP 1946 (→ Ty5-4); + 1974

Die Baureihe 50 – Verbleibsliste

050 185 hat mit ihrem Güterzug in Richtung Mayen den Bahnhof Andernach verlassen, dessen Einfahrsignal im Hintergrund noch erkennbar ist. Foto (1975): Joachim Stübben

Aushilfsweise war die 50 204 des Bw Duisburg-Wedau vom 28.11.1949 bis 21.04.1950 beim Bw München Hbf im Einsatz. Die Aufnahme von Carl Bellingrodt zeigt die Lok mit ÜK-Führerhaus in München.
Foto Sammlung Dr. D. Hörnemann

Auf den Güterzuggleisen der Strecke Schwerte – Hagen begegnet uns 50 207 am 23. Juni 1965 zwischen Westhofen/Westf. und Hohensyburg. Foto: Karl Hermann Hein, Sammlung Holger Kaufhold

Einige Wagen des am 15. Juni 1959 von 50 219 gezogenen Personenzuges 4177 stammten noch aus der Länderbahnzeit. Die Aufnahme entstand bei der Blockstelle Dammgarten zwischen Dutenhofen und Wetzlar.
Foto: Helmut Röth

Ordnungsnr., EDV-Nr.		letzte dt. Bahnverw.	letzte dt. Heimat-Bw	Z oder Umbau	+ oder Abgabe	
186	→ 050 186-6	DB	Bayreuth	Z 01.10.1975	+ 22.12.1975	
187		DRB	(Flensburg)		(PKP)	*
188	→ 050 188-2	DB	Hohenbudberg	Z 29.11.1968	+ 03.03.1969	
189	→ 050 189-0	DB	Flensburg	Z 15.12.1967	+ 03.03.1969	
190	→ 050 190-8	DB	Duisburg-Wedau	Z 18.12.1976	+ 22.12.1976	
191		DB	Münster	Z 17.04.1966	+ 27.09.1966	
192	→ 050 192-4	DB	Dortmund Rbf	Z 26.05.1973	+ 24.08.1973	
193		DR Reko	Brandenburg	U 28.09.1961 (→ 50 3696)		
194		DB MV	Oberlahnstein	U 08.02.1959 (→ DB 50 4030)		
195		DB	Weiden	Z 01.02.1965	+ 01.09.1965	
196		DRB	(RBD Königsberg)		(PKP)	*
197	→ 050 197-3	DB	Weiden	Z 08.10.1969	+ 03.12.1969	
198	→ 050 198-1	DB	Köln-Eifeltor	Z 18.11.1969	+ 23.02.1971	
199	→ 050 199-9	DB	Nürnberg Rbf	Z 17.07.1968	+ 11.12.1968	
200		DB	Kirchweyhe	Z 30.04.1964	+ 30.11.1964	
201	→ 050 201-3	DB	Stolberg	Z 01.10.1969	+ 23.02.1971	
202	→ 050 202-1	DB	Rottweil	Z 09.05.1974	+ 18.09.1974	
203	→ 050 203-9	DB	Osterfeld Süd	Z 20.07.1967	+ 03.03.1969	
204	→ 050 204-7	DB	Wanne-Eickel	Z 28.03.1973	+ 24.08.1973	
205	→ 050 205-4	DB	Duisburg-Wedau	Z 09.05.1973	+ 24.08.1973	
206	→ 050 206-2	DB	Hmb-Rothenburgsort	Z 10.12.1968	+ 03.03.1969	
207	→ 050 207-0	DB	Kaiserslautern	Z 18.06.1974	+ 18.09.1974	
208	→ 050 208-8	DB	Duisburg-Wedau	Z 09.09.1972	+ 21.12.1972	
209	→ 050 209-6	DB	Wanne-Eickel	Z 08.02.1968	+ 21.06.1968	
210	→ 050 210-4	DB	Gremberg	Z 05.08.1968	+ 11.12.1968	
211		DB	Hagen Gbf	Z 20.07.1965	+ 01.09.1965	
212		DB	Crailsheim	Z 18.02.1965	+ 01.09.1965	
213		DB	Hohenbudberg	Z 02.04.1964	+ 30.11.1964	
214	→ 050 214-6	DB	Mayen	Z 22.09.1972	+ 21.12.1972	
215		DRB	(RBD Hannover)		(BDZ)	*
216		DB MV	Aachen West	U 04.12.1958 (→ DB 50 4018)		
217		DR Reko	Oebisfelde	U 22.10.1961 (→ 50 3700)		
218	→ 050 218-7	DB	Ehrang	Z 21.05.1968	+ 02.10.1968	
219	→ 050 219-5	DB	Crailsheim	Z 01.07.1975	+ 21.08.1975	
220	→ 050 220-3	DB	Duisburg-Wedau	Z 02.07.1976	+ 28.09.1976	
221	→ 050 221-1	DB	Kassel	Z 19.02.1971	+ 15.12.1971	
222	→ 050 222-9	DB	Wanne-Eickel	Z 27.05.1974	+ 18.09.1974	
223		DB	Limburg	Z 17.08.1959	+ 17.08.1961	
224		DRB	(Auschwitz)		(PKP/ČSD/BDZ)	*
225		DB	Osterfeld Süd	Z 23.08.1965	+ 06.01.1966	

187: Flensburg 03.1944, Gdańsk/PKP 1946 (→ Ty5-5); + 1978; noch 1990 Heizlok bei Industriebetrieb in Środa Wlkp. [Polen]; vk. an Fa. Interlok, Piła [Polen] (dort 1996 abg. vh.); weiter an Fa. Rail-Consult, Remscheid; Lok verblieb jedoch in Piła und wurde dort zwischenzeitlich verschrottet.

196: RBD Königsberg 1942, weiterer Verbleib unbekannt, DOKP Wrocław/PKP 1946, DOKP Poznań/PKP 12.1946 (→ Ty5-6); + 1973

215: 16.10.1943 an BDZ (→ 14.07)

224: Kattowitz ab 06.09.1942, Auschwitz 1944, evtl. bei PKP 1946 vorübergehend als Ty5-54 bezeichnet, 1947 bei ČSD (→ 555.119); 1959 an BDZ (→ 14.44)

Die Baureihe 50 – Verbleibsliste   50 226 – 50 263

Ordnungsnr., EDV-Nr.	letzte dt. Bahnverw.	letzte dt. Heimat-Bw	Z oder Umbau	+ oder Abgabe	
226 → 050 226-0	DB	Ulm	Z 01.05.1969	+ 19.09.1969	
227 → 050 227-8	DB	Mannheim	Z 28.02.1972	+ 18.04.1972	
228 → 050 228-6	DB	Weiden	Z 14.01.1971	+ 09.09.1971	*
229 → 050 229-4	DB	Lehrte	Z 16.05.1975	+ 27.06.1975	
230 → 050 230-2	DB	Saarbrücken	Z 21.01.1976	+ 15.03.1976	
231	DRB KS	Limburg		+ 08.04.1948	*
232 → 050 232-8	DB	Duisburg-Wedau	Z 10.12.1975	+ 15.03.1976	
233 → 050 233-6	DB	Osterfeld Süd	Z 26.08.1973	+ 06.03.1974	
234 → 050 234-4	DB	Betzdorf	Z 14.08.1967	+ 12.03.1968	
235	DR Reko	Köthen	U 21.02.1959 (→ 50 3553)		
236 → 050 236-9	DB	Limburg	Z 15.07.1967	+ 12.03.1968	
237 → 50 1237-2	DR	Nossen	Z 12.02.1978	+ 03.04.1978	
238	DB	Schwerte	Z 11.05.1964	+ 10.03.1965	
239	DRB	(RBD Oppeln)		(BDZ)	*
240	DB	Regensburg	Z 05.1959	+ 12.11.1962	
241	DB	Wanne-Eickel	Z 26.02.1964	+ 10.03.1965	
242 → 050 242-7	DB	Hohenbudberg	Z 08.02.1968	+ 21.06.1968	
243	DRB	(RBD Berlin)		(BDZ)	*
244	DRB	(RBD Berlin)		(BDZ)	*
245	DR Reko	Güsten	U 23.11.1959 (→ 50 3580)		
246	DRB	(RBD Oppeln)		(SZD)	*
247	DB	Schwerte	Z 24.04.1964	+ 01.09.1965	
248	DR Reko	Magdeburg-Rothensee	U 20.04.1959 (→ 50 3558)		
249 → 050 249-2	DB	Lehrte	Z 01.06.1976	+ 11.06.1976	
250 → 050 250-0	DB	Hohenbudberg	Z 13.09.1967	+ 12.03.1968	
251	DB	Hmb-Rothenburgsort	Z 03.09.1965	+ 06.01.1966	
252	DR KS	Rostock	Z 14.03.1945	+ 30.11.1953	*
253 → 050 253-4	DB	Bayreuth	Z 24.10.1975	+ 22.12.1975	*
254	DB	Osterfeld Süd	Z 22.03.1967	+ 05.07.1967	
255	DR Reko	Wittenberge	U 1961 (→ 50 3682)		
256 → 050 256-7	DB	Lehrte	Z 01.06.1976	+ 11.06.1976	
257 → 050 257-5	DB	Lehrte	Z 23.01.1973	+ 12.04.1973	
258	DRB	(RBD Oppeln)		(BDZ)	*
259 → 050 259-1	DB	Stolberg	Z 15.08.1975	+ 22.10.1975	*
260 → 050 260-9	DB	Hohenbudberg	Z 30.09.1968	+ 03.03.1969	
261	DB	Hmb-Harburg	Z 17.02.1966	+ 27.09.1966	
262	DB	Limburg	Z 20.04.1964	+ 01.09.1965	
263	DB	Crailsheim	Z 29.06.1965	+ 01.09.1965	

228: Vorherige Z-Stellung: 24.10.1969 – 01.07.1970
231: Limburg 03.1945; Räumlok des Bw Koblenz-Lützel, 01.1946 abg. Bf. Aumenau

239: 18.10.1943 an BDZ (→ 14.08)
243: 28.09.1943 an BDZ (→ 14.09)
244: 28.09.1943 an BDZ (→ 14.10)
246: Kattowitz 1941, RBD Oppeln 1943 – 06.1944, danach SZD (ohne Umzeichnung)
252: Als Lok des Bw Flensburg am 14.03.1945 auf Mine gefahren (linker Zylinder gesprengt). Bereits 09.1945 im RAW Rostock abgestellt.
253: Nach Ausmusterung zeitweise Heizlok in Mühldorf
258: 22.09.1943 an BDZ (→ 14.11)
259: Z-Stellung in Gremberg, als Z-Lok 28.09.1975: Stolberg

Die Baureihe 50 – Verbleibsliste

Bei Münchweiler/Rodalb beförderte 50 227 im Jahre 1965 einen kurzen Güterzug mit sehenswertem Wagenmaterial.
Foto: Rudolf Staehler, Sammlung Wolfgang Löckel

Auf dem Dampflok-Abstellplatz im bulgarischen Kalojanowez steht noch immer ex DRB 50 275, die 1943 von der Deutschen Reichsbahn an Bulgarien abgegeben wurde. Sie versah als 14.42 ihren Dienst.
Foto: (22.07.2007) Ulrich Steuber

Die Baureihe 50 – Verbleibsliste   50 264 – 50 297

Ordnungsnr., EDV-Nr.		letzte dt. Bahnverw.	letzte dt. Heimat-Bw	Z oder Umbau	+ oder Abgabe	
264		DB	Bestwig	Z 08.05.1967	+ 14.11.1967	
265		DR	Wismar	Z 11.07.1968	+ 27.10.1968	
266		DB	Bingerbrück	Z 09.06.1965	+ 01.09.1965	
267	→ 050 267-4	DB	Kaiserslautern	Z 31.12.1972	+ 12.04.1973	
268		DRB	(Peiskretscham)		(PKP)	*
269	→ 050 269-0	DB	Osterfeld Süd	Z 13.09.1967	+ 12.03.1968	
270	→ 050 270-8	DB	Schwandorf	Z 23.11.1974	+ 05.12.1974	
271		DB	Oldenburg Rbf	Z 20.08.1964	+ 30.11.1964	
272	→ 050 272-4	DB	Kaiserslautern	Z 10.05.1974	+ 18.09.1974	
273		DB	Wanne-Eickel	Z 13.10.1964	+ 10.03.1965	
274		DRB	(RBD Breslau)		(BDZ)	*
275		DRB	(RBD Dresden)		(ČSD/BDZ)	*
276	→ 050 276-5	DB	Duisburg-Wedau	Z 17.07.1976	+ 28.09.1976	
277		DRB	(RBD Karlsruhe)		(SNCF)	*
278	→ 050 278-1	DB	Wt-Vohwinkel	Z 14.01.1971	+ 15.12.1971	*
279		DB	Lehrte	Z 23.09.1965	+ 06.01.1966	
280		DRB KS	Kaiserslautern		(+ 1946/47)	*
281	→ 050 281-5	DB	Bayreuth	Z 25.06.1975	+ 25.07.1975	
282		DB	Bamberg	Z 01.03.1964	+ 30.11.1964	
283		DRB	(RBD Oppeln)		(BDZ)	*
284		DRB	(RBD Essen)		(BDZ)	*
285	→ 050 285-6	DB	Wanne-Eickel	Z 08.01.1969	+ 03.03.1969	
286		DRB	(Oderberg Hbf)		(ČSD)	*
287	→ 050 287-2	DB	Duisburg-Wedau	Z 21.03.1975	+ 16.05.1975	
288	→ 050 288-0	DB	Osterfeld Süd	Z 10.06.1974	+ 18.09.1974	
289	→ 050 289-8	DB	Lehrte	Z 28.02.1972	+ 18.04.1972	
290	→ 050 290-6	DB	Kaiserslautern	Z 10.10.1974	+ 05.12.1974	
291		DB	St. Wendel	Z 25.06.1966	+ 19.08.1966	
292		DRB	(Eger)		(ČSD/BDZ)	*
293		DRB	(RBD Berlin)		(BDZ)	*
294	→ 050 294-8	DB	Wt-Vohwinkel	Z 14.01.1971	+ 15.12.1971	*
295	→ 050 295-5	DB	Dillenburg	Z 25.01.1971	+ 15.12.1971	*
296	→ 050 296-3	DB	Kaiserslautern	Z 16.05.1975	+ 25.07.1975	
297	→ 050 297-1	DB	Dortmund Rbf	Z 13.09.1967	+ 12.03.1968	

268: Peiskretscham bis 28.08.1944, DOKP Szczecin/PKP 1947 (→ Ty5-7); + 1975
274: 18.10.1943 an BDZ (→ 14.12)
275: Tarnowitz 1943, RBD Dresden 1945, bei ČSD 1945 (→ 555.117); 1959 an BDZ (→ 14.42); nach Ausmusterung zeitweise als Schneepflug verwendet; 2006 abg. in Karnobat [Bulgarien], 2007 abg. in Kalojanowez [Bulgarien]
277: RBD Karlsruhe 05.1944, SNCF 1945 – 1947 (als Mietlok: Landau 18.09.1947 – 24.01.1949), SNCF ab 25.01.1949 (→ 150Z277); + 14.11.1953
278: Vorherige Z-Stellung: 22.03.1970 – 13.09.1970
280: Bw Ehrang bis 08.1944, Kaiserslautern ab 29.08.1944; Kessel 1946 verschrottet im RAW St. Wendel; Rahmen 06.1947 verschrottet im EAW Kaiserslautern. Ausmusterung ohne gültige HVE-Verfügung erfolgt.
283: 28.09.1943 an BDZ (→ 14.13)
284: 28.09.1943 an BDZ (→ 14.14)
286: Oderberg Hbf 1944/45, ČSD 1945 (→ 555.116)
292: RBD Saarbrücken 12.1944, Eger ab 01.1945, 1947 bei ČSD (→ 555.110); 1959 an BDZ (→ 14.36)
293: 28.09.1943 an BDZ (→ 14.15)
294: Vorherige Z-Stellung: 07.03.1970 – 13.09.1970
295: Vorherige Z-Stellung: 17.11.1969 – 13.07.1970

Ordnungsnr., EDV-Nr.	letzte dt. Bahnverw.	letzte dt. Heimat-Bw	Z oder Umbau	+ oder Abgabe	
298	DRB	(RBD Oppeln)		(PKP)	*
299	DB	Flensburg	Z 12.04.1967	+ 05.07.1967	
300	DB	Karlsruhe Rbf	Z 06.05.1959	+ 17.08.1961	
301	DB	Düsseldorf-Derendorf	Z 05.10.1962	+ 01.07.1964	
302 → 050 302-9	DB	Ulm	Z 25.02.1970	+ 02.06.1971	
303	DB	Mannheim	Z 09.04.1965	+ 01.09.1965	
304 → 050 304-5	DB	Rottweil	Z 15.08.1972	+ 08.11.1972	
305	DB	Wanne-Eickel	Z 21.04.1967	+ 05.07.1967	
306	DRB			(ÖStB/SZD)	*
307	DR Reko	Magdeburg-Rothensee	U 17.06.1959 (→ 50 3564)		
308	DB	Düsseldorf-Derendorf	Z 01.10.1962	+ 15.10.1963	
309	DB	Ludwigshafen	Z 13.03.1959	+ 17.08.1961	
310 → 050 310-2	DB	Emden	Z 18.10.1967	+ 19.09.1969	*
311	DB	Ludwigshafen	Z 30.03.1959	+ 17.08.1961	
312	DRB	(RBD Oppeln)		(JDZ/JZ)	*
313	DB	Wt-Vohwinkel	Z 20.09.1963	+ 15.11.1963	
314	DB	Dortmund Rbf	Z 09.10.1966	+ 22.11.1966	
315	DRB	(RBD Oppeln)		(BDZ)	*
316 → 050 316-9	DB	Hamm	Z 21.05.1968	+ 02.10.1968	
317 → 50 1317-2	DR	Karl-Marx-Stadt	Z 09.09.1978	+ 23.03.1979	
318 → 050 318-5	DB	Gremberg	Z 06.06.1975	+ 25.07.1975	
319 → 050 319-3	DB	Crailsheim	Z 10.09.1975	+ 22.10.1975	
320	DB	Flensburg	Z 17.02.1967	+ 22.05.1967	
321	DB	Paderborn	Z 14.10.1966	+ 05.07.1967	
322	DB	Dillenburg	Z 10.11.1964	+ 01.09.1965	
323 (→ 50 1323-0)	DR	Güstrow	Z 19.09.1969	+ 09.08.1971	*
324	DB	Hmb-Harburg	Z 02.11.1966	+ 24.02.1967	
325	DB	Hmb-Rothenburgsort	Z 13.01.1967	+ 22.05.1967	
326 → 050 326-8	DB	Flensburg	Z 17.05.1967	+ 11.12.1968	
327 → 50 1327-1	DR	Reichenbach	Z 08.01.1975	+ 16.01.1975	
328	DB	Aschaffenburg	Z 31.12.1964	+ 01.09.1965	
329	DB	Neuss	Z 24.10.1966	+ 24.02.1967	
330 → 50 1330-5	DR	Wittenberge	Z 18.07.1973	+ 03.08.1973	
331 → 050 331-8	DB	Aachen West	Z 24.11.1967	+ 21.06.1968	
332 → 050 332-6	DB	Lehrte	Z 02.04.1975	+ 27.06.1975	
333	DR Reko	Hagenow Land	U 11.09.1961 (→ 50 3686)		
334	DR Reko	Güsten	U 05.04.1958 (→ 50 3521)		
335 → 050 335-9	DB	Uelzen	Z 13.09.1972	+ 21.12.1972	
336	DB	Husum	Z 14.01.1967	+ 22.05.1967	
337 → 050 337-5	DB	Lehrte	Z 19.04.1972	+ 15.08.1972	*

298:	Kattowitz 12.1941, RBD Oppeln auch 1943/44, DOKP Wrocław/PKP 1946 (→ Ty5-21); + 1978
306:	Straßhof/ÖStB 1946; 08.12.1948 über Břeclav/ČSD an SZD (→ TZ-306)
310:	Z-Stellung in Osnabrück Rbf, als Z-Lok 29.09.1968: Emden
312:	Räumlok der RBD Oppeln (Bw Rybnik) 07.1944, bis 1945 abg. im Karawankentunnel; 1945 an JDZ/JZ (→ 33-192, 1947 → 33-178); + nach 1967
315:	19.09.1943 an BDZ (→ 14.17)
323:	1970 nicht mehr umgezeichnet, im amtlichen DR-Umzeichnungsplan jedoch noch enthalten
337:	Z-Stellung in Hameln, als Z-Lok 01.06.1972: Lehrte

Die Baureihe 50 – Verbleibsliste   50 338 – 50 375

Ordnungsnr., EDV-Nr.	letzte dt. Bahnverw.	letzte dt. Heimat-Bw	Z oder Umbau	+ oder Abgabe	
338	DR Reko	Halberstadt	U 02.05.1961 (→ 50 3664)		
339 → 50 1339-6	DR	Dresden	Z 21.02.1978	+ 20.07.1978	*
340 → 050 340-9	DB	Heilbronn	Z 20.06.1972	+ 08.11.1972	
341 → 050 341-7	DB	Neuss	Z 17.07.1973	+ 06.03.1974	
342	DR Reko	Aschersleben	U 14.03.1958 (→ 50 3519)		
343 → 050 343-3	DB	Neuss	Z 24.07.1974	+ 05.12.1974	
344	DB	Gsk-Bismarck	Z 24.06.1966	+ 24.02.1967	
345 → 050 345-8	DB	Flensburg	Z 28.11.1967	+ 12.03.1968	
346	DB MV	Siegen	U 14.07.1958 (→ DB 50 4007)		
347	DB	Lehrte	Z 23.10.1964	+ 03.06.1965	
348	DB	Hohenbudberg	Z 09.03.1964	+ 30.11.1964	
349 → 050 349-0	DB	Augsburg	Z 20.02.1968	+ 19.09.1969	
350 → 050 350-8	DB	Ulm	Z 08.03.1976	+ 11.06.1976	
351	DRB			(ÖStB)	*
352	DRB	(RBD Oppeln)		(BDZ)	*
353 → 050 353-2	DB	Ulm	Z 22.01.1976	+ 15.03.1976	
354 → 050 354-0	DB	Ulm	Z 28.09.1972	+ 21.12.1972	
355 → 050 355-7	DB	Duisburg-Wedau	Z 02.06.1975	+ 25.07.1975	
356	DRB	(RBD Posen)		(SZD/PKP)	*
357	DRB KS	Limburg	Z 01.03.1945	+ 20.09.1948	
358	DB	Hmb-Harburg	Z nach 1958	+ 30.09.1960	
359	DB	Lindau	Z 13.08.1966	+ 22.11.1966	
360 → 050 360-7	DB	Wanne-Eickel	Z 14.03.1968	+ 21.06.1968	
361 → 050 361-5	DB	Koblenz-Mosel	Z 07.03.1972	+ 15.08.1972	
362	DB MV	Aachen West	U 11.10.1958 (→ DB 50 4010)		
363	DRB	(RBD Essen)		(BDZ)	*
364 → 050 364-9	DB	Hmb-Rothenburgsort	Z 13.07.1967	+ 12.03.1968	
365	DRB	(RBD Schwerin)		(SZD/CFR)	*
366	DB	Hmb-Harburg	Z 17.09.1966	+ 22.11.1966	
367	DRB	(RBD Schwerin)		(SZD)	*
368	DB	Hagen Gbf	Z 14.05.1966	+ 19.08.1966	
369 → 050 369-8	DB	Gsk-Bismarck	Z 23.04.1968	+ 02.10.1968	
370 → 050 370-6	DB	Dillingen	Z 10.01.1969	+ 10.07.1969	
371	DRB	(RBD Stettin)		(PKP)	*
372	DB	Limburg	Z 23.01.1962	+ 26.02.1962	
373	DB	Münster	Z 23.11.1965	+ 20.06.1966	
374 → 050 374-8	DB	Stolberg	Z 14.01.1971	+ 09.09.1971	
375 → 050 375-5	DB	Crailsheim	Z 02.08.1969	+ 03.12.1969	

339:    01.1977 vk. an Schlachthof II in Oschatz; 10.1978 verschrottet
351:    Bombentreffer; 1945 an ÖStB, aber keine Umzeichnung; + 01.09.1947 in Attnang-Puchheim
352:    22.09.1943 an BDZ (→ 14.18)
356:    RBD Posen 12.1942, DR 09.1945, Kiew Zentral/SZD (buchmäßig, ohne Umzeichnung) 09.1945, DOKP Szczecin/PKP 20.09.1945 – 29.01.1947, Kutno/PKP (für Rote Armee) ab 30.01.1947, Poznań/PKP 02.1947, SZD (Brest, Pinsk, Kiew, Ukmerge) 1948 – 1953, PKP ab 02.1953 (→ Ty5-20); + 1978; Bezeichnungen: Bei PKP fälschlich ab 1945 als »50 4045« eingesetzt (Kessel von 52 4045), bei SZD ab 1948 wiederum falsch als »TE-4045« bezeichnet (TE = DRB-Baureihe 52), erst 1951 bei SZD richtig als TZ-356 erkannt und umgezeichnet.
363:    28.09.1943 an BDZ (→ 14.19)
365:    RBD Schwerin 1944, DR 1945, Kiew Zentral/SZD (→ TZ-365) 07.1947, CFR ab 09.1963 (→ 150.1131)
367:    RBD Posen 1943, RBD Schwerin 1944, DR 09.1945, Gomel/SZD 09.1945 (→ TZ-367); 03.1985 im Einsatz in Sowjetsk [UdSSR]
371:    RBD Schwerin 1942, RBD Stettin 1944, DOKP Szczecin/PKP 1946 (→ Ty5-8); + 1978

Die Baureihe 50 – Verbleibsliste

Mitte der sechziger Jahre entstand dieses Foto von 50 336 bei der Ausfahrt mit einem Personenzug aus Kiel Hbf in Richtung Neumünster. Foto: Peter Holtorff, Sammlung Holger Kaufhold

Ihr letztes Dienstjahr war 1973 bereits angebrochen, als 050 383 einen Personenzug zwischen Rottweil und Deißlingen zog. Foto: Joachim Stübben

Die Lokomotiven der Baureihen 50 und ihr Verbleib

Die Baureihe 50 – Verbleibsliste   50 376 – 50 413

Ordnungsnr., EDV-Nr.	letzte dt. Bahnverw.	letzte dt. Heimat-Bw	Z oder Umbau	+ oder Abgabe	
376 → 050 376-3	DB	Bestwig	Z 14.01.1971	+ 15.12.1971	*
377	DB	Goslar	Z 21.03.1964	+ 10.03.1965	
378	DB	Lehrte	Z 24.03.1966	+ 27.09.1966	
379	DB MV	Rheine	U 23.10.1958 (→ DB 50 4013)		
380	DR Reko	Köthen	U 20.08.1956 (→ 50 3501)		
381	DR Reko	Halberstadt	U 19.05.1960 (→ 50 3608)		
382	DB	Frankfurt/Main 2	Z 07.01.1967	+ 22.05.1967	
383 → 050 383-9	DB	Rottweil	Z 14.02.1974	+ 09.06.1974	
384 → 050 384-7	DB	Limburg	Z 14.07.1967	+ 10.07.1969	
385 → 050 385-4	DB	Dillenburg	Z 25.01.1971	+ 15.12.1971	
386 → 050 386-2	DB	Osterfeld Süd	Z 17.08.1968	+ 11.12.1968	
387 → 50 1387-5	DR	Nossen	Z 26.10.1977	+ 27.11.1977	
388	DRB	(Osterfeld Süd)		(SNCF)	*
389	DB	Bebra	Z 04.05.1959	+ 05.01.1962	
390 → 050 390-4	DB	Gremberg	Z 04.09.1973	+ 06.03.1974	
391	DRB	(RBD Oppeln)		(BDZ)	*
392	DB	Hmb-Harburg	Z 07.12.1965	+ 20.06.1966	
393 → 050 393-8	DB	Neuss	Z 14.09.1967	+ 12.03.1968	
394	DRB	(Duisburg-Wedau)		(PKP)	*
395 → 050 395-3	DB	Hmb-Rothenburgsort	Z 31.01.1969	+ 22.09.1970	
396 → 050 396-1	DB	Lehrte	Z 05.02.1976	+ 15.03.1976	
397 → 050 397-9	DB	Duisburg-Wedau	Z 08.04.1976	+ 11.06.1976	
398	DR Reko	Aschersleben	U 26.04.1960 (→ 50 3604)		
399	DB	Lübeck	Z 14.01.1959	+ 30.09.1960	
400 → 050 400-1	DB	Saarbrücken	Z 01.02.1975	+ 16.05.1975	
401	DB	Hmb-Harburg	Z 17.02.1967	+ 22.05.1967	
402 → 050 402-7	DB	Bayreuth	Z 01.10.1975	+ 22.12.1975	
403 → 050 403-5	DB	Neuss	Z 25.06.1967	+ 03.03.1969	
404	DB	Hmb-Rothenburgsort	Z 08.12.1964	+ 10.03.1965	
405	DR Reko	Magdeburg-Rothensee	U 11.10.1961 (→ 50 3694)		
406 → 050 406-8	DB	Heilbronn	Z 13.06.1973	+ 24.08.1973	
407 → 050 407-6	DB	Mannheim	Z 09.04.1969	+ 19.09.1969	
408 → 050 408-4	DB	Wanne-Eickel	Z 16.08.1967	+ 10.07.1969	
409 → 050 409-2	DB	Osterfeld Süd	Z 29.06.1973	+ 24.08.1973	
410	DRB	(RBD Karlsruhe)		(SNCF)	*
411 → 050 411-8	DB	Hof	Z 01.06.1972	+ 08.11.1972	
412	DB	Treysa	Z 31.03.1965	+ 01.09.1965	
413 → 050 413-4	DB	Duisburg-Wedau	Z 08.11.1976	+ 21.02.1977	*

376: Vorherige Z-Stellung: 16.04.1968 – 13.09.1970; Z-Stellung in Hagen Gbf, als Z-Lok 28.09.1968: Bestwig
388: Osterfeld Süd (Anl.) 05.1940 – 06.1941, weiterer Verbleib unbekannt, bei SNCF 1945 (→ 150Z388); + 25.09.1952
391: 24.10.1943 an BDZ (→ 14.20)
394: Hamm (Anl.) 06.1940, Duisburg-Wedau 1942 – 06.1944, bei PKP 09.1946 (→ Ty5-9"); + 1976; vgl. Anmerkung bei 50 163
410: RBD Karlsruhe 07.1944, SNCF 1945 – 1947 (als Mietlok: Landau bis 08.01.1948, Koblenz-Lützel 09.01.1948 – 15.03.1949), SNCF ab 16.03.1949 (→ 150Z410); + 25.09.1952
413: 1977 vk. an privat; 09.1980 an Auto&Technik-Museum Sinsheim

Ordnungsnr., EDV-Nr.	letzte dt. Bahnverw.	letzte dt. Heimat-Bw	Z oder Umbau	+ oder Abgabe	
414 → 050 414-2	DB	Uelzen	Z 23.10.1972	+ 21.12.1972	
415	DB	Hannover Hgbf	Z 31.05.1966	+ 27.09.1966	
416 → 050 416-7	DB	Dillingen	Z 14.01.1971	+ 15.12.1971	*
417 → 050 417-5	DB	Lehrte	Z 15.09.1972	+ 21.12.1972	
418	DR Reko	Magdeburg-Rothensee	U 25.04.1961 (→ 50 3665)		
419 → 050 419-1	DB	Ulm	Z 30.05.1976	+ 11.06.1976	
420	DRB KS	Bingerbrück	Z 1945	+ 08.06.1946	
421 → 050 421-7	DB	Uelzen	Z 29.01.1970	+ 23.02.1971	
422 → 050 422-5	DB	Gremberg	Z 19.04.1975	+ 27.06.1975	*
423	DB	Schwandorf	Z 02.02.1966	+ 20.06.1966	
424 → 050 424-1	DB	Lehrte	Z 27.03.1973	+ 24.08.1973	
425 → 50 1425-3	DR	Reichenbach	Z 20.02.1977	+ 24.03.1977	
426	DB	Karlsruhe Rbf	Z 03.08.1956	+ 02.03.1959	*
427	DRB	(RBD Osten)		(BDZ)	*
428 → 050 428-2	DB	Ulm	Z 11.07.1975	+ 21.08.1975	
429	DRB	(RBD Osten)		(BDZ)	*
430	DB	Homburg/Saar	Z 27.09.1965	+ 04.03.1966	
431	DB	Darmstadt	Z 18.03.1964	+ 01.09.1965	
432 → 050 432-4	DB	Emden	Z 17.10.1967	+ 19.09.1969	*
433	DB	Heilbronn	Z 12.04.1966	+ 27.09.1966	
434	DB Rück	Bochum-Langendreer	Z 29.07.1962	+ 01.07.1964	*
435	DRB KS	Bingerbrück	Z 1945	+ 08.06.1946	
436 → 050 436-5	DB	Saarbrücken	Z 14.01.1971	+ 02.06.1971	*
437 → 050 437-3	DB	Ulm	Z 19.03.1969	+ 10.07.1969	
438	DB	Uelzen	Z 24.01.1967	+ 22.05.1967	
439 → 050 439-9	DB	Lehrte	Z 29.03.1976	+ 11.06.1976	
440 → 050 440-7	DB	Emden	Z 28.06.1968	+ 02.10.1968	
441 → 050 441-5	DB	Wanne-Eickel	Z 11.04.1969	+ 10.07.1969	
442	DRB	(RBD Stettin)		(BDZ)	
443 → 050 443-1	DB	Rottweil	Z 21.08.1973	+ 06.03.1974	
444	DRB	(RBD Oppeln)		(ČSD/BDZ)	*
445 → 050 445-6	DB	Dortmund Rbf	Z 04.04.1969	+ 10.07.1969	
446 → 050 446-4	DB	Duisburg-Wedau	Z 06.11.1976	+ 22.12.1976	
447	DRB	(RBD Stettin)		(BDZ)	*
448	DR Reko	Stendal	U 31.01.1958 (→ 50 3516)		
449 → 050 449-8	DB	Schweinfurt	Z 31.07.1975	+ 21.08.1975	
450 → 050 450-6	DB	Heilbronn	Z 28.06.1972	+ 08.11.1972	
451	DRB	(Rostock)		(PKP)	*

416: Vorherige Z-Stellung: 26.04.1970 – 20.07.1970
422: Z-Stellung in Mayen, als Z-Lok 31.05.1975: Gremberg
426: Z-Stellung in Bruchsal, als Z-Lok 03.02.1958: Mannheim, als Z-Lok 1958: Karlsruhe Rbf
427: 28.09.1943 an BDZ (→ 14.21)
429: 15.10.1943 an BDZ (→ 14.22)
432: Z-Stellung in Osnabrück Rbf, als Z-Lok 29.09.1968: Emden
434: Wanne-Eickel 1944, SNCB ab 09.1944 (→ 2514, 01.1946 → 25.015), 06.1950 Rückgabe DB Bochum-Dahlhausen
436: Vorherige Z-Stellung: 27.09.1969 – 01.07.1970
442: 16.10.1943 an BDZ (→ 14.23)
444: RBD Oppeln 1943 – 1945, bei ČSD 1947 (→ 555.114), 1959 an BDZ (→ 14.40)
447: 22.09.1943 an BDZ (→ 14.24); noch 1993 abg. in Dimitrowgrad [Bulgarien]; weiterer Verbleib unbekannt, vmtl. verschrottet
451: Stralsund 01.1944, RAW Rostock (L0) bis 10.10.1944, Rostock ab 11.1944, DOKP Szczecin/PKP 1946 (→ Ty5-10); + 1978; vor 1996 an Museum Bw Wolsztyn [Polen]

Die Baureihe 50 – Verbleibsliste   50 452 – 50 491

Ordnungsnr., EDV-Nr.		letzte dt. Bahnverw.	letzte dt. Heimat-Bw	Z oder Umbau	+ oder Abgabe	
452	→ 050 452-2	DB	Lehrte	Z 05.09.1975	+ 22.10.1975	
453		DR Reko	Aschersleben	U 02.07.1960 (→ 50 3616)		
454		DRB	(RBD Stettin)		(SZD/CFR)	*
455		DB	Freudenstadt	Z 06.01.1965	+ 03.06.1965	
456	→ 050 456-3	DB	Crailsheim	Z 16.07.1975	+ 21.08.1975	
457		DB	Bestwig	Z 01.09.1966	+ 22.11.1966	
458	→ 050 458-9	DB	Schweinfurt	Z 25.06.1975	+ 25.07.1975	
459	→ 50 1459-2	DR	Reichenbach	Z 26.09.1977	+ 22.11.1977	
460	→ 050 460-5	DB	Wanne-Eickel	Z 11.04.1974	+ 18.09.1974	
461		DR Reko	Oebisfelde	U 24.02.1961 (→ 50 3653)		
462		DB	Ulm	Z 10.03.1965	+ 03.06.1965	
463		DRB	(RBD Oppeln)		(BDZ)	*
464	→ 050 464-7	DB	Saarbrücken	Z 29.12.1972	+ 12.04.1973	
465	→ 050 465-4	DB	Wanne-Eickel	Z 02.08.1973	+ 06.03.1974	
466	→ 050 466-2	DB	Gremberg	Z 28.03.1972	+ 15.08.1972	
467	→ 050 467-0	DB	Saarbrücken	Z 19.12.1975	+ 15.03.1976	
468		DR Reko	Oebisfelde	U 18.04.1961 (→ 50 3663)		
469		DRB			(ÖStB/ÖBB)	*
470	→ 050 470-4	DB	St. Wendel	Z 24.06.1968	+ 02.10.1968	
471	→ 50 1471-7	DR	Güstrow	Z 18.07.1973	+ 04.08.1973	
472	→ 050 472-0	DB	Kaiserslautern	Z 29.11.1968	+ 03.03.1969	
473	→ 050 473-8	DB	Lehrte	Z 01.06.1976	+ 11.06.1976	
474		DRB	(RBD Hannover)		(BDZ)	*
475	→ 050 475-3	DB	Nürnberg Rbf	Z 04.12.1968	+ 03.03.1969	
476		DB	Hmb-Rothenburgsort	Z 21.04.1965	+ 01.09.1965	
477		DB	Uelzen	Z 30.05.1965	+ 01.09.1965	
478	→ 050 478-7	DB	Osterfeld Süd	Z 21.08.1974	+ 05.12.1974	
479		DB	Dortmund Rbf	Z 28.09.1966	+ 22.11.1966	
480	→ 050 480-3	DB	Heilbronn	Z 07.08.1968	+ 11.12.1968	
481		DR Reko	Güsten	U 27.08.1956 (→ 50 3502)		
482		DRB	(Saargemünd)		(SNCF)	*
483	→ 050 483-5	DB	Saarbrücken	Z 14.01.1971	+ 02.06.1971	*
484	→ 050 484-5	DB	Weiden	Z 25.06.1975	+ 25.07.1975	
485		DB	Frankfurt/Main 2	Z 10.04.1967	+ 05.07.1967	
486		DRB	(RBD Königsberg)		(SZD/CFR)	*
487	→ 050 487-8	DB	Plattling	Z 18.09.1967	+ 12.03.1968	
488	→ 050 488-6	DB	Kirchenlaibach	Z 12.08.1972	+ 08.11.1972	
489	→ 050 489-4	DB	Duisburg-Wedau	Z 28.04.1976	+ 11.06.1976	
490		DR Reko	Aschersleben	U 26.08.1961 (→ 50 3684)		
491		DR Reko	Görlitz	U 03.12.1958 (→ 50 3549)		

454: RBD Stettin 1943, DR 09.1945, Gomel/SZD 09.1945 (→ TZ-454), CFR 09.1963 (→ 150.1134)
463: 15.10.1943 an BDZ (→ 14.25); ab 2005 Aufarbeitung als betriebsfähige Museumslok, Standort Plowdiw [Bulgarien]
469: 1945 an ÖStB/ÖBB (→ 50.469); + 20.11.1968 in Linz/Donau
474: 22.09.1943 an BDZ (→ 14.27)
482: Saargemünd 05.1944, SNCF 1945 – 1947 (als Mietlok: Offenburg 20.10.1947 – 01.10.1948, ED Trier ab 02.10.1948), SNCF 1949 (→ 150Z482); + 14.11.1953
483: Vorherige Z-Stellung: 25.12.1969 – 01.07.1970
486: RBD Königsberg 06.1944 – 1945, Gomel/SZD 1945 (→ TZ-486), CFR 09.1963 (→ 150.1130)

Die 50 464 war jahrelang im Saarland zuhause und konnte am 17. August 1959 in Saarbrücken fotografiert werden. Ungewöhnlich wirkt die Kombination von großen Windleitblechen mit den kleinen Bundesbahn-Laternen.
Foto: Peter Konzelmann, Sammlung Peter Melcher

Den heute nicht mehr existenten Rangierbahnhof von Heidelberg verließ 50 485 am 3. Mai 1958 mit einem langen Güterzug.
Foto: Helmut Röth

Die Baureihe 50 – Verbleibsliste   50 492 – 50 531

Ordnungsnr.	EDV-Nr.	letzte dt. Bahnverw.	letzte dt. Heimat-Bw	Z oder Umbau	+ oder Abgabe	
492	→ 050 492-8	DB	Heilbronn	Z 14.08.1973	+ 06.03.1974	
493		DB	Flensburg	Z 07.03.1967	+ 22.05.1967	
494		DB	Hohenbudberg	Z 07.03.1964	+ 30.11.1964	
495	→ 050 495-1	DB	Heilbronn	Z 25.04.1972	+ 15.08.1972	
496	→ 050 496-9	DB	Wt-Vohwinkel	Z 14.01.1971	+ 15.12.1971	
497	→ 050 497-7	DB	Bayreuth	Z 24.10.1975	+ 22.12.1975	
498		DB	Osnabrück Rbf	Z 14.10.1966	+ 24.02.1967	
499		DR Reko	Oebisfelde	U 23.12.1961 (→ 50 3704)		
500	→ 050 500-8	DB	Dillingen	Z 20.04.1973	+ 24.08.1973	
501		DB	Dillingen	Z 13.11.1964	+ 10.03.1965	
502		DB	Osnabrück Rbf	Z 23.05.1966	+ 27.09.1966	
503	→ 050 503-2	DB	Kirchenlaibach	Z 26.10.1972	+ 21.12.1972	
504	→ 050 504-0	DB	Betzdorf	Z 14.01.1971	+ 15.12.1971	*
505	→ 050 505-7	DB	Wanne-Eickel	Z 18.05.1968	+ 02.10.1968	
506	→ 050 506-5'	DB	Braunschweig	Z 20.10.1968	+ 03.03.1969	
507		DB	Löhne	Z 06.08.1964	+ 10.03.1965	
508	→ 050 508-1	DB	München Ost	Z 19.05.1967	+ 11.12.1968	
509		DB	Bebra	Z 20.01.1964	+ 10.03.1965	
510		DB	Bochum-Dahlhausen	Z 27.01.1965	+ 03.06.1965	
511	→ 050 511-5	DB	Osterfeld Süd	Z 03.04.1968	+ 21.06.1968	
512	→ 050 512-3	DB	Lehrte	Z 09.06.1972	+ 08.11.1972	
513	→ 050 513-1	DB	Duisburg-Wedau	Z 07.11.1972	+ 21.12.1972	
514		DB	Lichtenfels	Z 14.12.1964	+ 01.09.1965	
515	→ 050 515-6	DB	Hohenbudberg	Z 18.10.1968	+ 03.03.1969	
516	→ 050 516-4	DB	Kassel	Z 03.03.1972	+ 15.08.1972	
517		DRB			(ÖStB/SZD/CFR)	*
518		DRB	(RBD Königsberg)		(SZD)	*
519		DB	Münster	Z 25.08.1965	+ 06.01.1966	
520	→ 050 520-6'	DB	Gremberg	Z 03.09.1974	+ 05.12.1974	
521	→ 050 521-4'	DB	Nürnberg Rbf	Z 04.11.1968	+ 03.03.1969	
522	→ 050 522-2'	DB	Bayreuth	Z 18.09.1974	+ 05.12.1974	
523		DB	Treysa	Z 06.01.1965	+ 01.09.1965	
524	→ 050 524-8	DB	Mannheim	Z 15.03.1971	+ 02.06.1971	
525	→ 050 525-5'	DB	Lehrte	Z 01.06.1976	+ 11.06.1976	
526		DB	Mühldorf	Z 01.04.1965	+ 01.09.1965	
527		DRB KS	Haltern		+ 23.05.1946	
528		DB	Bochum-Dahlhausen	Z 12.06.1964	+ 01.09.1965	
529	→ 050 529-7'	DB	Stolberg	Z 06.06.1975	+ 25.07.1975	
530		DRB	(RBD Essen)		(BDZ)	*
531	→ 050 531-3	DB	Dillenburg	Z 25.01.1968	+ 21.06.1968	*

504: Vorherige Z-Stellung: 14.07.1970 – 18.07.1970
517: Straßhof/ÖStB 1946; 08.12.1948 über Břeclav/ČSD an SZD (→ TZ-517); weiter an CFR (→ 150.1114)? Diese Lok 2004 vh. als Denkmal in Brasov [Rumänien]
518: Hoyerswerda 1943, RBD Königsberg 1944, DR 09.1945, Kowno/SZD 09.1945 (→ TZ-518)
530: 22.09.1943 an BDZ (→ 14.26); noch 1993 abg. in Kalojanowez [Bulgarien]; weiterer Verbleib unbekannt, vmtl. verschrottet
531: Z-Stellung in Gießen, als Z-Lok 25.05.1968: Dillenburg

50 532 – 50 571   Die Baureihe 50 – Verbleibsliste

Ordnungsnr., EDV-Nr.	letzte dt. Bahnverw.	letzte dt. Heimat-Bw	Z oder Umbau	+ oder Abgabe	
532 → 050 532-1	DB	Weiden	Z 16.06.1972	+ 08.11.1972	
533 → 050 533-9	DB	Duisburg-Wedau	Z 08.08.1973	+ 06.03.1974	
534 → 050 534-7	DB	Saarbrücken	Z 23.06.1968	+ 02.10.1968	
535 → 050 535-4'	DB	Uelzen	Z 22.03.1973	+ 24.08.1973	
536 → 050 536-2	DB	Osterfeld Süd	Z 01.08.1968	+ 11.12.1968	
537	DB	Duisburg-Wedau	Z 30.07.1966	+ 22.11.1966	
538 → 050 538-8'	DB	Osterfeld Süd	Z 23.12.1972	+ 12.04.1973	
539	DR Reko	Güsten	U 17.03.1958 (→ 50 3524)		
540 → 050 540-4	DB	Lehrte	Z 13.03.1975	+ 16.05.1975	
541 → 050 541-2	DB	Lehrte	Z 28.11.1975	+ 22.12.1975	
542 → 050 542-0	DB	Bestwig	Z 14.09.1967	+ 10.07.1969	
543	DB	Ingolstadt	Z 18.07.1956	+ 23.11.1956	
544 → 050 544-6	DB	Duisburg-Wedau	Z 25.11.1972	+ 21.12.1972	
545 → 050 545-3'	DB	Mayen	Z 08.06.1972	+ 08.11.1972	
546 → 050 546-1	DB	Dortmund Rbf	Z 12.11.1967	+ 12.03.1968	
547	DR Reko	Güstrow	U 26.09.1961 (→ 50 3689)		
548 → 050 548-7	DB	Lehrte	Z 26.02.1975	+ 16.05.1975	
549	DB	München Ost	Z 23.06.1966	+ 27.09.1966	
550 → 050 550-3	DB	Lehrte	Z 09.06.1975	+ 25.07.1975	
551	DB	Dortmund Rbf	Z 04.06.1964	+ 10.03.1965	
552	DB	Uelzen	Z 24.10.1966	+ 22.05.1967	
553	DB	Osnabrück Rbf	Z 26.01.1967	+ 22.05.1967	
554 → 050 554-5'	DB	Dillingen	Z 28.11.1972	+ 21.12.1972	
555 → 050 555-2'	DB	Osterfeld Süd	Z 27.09.1967	+ 12.03.1968	
556	DB	Düren	Z 27.09.1958	+ 20.11.1958	
557	DB	Hmb-Harburg	Z 07.12.1965	+ 20.06.1966	
558	DB	Treysa	Z 07.12.1965	+ 04.03.1966	
559	DB	Seelze	Z 03.11.1965	+ 27.09.1966	
560 → 050 560-2	DB	Rottweil	Z 03.08.1972	+ 08.11.1972	
561	DRB			(ÖStB/SZD)	*
562	DB	Köln-Eifeltor	Z 10.04.1963	+ 15.10.1963	
563 → 050 563-6	DB	Mayen	Z 14.01.1971	+ 02.06.1971	*
564	DB	Regensburg	Z 29.10.1965	+ 04.03.1966	
565 → 050 565-1'	DB	Dortmund Rbf	Z 15.03.1968	+ 21.06.1968	
566 → 050 566-9	DB	Ulm	Z 04.05.1973	+ 24.08.1973	
567 → 050 567-7	DB	Hohenbudberg	Z 10.05.1968	+ 02.10.1968	
568 → 050 568-5	DB	Limburg	Z 03.09.1969	+ 03.12.1969	
569	DB	Köln-Eifeltor	Z 17.10.1962	+ 15.10.1963	
570 → 050 570-1'	DB	Uelzen	Z 01.02.1975	+ 16.05.1975	
571 → 050 571-9	DB	Bestwig	Z 03.04.1967	+ 02.10.1968	

561:    Straßhof/ÖStB 1947; 05.12.1948 über Břeclav/ČSD an SZD (→ TZ-561)
563:    Vorherige Z-Stellung: 01.02.1970 – 01.07.1970

Die Lokomotiven der Baureihen 50 und ihr Verbleib

Die Baureihe 50 – Verbleibsliste   50 572 – 50 611

Ordnungsnr., EDV-Nr.	letzte dt. Bahnverw.	letzte dt. Heimat-Bw	Z oder Umbau	+ oder Abgabe	
572 → 050 572-7	DB	Kaiserslautern	Z 21.01.1975	+ 16.05.1975	
573 → 050 573-5	DB	Bremen Hbf	Z 07.08.1968	+ 11.12.1968	
574 → 050 574-3	DB	Stolberg	Z 26.03.1969	+ 10.07.1969	
575	DR Reko	Wittenberge	U 01.01.1960 (→ 50 3652)		
576	DB	Saarbrücken	Z 31.01.1967	+ 22.05.1967	
577 → 050 577-6	DB	Osterfeld Süd	Z 01.06.1974	+ 18.09.1974	
578 → 050 578-4	DB	Lehrte	Z 01.06.1976	+ 11.06.1976	
579 → 050 579-2	DB	Saarbrücken	Z 10.07.1973	+ 06.03.1974	
580	DB	Schwandorf	Z 06.09.1965	+ 04.03.1966	
581	DRB	(Oebisfelde)		(PKP)	*
582	DR Rück	Oebisfelde		+ 25.01.1951	*
583	DB	Wanne-Eickel	Z 25.02.1965	+ 01.09.1965	
584 → 050 584-2	DB	Tübingen	Z 27.11.1972	+ 21.12.1972	
585 → 050 585-9	DB	Uelzen	Z 29.08.1969	+ 03.12.1969	
586	DB	Lehrte	Z 04.01.1965	+ 03.06.1965	
587 → 050 587-5	DB	Osterfeld Süd	Z 26.09.1973	+ 06.03.1974	
588	DB	Bingerbrück	Z 01.03.1965	+ 01.09.1965	
589	DB	Hameln	Z 17.04.1964	+ 10.03.1965	
590	DB	Münster	Z 29.04.1965	+ 01.09.1965	
591 → 050 591-7	DB	Bayreuth	Z 01.10.1975	+ 22.12.1975	
592 → 050 592-5	DB	Gremberg	Z 06.06.1975	+ 25.07.1975	
593 → 050 593-3	DB	Saarbrücken	Z 14.01.1971	+ 15.12.1971	
594 → 050 594-1	DB	Lehrte	Z 15.09.1972	+ 21.12.1972	
595 → 050 595-8	DB	Weiden	Z 10.08.1967	+ 10.07.1969	
596 → 050 596-6	DB	Lehrte	Z 18.05.1976	+ 28.09.1976	
597	DB	Nürnberg Rbf	Z 29.02.1964	+ 10.03.1965	
598 → 050 598-2	DB	Bremen Hbf	Z 05.05.1967	+ 02.10.1968	
599 → 050 599-0	DB	Hof	Z 02.06.1973	+ 24.08.1973	
600 → 050 600-6	DB	Betzdorf	Z 05.01.1976	+ 15.03.1976	
601 → 050 601-4	DB	Ulm	Z 11.12.1973	+ 06.03.1974	
602 → 050 602-2	DB	Wanne-Eickel	Z 25.10.1972	+ 21.12.1972	
603 → 050 603-0'	DB	Ulm	Z 18.07.1975	+ 22.10.1975	
604	DB	Gießen	Z 31.08.1964	+ 10.03.1965	
605	DB	Wanne-Eickel	Z 03.06.1964	+ 10.03.1965	
606 → 050 606-3'	DB	Duisburg-Wedau	Z 14.11.1974	+ 05.12.1974	
607 → 050 607-1	DB	Saarbrücken	Z 31.05.1976	+ 11.06.1976	*
608 → 050 608-9	DB	Kaiserslautern	Z 22.06.1967	+ 12.03.1968	
609 → 050 609-7	DB	Schweinfurt	Z 28.12.1972	+ 12.04.1973	
610 → 050 610-5'	DB	Stolberg	Z 13.02.1972	+ 18.04.1972	
611	DB	Hmb-Harburg	Z 14.02.1967	+ 22.05.1967	

581:   Oebisfelde 10.1944, Gdańsk/PKP 1946 (→ Ty5-11); + 1972
582:   Oebisfelde 10.1944, 06.1945, 12.1945; Kesselzerknall bei Haldensleben 11.1946 (nur buchmäßig ohne Umzeichnung: SZD/SMA – Rückgabe DR 1951)
607:   1976/77 an privat (zunächst abg. Bw St. Wendel; jetzt Dampflokmuseum Hermeskeil)

Die Baureihe 50 – Verbleibsliste

Auf Bergfahrt bei Monreal befand sich der Nahgüterzug von Mayen nach Kaisersesch mit 050 592 an der Spitze im Frühjahr 1975. Foto: Joachim Stübben

Die Baureihe 50 – Verbleibsliste   50 612 – 50 651

Ordnungsnr., EDV-Nr.	letzte dt. Bahnverw.	letzte dt. Heimat-Bw	Z oder Umbau	+ oder Abgabe	
612 → 050 612-1	DB	Tübingen	Z 24.01.1972	+ 18.04.1972	
613 → 50 1613-4	DR	Karl-Marx-Stadt	Z 24.07.1978	+ 22.12.1978	
614 → 050 614-7	DB	Braunschweig	Z 14.02.1969	+ 22.09.1970	
615 → 050 615-4	DB	Lehrte	Z 20.06.1975	+ 25.07.1975	
616	DRB	(Stettin Gbf)		(PKP)	*
617	DR Reko	Güsten	U 28.03.1957 (→ 50 3507)		
618	DB	Osterfeld Süd	Z 14.04.1965	+ 01.09.1965	
619	DB MV	Osnabrück Vbf	U 10.1958 (→ DB 50 4012)		
620 → 050 620-4	DB	Stolberg	Z 07.02.1973	+ 12.04.1973	
621 → 050 621-2	DB	Ulm	Z 27.05.1974	+ 18.09.1974	
622 → 050 622-0	DB	Duisburg-Wedau	Z 07.07.1976	+ 28.09.1976	*
623 → 050 623-8	DB	Lehrte	Z 09.12.1969	+ 22.09.1970	
624	DR Reko	Dresden-Friedrichstadt	U 23.05.1962 (→ 50 3707)		
625	DRB	(Eger)		(ČSD/BDZ)	*
626 → 050 626-1'	DB	Dillenburg	Z 02.08.1967	+ 12.03.1968	
627 → 050 627-9	DB	Uelzen	Z 22.03.1967	+ 02.10.1968	
628	DRB	(Lübeck)		(SZD/PKP)	*
629	DB	Aachen West	Z 25.03.1965	+ 03.06.1965	
630 → 050 630-3	DB	Bremen Hbf	Z 24.05.1967	+ 11.12.1968	
631	DB	Osterfeld Süd	Z 28.06.1964	+ 10.03.1965	
632 → 050 632-9	DB	Heilbronn	Z 14.01.1971	+ 02.06.1971	*
633	DB	Goslar	Z 11.08.1965	+ 06.01.1966	
634	DRB	(RBD Schwerin)		(SZD/CFR)	*
635	DB	Hagen Gbf	Z 08.08.1966	+ 22.11.1966	
636	DB MV	Recklinghausen	U 18.01.1959 (→ DB 50 4026)		
637	DR Reko	Wittenberge	U 10.12.1959 (→ 50 3586)		
638 → 050 638-6'	DB	Flensburg	Z 11.02.1969	+ 23.02.1971	
639	DB	Uelzen	Z 22.05.1966	+ 20.06.1966	
640	DB	Nürnberg Rbf	Z 15.07.1964	+ 10.03.1965	
641 → 050 641-0	DB	Heilbronn	Z 09.05.1973	+ 24.08.1973	
642	DRB	(Diedenhofen)		(SZD)	*
643	DB	Frankfurt/Main 2	Z 28.02.1959	+ 04.12.1961	
644	DB	Mannheim	Z 01.01.1959	+ 05.01.1962	
645 → 050 645-1'	DB	Kaiserslautern	Z 14.08.1967	+ 10.07.1969	
646 → 050 646-9'	DB	Crailsheim	Z 05.06.1975	+ 25.07.1975	
647 → 050 647-7	DB	Mayen	Z 14.12.1971	+ 18.04.1972	
648	DB	Limburg	Z 23.01.1962	+ 26.02.1962	
649	DRB	(RBD Saarbrücken)		(BDZ)	*
650	DB	Kaiserslautern	Z 24.12.1964	+ 10.03.1965	
651 → 050 651-9	DB	Duisburg-Wedau	Z 18.12.1976	+ 22.12.1976	

616:	Stettin Gbf 1944, Szczecin Gł. 09.1945; bei PKP nicht mehr in Betrieb; + 01.02.1946
622:	ab 05.1982 Aufarbeitung im AW Offenburg, danach Verkehrsmuseum Nürnberg/DB-Museum (zeitweise betriebsfähig); 10.2005 bei Brand im Betriebshof Nürnberg West stark beschädigt
625:	RBD Saarbrücken 12.1944, Eger ab 01.1945, 1947 bei ČSD (→ 555.104); 1959 an BDZ (→ 14.34)
628:	Gleiwitz 1943, Peiskretscham 06.1944, Lübeck bis 25.10.1944, DR 09.1945, Przemyśl/PKP/SZD 09.1945 (→ TZ-628), Gdańsk/PKP 1946 (→ Ty5-12); + 1976
632:	Vorherige Z-Stellung: 11.02.1970 – 09.07.1970
634:	Königsberg Hbf 29.11.1941 – 06.1944, RBD Schwerin 1944, DR 1945, Gomel/SZD 09.1945 (→ TZ-634), CFR 1962 (→ 150.1127)
642:	Diedenhofen bis 23.03.1944, RAW Trier bis 30.05.1944, Gomel/SZD 1945 (→ TZ-642)
649:	24.12.1943 an BDZ (→ 14.28); noch 1993 abg. in Kalojanowez [Bulgarien]; weiterer Verbleib unbekannt, vmtl. verschrottet

Am 24. März 1972 konnte Dr. Daniel Hörnemann die 050 601 in ihrem Heimat-Bw Ulm fotografieren.

Dillenburg war eines der letzten Dampflok-Bw im Direktionsbezirk Frankfurt und zeitweise auch Heimatdienststelle für 50 604, die hier am 23. Juni 1959 fotografiert wurde. Foto: Helmut Röth

Die Baureihe 50 – Verbleibsliste   50 652 – 50 691

Ordnungsnr., EDV-Nr.	letzte dt. Bahnverw.	letzte dt. Heimat-Bw	Z oder Umbau	+ oder Abgabe	
652 → 050 652-7'	DB	Lehrte	Z 19.12.1968	+ 03.03.1969	
653	DB	Aachen West	Z 13.08.1966	+ 27.09.1966	
654 → 050 654-3	DB	Wanne-Eickel	Z 21.12.1972	+ 12.04.1973	
655	DR Reko	Wittenberge	U 22.07.1960 (→ 50 3620)		
656	DB	Löhne	Z 26.09.1966	+ 22.11.1966	
657	DR Reko	Köthen	U 19.07.1957 (→ 50 3510)		
658	DB	Dillingen	Z 18.01.1965	+ 01.09.1965	
659	DB	Minden	Z 13.08.1966	+ 20.06.1966	*
660 → 050 660-0	DB	Ulm	Z 20.02.1973	+ 12.04.1973	
661 → 050 661-8'	DB	Osterfeld Süd	Z 28.05.1975	+ 27.06.1975	
662 → 050 662-6	DB	Nürnberg Rbf	Z 26.10.1969	+ 02.06.1971	
663	DB	Lindau	Z 18.10.1965	+ 04.03.1966	
664	DB	Uelzen	Z 08.01.1966	+ 20.06.1966	
665	DB	Ottbergen	Z 13.03.1967	+ 05.07.1967	
666 → 050 666-7'	DB	Wt-Vohwinkel	Z 24.09.1967	+ 10.07.1969	
667	DB	Osnabrück Rbf	Z 04.10.1964	+ 10.03.1965	
668 → 050 668-3'	DB	Kaiserslautern	Z 30.01.1975	+ 16.05.1975	
669	DB	Wt-Vohwinkel	Z 05.11.1966	+ 24.02.1967	
670	DB	Osnabrück Rbf	Z 26.07.1964	+ 30.11.1964	
671 → 050 671-7	DB	Saarbrücken	Z 16.06.1972	+ 08.11.1972	
672	DB	Ulm	Z 07.06.1966	+ 27.09.1966	
673	DB	Nürnberg Rbf	Z 07.05.1965	+ 01.09.1965	
674 → 050 674-1	DB	Crailsheim	Z 28.05.1975	+ 09.07.1975	
675	DB	Hmb-Rothenburgsort	Z 01.11.1963	+ 30.11.1964	
676	DB	München Ost	Z 29.06.1967	+ 14.11.1967	
677	DRB	(RBD Breslau)		(PKP)	*
678	DRB	(RBD Mainz)		(PKP)	*
679	DB	Kaiserslautern	Z 10.05.1967	+ 14.11.1967	*
680 → 050 680-8'	DB	Kaiserslautern	Z 30.07.1975	+ 21.08.1975	
681 → 050 681-6'	DB	Hof	Z 21.07.1972	+ 08.11.1972	
682 → 050 682-4'	DB	Hof	Z 08.04.1974	+ 18.09.1974	
683	DB	Karlsruhe Rbf	Z 06.06.1959	+ 17.08.1961	
684 → 50 1684-5	DR	Reichenbach	Z 07.02.1979	+ 03.07.1979	
685	DRB			(ÖStB/ÖBB)	*
686	DB	Dortmund Rbf	Z 17.03.1965	+ 01.09.1965	
687 → 050 687-3	DB	Stolberg	Z 02.07.1967	+ 03.03.1969	
688	DB	Bochum-Dahlhausen	Z 08.10.1962	+ 01.07.1964	
689	DR	Güstrow	Z 19.06.1969	+ 26.09.1969	*
690 → 050 690-7'	DB	Ulm	Z 01.06.1972	+ 08.11.1972	
691	DB	Augsburg	Z 01.12.1964	+ 10.03.1965	

659: Ausmusterung vor Z-Stellung
677: RBD Breslau 1943, DOKP Wrocław/PKP 1946 (→ Ty5-13); + 1975
678: RBD Mainz noch 06.1944, DOKP Poznań/PKP 1946 (→ Ty5-14); + 1972
679: Z-Stellung in Worms, als Z-Lok 28.05.1967: Kaiserslautern
685: 1945 an ÖStB/ÖBB (→ 50.685); + 06.08.1972 in Linz/Donau und vk. an Graz-Köflacher Bahn; 28.12.1978 an Historische Eisenbahn Frankfurt e.V. (zeitweise betriebsfähige Museumslok auf der Hafenbahn Frankfurt); 04.1991 als Leihgabe an Technik-Museum Speyer
689: Lok stand bis 31.05.1969 auf »w«, Z-Stellung evtl. am 17.08.1969

50 692 – 50 731   Die Baureihe 50 – Verbleibsliste

Ordnungsnr., EDV-Nr.	letzte dt. Bahnverw.	letzte dt. Heimat-Bw	Z oder Umbau	+ oder Abgabe	
692 → 050 692-3	DB	Duisburg-Wedau	Z 22.09.1975	+ 22.10.1975	*
693	DB KS	Lüneburg	Z 1945	+ 21.04.1952	
694 → 50 1694-4	DR	Karl-Marx-Stadt	Z 18.11.1978	+ 25.09.1979	
695	DB	Dortmund Rbf	Z 25.05.1964	+ 10.03.1965	
696 → 050 696-4'	DB	Stolberg	Z 20.08.1969	+ 03.12.1969	*
697 → 050 697-2	DB	Nürnberg Rbf	Z 12.05.1969	+ 19.09.1969	
698	DB	Kaiserslautern	Z 02.06.1966	+ 27.09.1966	
699 → 050 699-8	DB	Saarbrücken	Z 21.06.1974	+ 18.09.1974	
700	DB	Osterfeld Süd	Z 20.06.1964	+ 10.03.1965	
701 → 050 701-2	DB	Flensburg	Z 14.01.1971	+ 02.06.1971	*
702 → 050 702-0	DB	Lehrte	Z 22.11.1974	+ 05.12.1974	
703	DB	Aschaffenburg	Z 11.07.1959	+ 05.01.1962	
704	DB	Gießen	Z 15.01.1964	+ 30.11.1964	
705 → 050 705-3'	DB	Duisburg-Wedau	Z 14.02.1975	+ 16.05.1975	
706 → 050 706-1	DB	Schwandorf	Z 02.11.1967	+ 12.03.1968	
707	DB	Uelzen	Z 23.09.1965	+ 06.01.1966	
708 → 050 708-7'	DB	Kaiserslautern	Z 26.09.1967	+ 10.07.1969	
709	DB	Gronau	Z 20.08.1965	+ 06.01.1966	
710 → 050 710-3	DB	Hmb-Rothenburgsort	Z 14.09.1972	+ 21.12.1972	
711 → 050 711-1	DB	Darmstadt	Z 18.04.1969	+ 19.09.1969	
712	DB	Hmb-Harburg	Z 25.05.1965	+ 01.09.1965	
713	DB	Osterfeld Süd	Z 07.03.1967	+ 22.05.1967	
714 → 050 714-5	DB	Saarbrücken	Z 16.06.1975	+ 25.07.1975	
715 → 050 715-2	DB	Osterfeld Süd	Z 07.09.1967	+ 12.03.1968	
716	DB	Hagen Gbf	Z 29.01.1965	+ 01.09.1965	
717 → 050 717-8	DB	Wt-Vohwinkel	Z 13.12.1968	+ 03.03.1969	*
718 → 050 718-6	DB	Wt-Vohwinkel	Z 14.01.1971	+ 15.12.1971	*
719 → 050 719 -4	DB	Duisburg-Wedau	Z 20.08.1975	+ 22.10.1975	
720	DB	Osterfeld Süd	Z 13.08.1966	+ 22.11.1966	
721 → 050 721-0	DB	Dillingen	Z 30.05.1968	+ 02.10.1968	
722 → 050 722-8	DB	Hmb-Harburg	Z 08.09.1967	+ 12.03.1968	
723	DB	Osterfeld Süd	Z 11.02.1967	+ 22.05.1967	
724	DB	Hamm	Z 25.05.1962	+ 15.10.1963	
725 → 050 725-1	DB	Schwandorf	Z 01.11.1968	+ 03.03.1969	
726	DB	Duisburg-Wedau	Z 13.10.1965	+ 06.01.1966	
727 → 050 727-7	DB	Braunschweig	Z 09.04.1969	+ 22.09.1970	
728	DR Reko	Halberstadt	U 22.08.1961 (→ 50 3683)		
729	DRB	(Dirschau)		(PKP/SZD)	*
730	DRB	(Dirschau)		(PKP/SZD)	*
731 → 050 731-9	DB	Crailsheim	Z 20.01.1976	+ 15.03.1976	

692: Z-Stellung in Osterfeld Süd, als Z-Lok 01.10.1975: Duisburg-Wedau
696: Z-Stellung in Aachen West, als Z-Lok 01.11.1969: Stolberg
701: Vorherige Z-Stellung: 19.07.1968 – 24.01.1970; Z-Stellung in Flensburg, als Betriebslok (buchmäßig) 27.01.1970: Nürnberg Rbf, als Z-Lok 22.01.1971: Flensburg
717: Z-Stellung in Dieringhausen, als Z-Lok 16.01.1969: Wt-Vohwinkel
718: Vorherige Z-Stellung: 06.01.1970 – 13.09.1970
729: Dirschau (Anl.) 11.1940, Tczew/PKP 09.1945, Kowno/SZD 1946 (→ TZ-729); 05.1984 im Einsatz in Sowjetsk [UdSSR]
730: Dirschau (Anl.) 11.1940, Tczew/PKP 09.1945, SZD 1946 (→ TZ-730); 1958 vk. an Eisenhütte Nischnaja Tura [UdSSR]

Die Lokomotiven der Baureihen 50 und ihr Verbleib

Die Baureihe 50 – Verbleibsliste   50 732 – 50 771

Ordnungsnr., EDV-Nr.	letzte dt. Bahnverw.	letzte dt. Heimat-Bw	Z oder Umbau	+ oder Abgabe	
732 → 050 732-7	DB	Schweinfurt	Z 14.01.1971	+ 15.12.1971	*
733 → 050 733-5	DB	Schweinfurt	Z 17.01.1969	+ 10.07.1969	
734	DR Reko	Hagenow Land	U 19.07.1961 (→ 50 3677)		
735 → 050 735-0	DB	Ulm	Z 10.09.1975	+ 22.10.1975	
736 → 050 736-8	DB	Saarbrücken	Z 20.12.1975	+ 15.03.1976	
737 → 050 737-6	DB	Lehrte	Z 01.06.1976	+ 11.06.1976	
738 → 050 738-4	DB	Uelzen	Z 22.06.1967	+ 03.03.1969	
739 → 050 739-2	DB	Hohenbudberg	Z 10.10.1972	+ 21.12.1972	
740 → 050 740-0	DB	Osterfeld Süd	Z 01.01.1973	+ 12.04.1973	
741 → 050 741-8	DB	Schweinfurt	Z 18.03.1974	+ 09.06.1974	
742 → 050 742-6	DB	Schwandorf	Z 21.06.1973	+ 24.08.1973	
743	DR Reko	Neuruppin	U 13.07.1961 (→ 50 3679)		
744 → 050 744-2	DB	Aachen West	Z 09.04.1968	+ 02.10.1968	
745 → 050 745-9	DB	Weiden	Z 27.03.1973	+ 24.08.1973	
746 → 050 746-7	DB	Osterfeld Süd	Z 11.01.1971	+ 02.06.1971	
747	DB	Aschaffenburg	Z 01.06.1959	+ 05.01.1962	
748	DB	Osterfeld Süd	Z 22.09.1962	+ 01.07.1964	
749	DB	Mühldorf	Z 28.06.1964	+ 10.03.1965	
750 → 050 750-9	DB	Schwandorf	Z 22.12.1972	+ 12.04.1973	
751 → 050 751-7	DB	Bayreuth	Z 19.09.1974	+ 05.12.1974	
752 → 050 752-5	DB	Nürnberg Rbf	Z 14.01.1971	+ 15.12.1971	*
753 → 050 753-3	DB	Duisburg-Wedau	Z 01.10.1975	+ 22.10.1975	
754 → 050 754-1	DB	Crailsheim	Z 26.06.1969	+ 19.09.1969	
755	DB	Hameln	Z 03.02.1959	+ 20.07.1959	
756	DB	Frankfurt/Main 2	Z 10.04.1967	+ 05.07.1967	
757 → 050 757-4	DB	Wanne-Eickel	Z 24.01.1972	+ 18.04.1972	
758	DRB	(Riedingen)		+ 1944	*
759 (→ 50 1759-5)	DR	Dresden	Z 23.04.1970	+ 27.10.1971	*
760	DRB KS	Rbd Hannover		+ 18.01.1947	
761 → 050 761-6	DB	Duisburg-Wedau	Z 01.10.1976	+ 22.12.1976	
762 → 50 1762-9	DR	Reichenbach	Z 26.04.1975	+ 31.03.1975	
763 → 050 763-2	DB	Lehrte	Z 01.06.1976	+ 11.06.1976	
764	DB	Ulm	Z 07.05.1966	+ 27.09.1966	
765 → 050 765-7	DB	Duisburg-Wedau	Z 07.09.1967	+ 12.03.1968	
766 → 050 766-5	DB	Neuss	Z 28.02.1968	+ 21.06.1968	
767 → 050 767-3	DB	Heilbronn	Z 14.01.1971	+ 02.06.1971	
768	DB	Wanne-Eickel	Z 07.01.1967	+ 22.05.1967	
769	DR Reko	Dresden-Friedrichstadt	U 01.02.1960 (→ 50 3590)		
770	DB	Kirchenlaibach	Z 15.12.1964	+ 10.03.1965	
771	DB	Uelzen	Z 22.04.1966	+ 27.09.1966	

732: Vorherige Z-Stellung: 09.10.1969 – 06.07.1970
752: Vorherige Z-Stellung: 09.01.1970 – 06.07.1970
758: Emden 08.1944, Riedingen 08.1944, Bombentreffer bei Baccarat 12.09.1944
759: 1970 nicht mehr umgezeichnet, im amtlichen DR-Umzeichnungsplan jedoch noch enthalten

Die Baureihe 50 – Verbleibsliste

Die 50 685 ist bis heute im Technik-Museum in Speyer erhalten geblieben. Am 11. März 1975 stand die Lok in Österreich noch im Dienst der Graz-Köflacher Bahn, hier bei der Ausfahrt aus dem Köflacher Bahnhof in Graz mit einem Personenzug.   Foto: Dietmar Brämert

Am letzten Tag des Dampfbetriebs bei der BD Hamburg fotografierte Ulf Heitmann die 050 779 in ihrem Heimat-Bw Hamburg-Rothenburgsort am 30. September 1972. Einen Tag später wurde die Lok nach Lehrte umstationiert, wo sie noch rund zweieinhalb Jahre im Einsatz stand.

Die Baureihe 50 – Verbleibsliste   50 772 – 50 811

Ordnungsnr., EDV-Nr.	letzte dt. Bahnverw.	letzte dt. Heimat-Bw	Z oder Umbau	+ oder Abgabe	
772	DB	Osterfeld Süd	Z 23.10.1964	+ 10.03.1965	
773 → 050 773-1	DB	Kaiserslautern	Z 07.04.1970	+ 24.06.1970	
774 → 050 774-9	DB	Lehrte	Z 27.03.1973	+ 24.08.1973	
775	DR Reko	Magdeburg-Buckau	U 01.04.1960 (→ 50 3600)		
776 → 050 776-4	DB	Lehrte	Z 16.06.1975	+ 25.07.1975	
777 → 050 777-2	DB	Lehrte	Z 18.12.1967	+ 12.03.1968	
778 → 050 778-0	DB	Duisburg-Wedau	Z 21.12.1976	+ 22.12.1976	*
779 → 050 779-8	DB	Lehrte	Z 12.02.1975	+ 16.05.1975	
780 → 050 780-6	DB	Lehrte	Z 08.05.1976	+ 11.06.1976	
781 → 050 781-4	DB	Stolberg	Z 05.08.1968	+ 11.12.1968	
782 → 050 782-2	DB	Hof	Z 12.08.1967	+ 10.07.1969	
783 → 050 783-0	DB	Hohenbudberg	Z 14.01.1971	+ 02.06.1971	*
784	DRB KS	Rbd Köln		+ 29.04.1947	
785	DB	Dortmund Rbf	Z 31.05.1967	+ 14.11.1967	
786 → 050 786-3	DB	Augsburg	Z 13.01.1968	+ 21.06.1968	
787 → 050 787-1	DB	Neuss	Z 22.03.1972	+ 15.08.1972	
788 → 050 788-9	DB	Stolberg	Z 15.08.1975	+ 22.10.1975	
789 → 050 789-7	DB	Ulm	Z 22.01.1969	+ 10.07.1969	
790	DRB KS	Koblenz-Lützel	Z 1945	+ 19.07.1947	*
791 → 050 791-3	DB	Lehrte	Z 13.04.1976	+ 11.06.1976	
792 → 050 792-1	DB	Schwandorf	Z 12.08.1970	+ 27.11.1970	
793	DR	Güstrow	Z 19.06.1969	+ 26.09.1969	
794 → 050 794-7	DB	Uelzen	Z 10.03.1975	+ 16.05.1975	*
795 → 050 795-4	DB	Neuss	Z 04.09.1967	+ 12.03.1968	
796	DB	Darmstadt	Z 29.06.1964	+ 10.03.1965	
797 → 50 1797-5	DR	Güstrow			*
798	DRB	(Königgrätz)		(ČSD/BDZ)	*
799	DRB	(Landau)		(SNCF)	*
800 → 050 800-2	DB	Osterfeld Süd	Z 14.09.1967	+ 12.03.1968	
801 → 50 1801-5	DR	Karl-Marx-Stadt	Z 11.06.1975	+ 31.03.1975	*
802 → 050 802-8	DB	Nürnberg Rbf	Z 03.05.1968	+ 02.10.1968	
803	DB	Düren	Z 1959	+ 16.12.1959	
804 → 050 804-4	DB	Hamm	Z 09.06.1972	+ 08.11.1972	
805 → 050 805-1	DB	Stolberg	Z 06.04.1973	+ 24.08.1973	
806 → 050 806-9	DB	Stolberg	Z 01.01.1976	+ 15.03.1976	
807 → 050 807-7	DB	Heilbronn	Z 12.03.1970	+ 15.12.1971	
808 → 050 808-5	DB	Ehrang	Z 14.11.1974	+ 05.12.1974	
809	DB	Nördlingen	Z 07.09.1964	+ 30.11.1964	
810	DB	Mannheim	Z 11.01.1960	+ 17.08.1961	
811 → 050 811-9	DB	Duisburg-Wedau	Z 06.11.1976	+ 22.12.1976	

778:	1976/77 vk. an Modelleisenbahnclub Mannheim-Ludwigshafen; 12.1982 an Eisenbahnclub München; 1985 an Bayerisches Eisenbahnmuseum Nördlingen
783:	Vorherige Z-Stellung: 21.11.1968 – 12.04.1970
790:	Bombentreffer 02.1945, abg. in Koblenz-Lützel 1945
794:	Seit 07.1975 Denkmal im Freizeitpark Tolk
797:	11.12.1973 vk. an VEB Fischverarbeitung Schwaan (ab 03.1974 im Einsatz als Heizlok); 03.1980 dort verschrottet
798:	Koblenz-Lützel (Anl.) 03.1941, RBD Essen 11.1941, weiterer Verbleib unbekannt, Königgrätz 1945, bei ČSD 1947 (→ 555.115); 1959 an BDZ (→ 14.41); noch 2006 abg. in Kalojanowez [Bulgarien]; 2007 dort nicht mehr vh.
799:	Landau 1943 – 05.1944, SNCF 1945 – 1947 (als Mietlok: Oberlahnstein 12.01.1948 – 11.02.1949), SNCF ab 12.02.1949 (→ 150Z799); + 14.11.1953
801:	30.07.1975 verschrottet in Stendal

Ordnungsnr., EDV-Nr.	letzte dt. Bahnverw.	letzte dt. Heimat-Bw	Z oder Umbau	+ oder Abgabe	
812 → 50 1812-2	DR	Reichenbach	Z 03.10.1978	+ 14.05.1979	
813	DB	Emden	Z 08.07.1966	+ 22.11.1966	
814	DB	Betzdorf	Z 15.03.1965	+ 04.03.1966	
815 → 050 815-0	DB	Lehrte	Z 06.05.1974	+ 18.09.1974	
816 → 050 816-8	DB	Lehrte	Z 14.12.1968	+ 03.03.1969	
817 → 050 817-6	DB	Limburg	Z 06.03.1972	+ 15.08.1972	
818	DB	Gsk-Bismarck	Z 10.12.1964	+ 01.09.1965	
819	DB	Düsseldorf-Derendorf	Z 06.06.1966	+ 27.09.1966	
820	DB MV	Gremberg	U 23.12.1958 (→ DB 50 4021)		
821 → 050 821-8	DB	Kaiserslautern	Z 16.06.1975	+ 25.07.1975	
822 → 050 822-6	DB	Wanne-Eickel	Z 03.10.1972	+ 21.12.1972	
823 → 50 1823-9	DR	Reichenbach	Z 09.08.1977	+ 04.11.1977	
824	DR Reko	Wittenberge	U 16.08.1960 (→ 50 3623)		
825 → 050 825-9	DB	Betzdorf	Z 16.07.1974	+ 05.12.1974	
826 → 050 826-7	DB	Hohenbudberg	Z 11.01.1971	+ 09.09.1971	
827 → 050 827-5	DB	Weiden	Z 29.11.1967	+ 12.03.1968	
828	DR Reko	Werdau	U 11.09.1961 (→ 50 3685)		
829 → 050 829-1	DB	Gremberg	Z 09.08.1973	+ 06.03.1974	
830 → 050 830-9	DB	Heilbronn	Z 14.01.1971	+ 02.06.1971	*
831	DR Reko	Brandenburg	U 30.10.1960 (→ 50 3633)		
832 → 050 832-5	DB	Betzdorf	Z 14.01.1975	+ 16.05.1975	
833 → 050 833-3	DB	Crailsheim	Z 04.06.1976	+ 11.06.1976	
834	DB	Gießen	Z 06.06.1967	+ 14.11.1967	
835	DRB	(Strzemieszyce)		(PKP)	*
836 → 050 836-6	DB	Kassel	Z 11.09.1967	+ 12.03.1968	
837 → 50 1837-9	DR	Reichenbach	Z 16.11.1977	+ 17.01.1978	
838 → 050 838-2	DB	Bremen Hbf	Z 15.06.1967	+ 03.03.1969	
839 → 050 839-0	DB	Wanne-Eickel	Z 23.07.1974	+ 05.12.1974	
840	DB	Dortmund Rbf	Z 31.10.1966	+ 24.02.1967	
841	DB	Braunschweig Vbf	Z 06.09.1958	+ 29.12.1958	
842 → 050 842-4	DB	Lehrte	Z 01.06.1976	+ 11.06.1976	
843	DB	Dortmund Rbf	Z 21.01.1963	+ 01.07.1964	
844 → 050 844-0	DB	Osterfeld Süd	Z 22.01.1973	+ 12.04.1973	
845 → 050 845-7	DB	Lehrte	Z 09.07.1973	+ 06.03.1974	
846	DRB	Freiburg			*
847 → 050 847-3	DB	Lehrte	Z 09.09.1968	+ 23.02.1971	
848	DRB	RBD Stuttgart		(PKP)	*
849 → 50 1849-4	DR	Chemnitz Hbf			*
850	DB	Wanne-Eickel	Z 02.10.1964	+ 01.09.1965	
851	DRB	(Jarotschin)		(SZD)	*

830: Vorherige Z-Stellung: 03.04.1970 – 09.07.1970
835: Strzemieszyce 26.12.1943, RAW Trier 19.09.1944, bei PKP 1947 (→ Ty5-53)
846: Kesselzerknall am 23.07.1941 bei Kenzingen, 1943 verschrottet im RAW Esslingen
848: Kędzierzyn/PKP 09.1945; + 01.02.1946
849: Ab 1981 DR-Traditionslok (zeitweise betriebsfähig, Chemnitz Hbf ab 01.10.1995); heute DB-Museum, betreut durch BSW-Gruppe »IG 58 3047«, Bw Glauchau
851: Jarotschin 1944, DR 09.1945, Przemyśl/PKP 09.1945, SZD 09.1945 (→ TZ-851); 1958 vk. an Eisenhütte Nischnaja Tura [UdSSR]

Die Baureihe 50 – Verbleibsliste 50 852 – 50 891

Ordnungsnr., EDV-Nr.	letzte dt. Bahnverw.	letzte dt. Heimat-Bw	Z oder Umbau	+ oder Abgabe	
852	DB	Düsseldorf-Derendorf	Z 18.05.1965	+ 01.09.1965	
853 → 050 853-1	DB	Stolberg	Z 19.04.1975	+ 09.07.1975	*
854	DB	Dortmund Rbf	Z 29.05.1962	+ 15.10.1963	*
855 → 050 855-6	DB	Kirchenlaibach	Z 18.10.1972	+ 21.12.1972	
856 → 050 856-4	DB	Crailsheim	Z 09.11.1974	+ 05.12.1974	
857	DRB	(RBD Posen)		(PKP)	*
858 → 050 858-0	DB	Mannheim	Z 01.09.1972	+ 21.12.1972	
859	DB	Lindau	Z 13.04.1965	+ 01.09.1965	
860 → 50 1860-1	DR	Dresden	Z 08.08.1977	+ 19.08.1977	
861	DRB	(RBD Augsburg)		(ČSD/BDZ)	*
862 → 050 862-2	DB	Lehrte	Z 29.07.1974	+ 05.12.1974	
863 → 050 863-0	DB	Emden	Z 19.08.1967	+ 10.07.1969	*
864 → 050 864-8	DB	Ulm	Z 02.07.1968	+ 11.12.1968	
865 → 050 865-5	DB	Wt-Vohwinkel	Z 16.01.1969	+ 10.07.1969	
866	DR	Wismar	Z 24.04.1969	+ 26.09.1969	
867	DB	Lindau	Z 20.07.1966	+ 27.09.1966	
868 → 050 868-9	DB	Lehrte	Z 01.06.1976	+ 11.06.1976	
869 → 050 869-7	DB	Ulm	Z 13.07.1967	+ 12.03.1968	
870 → 050 870-5	DB	Mühldorf	Z 14.01.1971	+ 02.06.1971	*
871 → 050 871-3	DB	Emden	Z 21.08.1974	+ 05.12.1974	
872 → 050 872-1	DB	Heilbronn	Z 14.01.1971	+ 02.06.1971	*
873 → 050 873-9	DB	St. Wendel	Z 10.01.1968	+ 21.06.1968	
874 → 050 874-7	DB	Koblenz-Mosel	Z 15.06.1973	+ 24.08.1973	
875	DB MV	Osnabrück Vbf	U 02.11.1958 (→ DB 50 4014)		
876 → 050 876-2	DB	Bestwig	Z 22.04.1968	+ 02.10.1968	*
877	DR Reko	Brandenburg	U 17.01.1962 (→ 50 3703)		
878	DB	Saarbrücken	Z 16.09.1964	+ 10.03.1965	
879	DB	Saarbrücken Vbf	Z 14.09.1959	+ 12.11.1962	
880 → 050 880-4	DB	Wanne-Eickel	Z 21.12.1972	+ 12.04.1973	
881 → 50 1881-7	DR	Reichenbach	Z 05.11.1973	+ 26.02.1974	*
882	DB	Gremberg	Z 13.03.1964	+ 01.07.1964	
883 → 050 883-8	DB	Dillingen	Z 21.03.1973	+ 24.08.1973	
884	DRB KS	Hamm		+ 19.09.1944	
885 → 050 885-3	DB	Duisburg-Wedau	Z 06.09.1976	+ 28.09.1976	
886 → 050 886-1	DB	Crailsheim	Z 31.12.1969	+ 27.11.1970	
887	DB	Hmb-Harburg	Z 09.11.1965	+ 20.06.1966	
888	DB	Münster	Z 03.06.1966	+ 27.09.1966	
889 → 050 889-5	DB	Rottweil	Z 05.12.1968	+ 03.03.1969	
890	DB	Radolfzell	Z 12.02.1965	+ 01.09.1965	
891	DB	Kaiserslautern	Z 02.06.1966	+ 27.09.1966	

853: Z-Stellung in Neuss, als Z-Lok 31.05.1975: Stolberg
854: Z-Stellung in Bochum-Langendreer, als Z-Lok 01.10.1962: Dortmund Rbf
857: RBD Posen 1943, DOKP Poznań 1946 (→ Ty5-22); + 1976
861: Neu Ulm 1943, RBD Augsburg noch 1944, bei ČSD 1947 (→ 555.128); 1959 an BDZ (→ 14.50); noch 2006 abg. in Karnobat [Bulgarien]
863: Z-Stellung in Osnabrück Rbf, als Z-Lok 29.09.1968: Emden
870: Vorherige Z-Stellung: 10.01.1970 – 01.07.1970
872: Vorherige Z-Stellung: 15.01.1970 – 09.07.1970
876: Z-Stellung in Hagen Gbf, als Z-Lok 29.09.1968: Bestwig
881: Unfall am 03.10.1973; 30.11.1974 verschrottet in Brandenburg

Die Baureihe 50 – Verbleibsliste

Wenige Wochen vor ihrer Abstellung rückt die 050 832 am 29. Oktober 1974 mit frisch aufgefüllten Wasser- und Kohlevorräten in den Lokschuppen ihres Heimat-Bw Betzdorf ein. Foto: Peter Illert

Auch das gehörte zu den Leistungen der Baureihe 50: Überführungsfahrten von Schlafwagen zwischen Frankfurt und Mainz, hier mit 50 965 in Frankfurt Hbf im Jahre 1965.
Foto: Werner Bischoff, Sammlung Wolfgang Löckel

Die Lokomotiven der Baureihen 50 und ihr Verbleib

Die Baureihe 50 – Verbleibsliste   50 892 – 50 931

Ordnungsnr., EDV-Nr.	letzte dt. Bahnverw.	letzte dt. Heimat-Bw	Z oder Umbau	+ oder Abgabe	
892 → 050 892-9	DB	Lehrte	Z 22.10.1973	+ 06.03.1974	
893	DRB	(Duisburg-Wedau)		(SNCF)	*
894 → 050 894-5	DB	Duisburg-Wedau	Z 10.07.1968	+ 23.02.1971	
895	DB	Wanne-Eickel	Z 24.10.1964	+ 10.03.1965	
896	DRB	(Dzieditz)		(PKP)	*
897 → 050 897-8	DB	Dortmund Rbf	Z 11.01.1971	+ 02.06.1971	*
898 → 050 898-6	DB	Aachen West	Z 03.11.1967	+ 21.06.1968	
899 → 050 899-4	DB	Kirchenlaibach	Z 12.06.1973	+ 24.08.1973	
900	DB	Augsburg	Z 17.03.1964	+ 30.11.1964	
901	DR Reko	Oebisfelde	U 11.07.1959 (→ 50 3658)		
902 → 050 902-6	DB	Ulm	Z 22.04.1975	+ 09.07.1975	
903	DR Reko	Oebisfelde	U 22.03.1957 (→ 50 3506)		
904 → 050 904-2	DB	Duisburg-Wedau	Z 21.02.1977	+ 21.02.1977	*
905 → 050 905-9	DB	Saarbrücken	Z 02.09.1969	+ 22.09.1970	
906 → 50 1906-2	DR	Dresden	Z 31.01.1980	+ 02.03.1981	
907 → 050 907-5	DB	Lehrte	Z 18.04.1975	+ 27.06.1975	
908	DB	Hmb-Rothenburgsort	Z 24.09.1965	+ 06.01.1966	
909 → 050 909-1	DB	Lehrte	Z 02.01.1973	+ 12.04.1973	
910	DB	Flensburg	Z 05.04.1967	+ 05.07.1967	
911	DR Reko	Oebisfelde	U 23.12.1960 (→ 50 3639)		
912 → 050 912-5	DB	Duisburg-Wedau	Z 14.11.1974	+ 05.12.1974	
913 → 050 913-3	DB	Duisburg-Wedau	Z 18.01.1974	+ 09.06.1974	
914	DB	Hohenbudberg	Z 16.06.1965	+ 01.09.1965	*
915 → 050 915-8	DB	Lehrte	Z 14.11.1975	+ 22.12.1975	
916 → 050 916-6	DB	Dortmund Rbf	Z 02.10.1967	+ 19.09.1969	
917	DB	Lehrte	Z 23.10.1965	+ 20.06.1966	
918	DB	Uelzen	Z 02.09.1966	+ 22.11.1966	
919 → 050 919-0	DB	Lehrte	Z 01.06.1976	+ 11.06.1976	
920 → 050 920-8	DB	Lehrte	Z 27.08.1973	+ 06.03.1974	
921 → 050 921-6	DB	Schwandorf	Z 09.08.1967	+ 03.12.1969	*
922 → 050 922-4	DB	Heilbronn	Z 01.05.1973	+ 24.08.1973	
923 → 050 923-2	DB	Gießen	Z 24.07.1967	+ 12.03.1968	
924	DB	Dortmund Rbf	Z 10.03.1967	+ 22.05.1967	
925	DB	Osnabrück Rbf	Z 13.12.1965	+ 20.06.1966	
926	DRB	(RBD Nürnberg)		(SNCF)	*
927	DR Reko	Magdeburg-Buckau	U 25.07.1958 (→ 50 3531)		
928 → 050 928-1	DB	Hmb-Rothenburgsort	Z 25.09.1972	+ 21.12.1972	
929	DB	Wt-Vohwinkel	Z 26.03.1964	+ 10.03.1965	*
930	DR Reko	Werdau	U 24.06.1961 (→ 50 3674)		
931	DB	Hmb-Harburg	Z 20.02.1967	+ 22.05.1967	

893: Duisburg-Wedau bis 19.08.1944, SNCF 1945 (→ 150Z893); + 25.09.1952
896: Dzieditz 06.1944, DOKP Katowice/PKP 1946 (→ Ty5-15); + 1974
897: Vorherige Z-Stellung: 02.09.1969 – 10.09.1970
904: 1977 vk. an privat; ab 09.1983 abg. Bf. Ebensfeld; 1990 an Deutsches Dampflok-Museum Neuenmarkt-Wirsberg; jetzt DB-Museum, Bw Lichtenfels
914: Aachen West bis 15.06.1965, als Z-Lok: Hohenbudberg
921: Vorherige Ausmusterung vom 10.07.1969 aufgehoben
926: RBD Nürnberg 1943 – 04.1944, SNCF 1945 – 1947 (als Mietlok: Offenburg 10.10.1947 – 12.09.1948, ED Trier ab 13.09.1948), SNCF 1949 (→ 150Z926); + 14.11.1953
929: Z-Stellung in Wuppertal-Langerfeld, als Z-Lok 20.05.1964: Wt-Vohwinkel

50 932 – 50 971 Die Baureihe 50 – Verbleibsliste

Ordnungsnr., EDV-Nr.	letzte dt. Bahnverw.	letzte dt. Heimat-Bw	Z oder Umbau	+ oder Abgabe	
932	DB	Hmb-Harburg	Z 31.01.1967	+ 22.05.1967	
933 → 050 933-1	DB	Saarbrücken	Z 15.08.1967	+ 12.03.1968	
934 → 050 934-9	DB	Lehrte	Z 03.09.1974	+ 05.12.1974	
935	DB	Saarbrücken	Z 28.09.1965	+ 04.03.1966	
936	DRB KS	RBD Münster		+ 30.08.1944	*
937 → 050 937-2	DB	Lehrte	Z 12.04.1973	+ 24.08.1973	
938	DR Reko	Rostock	U 24.04.1962 (→ 50 3706)		
939	DB	Dillenburg	Z 19.02.1964	+ 01.09.1965	
940	DB	Weiden	Z 03.09.1964	+ 10.03.1965	
941	DB	Limburg	Z 05.10.1964	+ 10.03.1965	
942	DB MV	Oldenburg Vbf	U 01.01.1959 (→ DB 50 4023)		
943	DB	Wt-Vohwinkel	Z 06.07.1965	+ 01.09.1965	
944	DB	Kaiserslautern		+ 21.11.1955	
945 → 050 945-5	DB	Hamm	Z 22.07.1968	+ 11.12.1968	
946	DB	Duisburg-Wedau	Z 17.12.1964	+ 10.03.1965	
947	DB	Uelzen	Z 26.05.1966	+ 27.09.1966	
948	DB	Osterfeld Süd	Z 22.12.1964	+ 10.03.1965	
949 → 050 949-7	DB	Wanne-Eickel	Z 19.09.1968	+ 11.12.1968	
950	DB	Ulm	Z 24.02.1965	+ 03.06.1965	
951 → 050 951-3	DB	Dillingen	Z 18.07.1972	+ 15.08.1972	*
952	DB	Hmb-Rothenburgsort	Z 28.10.1966	+ 24.02.1967	
953	DB	Saarbrücken Vbf	Z 08.06.1959	+ 18.06.1962	
954 → 050 954-7	DB	Gremberg	Z 06.06.1975	+ 25.07.1975	
955 → 50 1955-9	DR	Karl-Marx-Stadt			*
956 → 50 1956-7	DR	Frankfurt/Oder	Z 06.04.1981	+ 08.07.1983	
957 → 050 957-0	DB	Kirchenlaibach	Z 01.01.1972	+ 18.04.1972	
958 → 050 958-8	DB	Hamm	Z 28.09.1967	+ 12.03.1968	
959 → 050 959-6	DB	Osterfeld Süd	Z 29.03.1974	+ 09.06.1974	
960 → 050 960-4	DB	Saarbrücken	Z 14.01.1971	+ 02.06.1971	*
961	DB	Bochum-Dahlhausen	Z 22.01.1964	+ 10.03.1965	
962 → 050 962-0	DB	Stolberg	Z 24.03.1970	+ 02.06.1971	
963 → 050 963-8	DB	Wt-Vohwinkel	Z 07.11.1967	+ 12.03.1968	
964 → 050 964-6	DB	Lehrte	Z 26.04.1976	+ 11.06.1976	
965 → 050 965-3	DB	Crailsheim	Z 01.01.1975	+ 16.05.1975	
966 → 050 966-1	DB	Saarbrücken	Z 20.04.1972	+ 15.08.1972	
967	DR Reko	Stendal	U 14.02.1961 (→ 50 3648)		
968 → 050 968-7	DB	Stolberg	Z 11.01.1971	+ 02.06.1971	
969	DB MV	Hagen-Vorhalle	U 11.1958 (→ DB 50 4015)		
970 → 050 970-3	DB	Dillingen	Z 08.03.1971	+ 02.06.1971	*
971	DB	Hannover Hgbf	Z 23.05.1966	+ 27.09.1966	

936:	12.1944 verschrottet im RAW Bremen
951:	Nach Ausmusterung überführt nach Thionville [Frankreich]; 1978 zurück an Bw Saarbrücken; 1982 an AW Offenburg (Ersatzteilspender für Aufarbeitung der Museumslok 50 622); 1992/93 verschrottet im AW Offenburg
955:	31.05.1981 vk. an VEB Stärkefabrik Loitz (08.1981 - 1983 im Einsatz als Heizlok); 14.06.1983 vk. an Landwirtschaftliches Instandhaltungswerk Demmin (10.1983 - 12.1985 im Einsatz als Heizlok); 02.1991 an Bayerisches Eisenbahnmuseum Nördlingen
960:	Vorherige Z-Stellung: 18.12.1969 – 01.07.1970
970:	Vorherige Z-Stellung: 01.09.1969 – 30.06.1970

Die Baureihe 50 – Verbleibsliste   50 972 – 50 1011

Ordnungsnr., EDV-Nr.	letzte dt. Bahnverw.	letzte dt. Heimat-Bw	Z oder Umbau	+ oder Abgabe	
972	DR Reko	Halberstadt	U 04.12.1959 (→ 50 3582)		
973	DB	Crailsheim	Z 19.10.1964	+ 03.06.1965	
974	DR Reko	Güstrow	U 27.03.1961 (→ 50 3656)		
975 → 050 975-2	DB	Weiden	Z 15.02.1975	+ 16.05.1975	*
976 → 50 1976-5	DR	Reichenbach	Z 06.10.1979	+ 13.12.1979	
977 → 050 977-8	DB	Kaiserslautern	Z 02.06.1967	+ 11.12.1968	
978 → 050 978-6	DB	Wt-Vohwinkel	Z 14.01.1971	+ 15.12.1971	*
979 → 050 979-4	DB	Lehrte	Z 01.06.1976	+ 11.06.1976	
980	DB MV	Euskirchen	U 20.01.1959 (→ DB 50 4029)		
981 → 050 981-0	DB	Gremberg	Z 06.06.1975	+ 25.07.1975	
982	DB	Wt-Vohwinkel	Z 29.04.1965	+ 01.09.1965	
983	DB	Uelzen	Z 08.02.1965	+ 03.06.1965	
984 → 050 984-4	DB	Lehrte	Z 19.05.1967	+ 11.12.1968	
985	DB	Aschaffenburg	Z 15.10.1964	+ 10.03.1965	
986	DRB	(Seelze)		(ČSD/BDZ)	*
987 → 050 987-7	DB	Kassel	Z 14.01.1971	+ 15.12.1971	*
988 → 050 988-5	DB	Hohenbudberg	Z 07.10.1971	+ 15.12.1971	*
989 → 050 989-3	DB	Kaiserslautern	Z 29.12.1974	+ 05.12.1974	*
990	DB	Lindau	Z 16.06.1965	+ 01.09.1965	
991	DB	Hohenbudberg	Z 25.11.1963	+ 01.07.1964	
992	DB	Oldenburg Rbf	Z 22.08.1966	+ 22.11.1966	
993 → 050 993-5	DB	Duisburg-Wedau	Z 24.03.1975	+ 16.05.1975	
994	DB	Seelze	Z 03.08.1965	+ 06.01.1966	
995	DB	Osnabrück Rbf	Z 01.08.1965	+ 06.01.1966	
996	DR Reko	Hagenow Land	U 01.11.1960 (→ 50 3636)		
997 → 050 997-6	DB	Kassel	Z 12.04.1973	+ 24.08.1973	
998	DB	Wanne-Eickel	Z 08.11.1963	+ 01.09.1965	
999 → 050 999-2	DB	Hildesheim	Z 13.08.1968	+ 11.12.1968	
1000	DR Reko	Halberstadt	U 1957 (→ 50 3511)		
1001	DB	Braunschweig	Z 06.03.1967	+ 05.07.1967	
1002 → 50 1002-0	DR	Nossen	Z 31.12.1985	+ 26.12.1985	*
1003 → 50 1003-8	DR	Wismar	Z 05.04.1974	+ 27.11.1974	
1004 → 051 004-0	DB	Lehrte	Z 20.03.1973	+ 24.08.1973	
1005	DB	Gsk-Bismarck	Z 25.05.1962	+ 01.07.1964	
1006 → 051 006-5	DB	Osterfeld Süd	Z 23.05.1975	+ 27.06.1975	
1007	DB	Goslar	Z 20.02.1967	+ 22.05.1967	
1008	DR Reko	Magdeburg-Rothensee	U 03.12.1956 (→ 50 3518)		
1009	DB	Osterfeld Süd	Z 16.01.1963	+ 10.03.1965	
1010 → 051 010-7	DB	Lehrte	Z 01.02.1974	+ 09.06.1974	
1011 → 051 011-5	DB	Lehrte	Z 01.02.1975	+ 16.05.1975	

975: 1975 an Deutsches Dampflok-Museum Neuenmarkt-Wirsberg
978: Vorherige Z-Stellung: 01.06.1970 – 12.09.1970

986: Seelze (Anl.) 08.1941, weiterer Verbleib unbekannt, bei ČSD 1947 (→ 555.118); 1959 an BDZ (→ 14.43)
987: Vorherige Z-Stellung: 27.11.1969 – 30.06.1970
988: Vorherige Z-Stellung: 16.11.1968 – 12.04.1970; Z-Stellung in Köln-Eifeltor, als Z-Lok 22.07.1969: Hohenbudberg
989: Gemäß HVB-Verfügung vor Z-Stellung ausgemustert
1002: 12.1992 an Österreichische Gesellschaft für Eisenbahngeschichte; Standort Ampflwang [Österreich] (2007/08 zur Aufarbeitung in Rumänien)

Die Baureihe 50 – Verbleibsliste

50 975 des Lokversuchs-Amtes Minden wurde als einzige Lok der Baureihe 50 mit Riggenbach-Gegendruckbremse ausgerüstet. Am 18. März 1961 ist die 1940 von Krupp gebaute Lok in Minden unterwegs.
Foto: Peter Konzelmann, Sammlung Rippin

Mit einem DGEG-Sonderzug fuhr die Mühldorfer 050 975 im Sommer 1970 nach Bayrischzell. Im Bahnhof Fischhausen-Neuhaus gab es damals noch bayerische Formsignale; die Gleisanlagen waren hier jedoch schon damals reduziert worden.
Foto: Peter Wagner, Sammlung Wolfgang Löckel

Die Baureihe 50 – Verbleibsliste   50 1012 – 50 1051

Ordnungsnr.	EDV-Nr.	letzte dt. Bahnverw.	letzte dt. Heimat-Bw	Z oder Umbau	+ oder Abgabe	
1012		DB	Braunschweig	Z 05.01.1967	+ 22.05.1967	
1013	→ 051 013-1	DB	Saarbrücken	Z 31.05.1976	+ 11.06.1976	
1014	→ 051 014-9	DB	Lehrte	Z 14.04.1975	+ 27.06.1975	
1015		DB	Soest	Z 12.09.1964	+ 01.09.1965	
1016		DRB KS	Stendal	Z 1945	+ 06.04.1946	
1017	→ 051 017-2	DB	Gießen	Z 15.12.1967	+ 12.03.1968	
1018		DRB	(Mühlhausen Rbf)		(SNCF)	*
1019	→ 051 019-8	DB	Ulm	Z 30.05.1976	+ 11.06.1976	
1020		DR Reko	Wittenberge	U 31.07.1960 (→ 50 3622)		
1021		DRB KV	(RBD Stuttgart)		(+ 1944)	*
1022		DRB			(ÖStB/ÖBB)	*
1023	→ 051 023-0	DB	Hamm	Z 25.04.1972	+ 15.08.1972	
1024	→ 051 024-8	DB	Stolberg	Z 01.04.1970	+ 02.06.1971	
1025	→ 051 025-5	DB	Ehrang	Z 13.03.1968	+ 21.06.1968	
1026		DB	Soest	Z 16.09.1964	+ 01.09.1965	
1027	→ 051 027-1	DB	Bayreuth	Z 27.08.1974	+ 05.12.1974	
1028	→ 051 028-9	DB	Heilbronn	Z 30.03.1973	+ 24.08.1973	
1029		DRB	(RBD Frankfurt)		(PKP)	*
1030	→ 50 1030-1	DR	Reichenbach	Z 10.02.1978	+ 03.04.1978	
1031	→ 051 031-3	DB	Stolberg	Z 25.02.1975	+ 16.05.1975	
1032		DRB	(Hmb-Eidelstedt)		(PKP)	*
1033	→ 051 033-9	DB	Rottweil	Z 14.09.1972	+ 21.12.1972	
1034		DRB	(Hmb-Eidelstedt)		(PKP)	*
1035		DB	Husum	Z 15.08.1966	+ 22.11.1966	
1036	→ 051 036-2	DB	Duisburg-Wedau	Z 12.03.1972	+ 15.08.1972	
1037	→ 051 037-0	DB	Kaiserslautern	Z 14.04.1972	+ 15.08.1972	
1038	→ 051 038-8	DB	Mannheim	Z 11.05.1971	+ 15.12.1971	
1039	→ 051 039-6	DB	Neuss	Z 27.05.1974	+ 18.09.1974	
1040	→ 051 040-4	DB	Ulm	Z 03.02.1969	+ 15.12.1971	
1041		DR Reko	Dresden-Friedrichstadt	U 17.01.1961 (→ 50 3702)		
1042	→ 051 042-0	DB	Braunschweig	Z 16.01.1968	+ 21.06.1968	
1043	→ 051 043-8	DB	Osterfeld Süd	Z 29.04.1968	+ 02.10.1968	
1044		DB	Goslar	Z 28.11.1966	+ 22.05.1967	
1045		DB	Würzburg	Z 02.02.1959	+ 05.01.1962	
1046	→ 051 046-1	DB	Ulm	Z 22.02.1973	+ 12.04.1973	
1047	→ 051 047-9	DB	Hof	Z 28.12.1972	+ 12.04.1973	
1048		DB	Schwandorf	Z 18.05.1967	+ 11.12.1968	*
1049		DB	Lichtenfels	Z 08.09.1966	+ 22.11.1966	
1050	→ 051 050-3	DB	Duisburg-Wedau	Z 15.01.1976	+ 15.03.1976	
1051		DB	Mühldorf	Z 09.03.1964	+ 10.03.1965	

1018: Mühlhausen Rbf 09.1944, SNCF 1945 (→ 150Z1018); + 14.11.1953
1021: RBD Königsberg 12.1942, RBD Stuttgart 1943/44 (buchmäßig noch 01.1945 bei Bw Stuttgart Hbf vermerkt), vmtl. Kriegsverlust und 1944/45 ausgemustert
1022: 1945 an ÖStB/ÖBB (→ 50.1022); + 20.11.1968 in Linz/Donau
1029: RBD Oppeln 1942, RBD Frankfurt 1943, Richtung Osten 1943, DOKP Poznań/PKP 1946 (→ Ty5-16); + bis 1979, danach Museum Bw Jaworzyna Śląska [Polen]
1032: Hamburg-Eidelstedt 05.1944, Warszawa Wschodnia/PKP 1946 (→ Ty5-17); + 1978; noch 02.1997 Heizlok bei Fa. Hortex, Poznań [Polen]; weiterer Verbleib unbekannt, vmtl. verschrottet
1034: Hmb-Eidelstedt 05.1944, DOKP Poznań/PKP 1946 (→ Ty5-18); + 1977
1048: Vom amtlichen DB-Umzeichnungsplan nicht erfasst (Ausmusterung ohne EDV-Nummer)

Die Baureihe 50 – Verbleibsliste

Im August 1955 gab es im Bahnhof von Bad Harzburg noch regen Betrieb. Die Uelzener 50 1012 hat einen Eilzug in Richtung Lüneburg übernommen, im Hintergrund wartet eine 03 ebenfalls auf Ausfahrt.
Foto: Sammlung Dr. D. Hörnemann

Mit einem schweren Kohlenzug fahren 051 027 und 044 657 am 23. Mai 1974 aus Neukirchen nach Sulzbach-Rosenberg aus. Rechts ist die Strecke nach Weiden zu erkennen.
Foto: Bernhard Mrugalla

Die Baureihe 50 – Verbleibsliste   50 1052 – 50 1091

Ordnungsnr., EDV-Nr.	letzte dt. Bahnverw.	letzte dt. Heimat-Bw	Z oder Umbau	+ oder Abgabe	
1052	DB	Ulm	Z 10.02.1963	+ 30.11.1964	
1053 → 051 053-7	DB	Wanne-Eickel	Z 09.11.1972	+ 21.12.1972	
1054 → 051 054-5	DB	Lehrte	Z 21.11.1974	+ 05.12.1974	
1055	DRB	(RBD Breslau)		(SZD/PKP)	*
1056 → 051 056-0	DB	Wanne-Eickel	Z 22.12.1972	+ 12.04.1973	
1057 → 051 057-8	DB	Lehrte	Z 26.11.1973	+ 06.03.1974	*
1058 → 051 058-6	DB	Weiden	Z 14.01.1971	+ 09.09.1971	*
1059 → 051 059-4	DB	Hmb-Harburg	Z 12.12.1967	+ 12.03.1968	
1060 → 051 060-2	DB	Heilbronn	Z 23.03.1971	+ 02.06.1971	
1061 → 051 061-0	DB	Wanne-Eickel	Z 08.11.1967	+ 12.03.1968	
1062 → 50 1062-4	DR	Reichenbach	Z 05.09.1976	+ 25.10.1976	
1063 → 051 063-6	DB	Uelzen	Z 06.08.1969	+ 03.12.1969	
1064	DR Reko	Güstrow	U 04.03.1961 (→ 50 3651)		
1065	DR Reko	Halberstadt	U 02.05.1959 (→ 50 3560)		
1066	DR Reko	Stendal	U 04.11.1961 (→ 50 3695)		
1067	DB	Aachen West	Z 01.06.1962	+ 12.11.1962	
1068 → 051 068-5	DB	Wanne-Eickel	Z 31.12.1972	+ 12.04.1973	
1069	DB	Neumünster	Z 14.06.1966	+ 27.09.1966	
1070	DB	Hannover Hgbf	Z 17.10.1966	+ 22.05.1967	
1071	DR Reko	Stendal	U 23.08.1958 (→ 50 3536)		
1072 → 051 072-7	DB	Bremen Hbf	Z 08.05.1969	+ 10.07.1969	
1073	DR Reko	Aschersleben	U 22.10.1958 (→ 50 3541)		
1074 → 051 074-3	DB	Mannheim	Z 20.01.1969	+ 10.07.1969	
1075 → 051 075-0	DB	Nürnberg Rbf	Z 19.10.1967	+ 12.03.1968	
1076	DB	Betzdorf	Z 08.03.1965	+ 01.09.1965	
1077 → 051 077-6	DB	Nürnberg Rbf	Z 07.01.1971	+ 15.12.1971	
1078	DB	Hohenbudberg	Z 08.04.1964	+ 30.11.1964	
1079 → 051 079-2	DB	Heilbronn	Z 14.01.1971	+ 02.06.1971	
1080	DB	Dortmund Rbf	Z 19.06.1964	+ 01.09.1965	
1081	DRB KS	RBD Wuppertal		+ 15.11.1945	
1082	DB	Osnabrück Rbf	Z 06.02.1965	+ 03.06.1965	*
1083	DR Reko	Schwerin	U 03.08.1960 (→ 50 3621)		
1084	DB	Saarbrücken Hbf	Z 28.09.1960	+ 10.03.1965	
1085 → 051 085-9	DB	Osterfeld Süd	Z 15.05.1968	+ 02.10.1968	
1086 → 051 086-7	DB	Schweinfurt	Z 06.10.1972	+ 21.12.1972	
1087	DB	Hohenbudberg	Z 18.10.1966	+ 24.02.1967	
1088	DB	Dillenburg	Z 10.04.1959	+ 12.11.1962	
1089	DB	Hohenbudberg	Z 18.10.1962	+ 15.10.1963	*
1090 → 051 090-9	DB	Dortmund Rbf	Z 05.02.1969	+ 10.07.1969	
1091	DR Reko	Magdeburg-Rothensee	U 25.06.1958 (→ 50 3529)		

1055: RBD Breslau 1943, DR 09.1945, Przemyśl/PKP/SZD 09.1945 (→ TZ-1055), PKP 1946 (→ Ty5-19"). Lok erhielt vmtl. den Rahmen der bereits 1951 ausgemusterten 50 1104 und deren Nummern-Bezeichnung »Ty5-19«; zweifelsfreie Klärung nicht möglich.
1057: Z-Stellung in Hof, als Z-Lok 14.01.1974: Lehrte
1058: Vorherige Z-Stellung: 30.12.1969 – 01.07.1970
1082: Erste Ausmusterung laut HVE am 20.09.1948 bei RBD Hannover, jedoch aufgehoben
1089: Gremberg bis 17.10.1962, als Z-Lok: Hohenbudberg

Am 2. August 1972 konnte Dr. Daniel Hörnemann während eines Besuches des Bw Kassel 051 050 unter der Bekohlungsanlage ablichten.

Die Baureihe 50 – Verbleibsliste   50 1092 – 50 1128

Ordnungsnr., EDV-Nr.	letzte dt. Bahnverw.	letzte dt. Heimat-Bw	Z oder Umbau	+ oder Abgabe	
1092	DR Rück/Reko	Dresden-Friedrichstadt	U 11.03.1960 (→ 50 3598)		*
1093 → 051 093-3	DB	Osterfeld Süd	Z 14.11.1971	+ 05.12.1974	
1094	DR Reko	Aschersleben	U 29.03.1961 (→ 50 3657)		
1095 → 051 095-8	DB	Mühldorf	Z 16.04.1969	+ 19.09.1969	
1096	DR Reko	Magdeburg-Buckau	U 23.09.1961 (→ 50 3688)		
1097	DB	Hohenbudberg	Z 04.10.1950	+ 04.12.1961	
1098	DB Rück	Hohenbudberg	Z 01.06.1951	+ 04.12.1961	
1099	DB	Uelzen	Z 07.12.1966	+ 22.05.1967	
1100	DB	Hmb-Rothenburgsort	Z 20.08.1962	+ 15.10.1963	
1101	DRB	(Komotau?)		(ČSD/BDZ)	*
1102	DB	Oberlahnstein	Z 21.03.1953	+ 30.09.1960	
1103	DR Reko	Schwerin	U 01.11.1960 (→ 50 3634)		
1104	DRB	(RBD Breslau)		(PKP)	*
1105 → 051 105-5	DB	Lehrte	Z 21.02.1975	+ 16.05.1975	
1106	DR Reko	Güstrow	U 06.10.1959 (→ 50 3576)		
1107	DB	Bremen Vbf	Z 20.10.1949	+ 20.07.1959	
1108	DB	Hagen Gbf	Z 1953	+ 29.08.1955	
1109 → 051 109-7	DB	Uelzen	Z 08.07.1972	+ 08.11.1972	
1110	DB	Augsburg	Z 1950	+ 07.02.1952	
1111	DB	Radolfzell	Z nach 1952	+ 29.08.1955	
1112	DB	Ulm	Z 13.11.1953	+ 29.08.1955	
1113	DB	Wanne-Eickel	Z 27.12.1951	+ 15.08.1958	
1114	DB	Hohenbudberg	Z 11.04.1951	+ 15.10.1963	*
1115	DB	Hohenbudberg	Z 13.09.1951	+ 15.10.1963	*
1116 → 051 116-2	DB	Tübingen	Z 15.07.1967	+ 10.07.1969	
1117	DB	Kornwestheim	Z 1954	+ 29.08.1955	
1118	DB	Heilbronn	Z 1955	+ 29.08.1955	
1119	DRB	(RBD Saarbrücken)		(SZD/PKP)	*
1120	DR Reko	Güstrow	U 14.06.1961 (→ 50 3670)		
1121	DB	Hohenbudberg	Z 11.04.1951	+ 15.10.1963	*
1122	DB	Duisburg-Wedau	Z 15.12.1951	+ 15.11.1957	
1123 → 051 123-8	DB	Kirchenlaibach	Z 21.08.1972	+ 08.11.1972	
1124	DB	Uelzen	Z 05.05.1966	+ 27.09.1966	
1125	DB	Lehrte	Z 24.07.1949	+ 10.04.1957	
1126	DR Reko	Magdeburg-Rothensee	U 25.06.1958 (→ 50 3528)		
1127	DB	Düsseldorf-Derendorf	Z 1953	+ 29.08.1955	
1128	DB	München Hbf	Z 14.07.1964	+ 10.03.1965	

1092: DR 1945 (buchmäßig laut SMA: Przemyśl/PKP/SZD (→ TZ-1092) 1945 – Rückgabe DR 1953). Nachgewiesen bei DR: Güstrow bis 28.08.1946, Berlin-Karlshorst 29.08.1946 – 15.07.1951, Frankfurt/Oder Vbf 12.08.1951 – 31.08.1954, Dresden-Friedrichstadt 01.10.1954 bis Umbau

1101: Komotau 03.1942, RBD Breslau 12.1942, vmtl. Komotau 01.1945, bei ČSD 1945 (→ 555.101); 1959 an BDZ (→ 14.31)

1104: RBD Dresden 1942, RBD Breslau 1943, DOKP Wrocław/PKP 1946 (→ Ty5-19'). Kessel 1949 an 50 2664; siehe auch Anmerkung bei 50 1055

1114: Düren bis 10.04.1951, als Z-Lok: Hohenbudberg
1115: Düren bis 12.09.1951, als Z-Lok: Hohenbudberg
1119: CFR-Leihlok der RBD Saarbrücken ab 04.11.1943, RAW Kaiserslautern 12.02.1944 – 03.03.1944, RBD Saarbrücken 06.1944, DR 1945, Kutno/PKP 09.1945, Przemyśl/PKP/SZD 1945 (→ TZ-1119), PKP 1946, Poznań/PKP 06.1947 (→ Ty5-23); + 1973
1121: Neuss bis 10.04.1951, als Z-Lok: Hohenbudberg

50 1129 – 50 1167   Die Baureihe 50 – Verbleibsliste

Ordnungsnr., EDV-Nr.	letzte dt. Bahnverw.	letzte dt. Heimat-Bw	Z oder Umbau	+ oder Abgabe	
1129	DB	Buchholz	Z 1955	+ 20.11.1958	
1130	DB	Hmb-Harburg	Z 22.07.1960	+ 15.10.1963	*
1131 → 051 131-1	DB	Wt-Vohwinkel	Z 14.01.1971	+ 15.12.1971	*
1132	DB	Bestwig	Z 07.09.1966	+ 22.11.1966	
1133	DB	Hmb-Rothenburgsort	Z 25.07.1961	+ 15.10.1963	
1134	DB	Recklinghausen	Z 27.09.1949	+ 29.08.1955	
1135	DB	Flensburg	Z 07.02.1950	+ 07.02.1952	
1136 → 051 136-0	DB	Lehrte	Z 04.06.1975	+ 25.07.1975	
1137	DB	Ulm	Z 25.07.1965	+ 01.09.1965	
1138	DB	Bebra	Z nach 1950	+ 29.08.1955	
1139	DB	Gießen	Z 31.07.1965	+ 01.09.1965	
1140 → 051 140-2	DB	Osterfeld Süd	Z 10.08.1974	+ 05.12.1974	
1141	DB	Kaiserslautern	Z 02.04.1953	+ 30.09.1960	
1142	DB	Lübeck	Z 1950	+ 07.02.1952	
1143 → 051 143-6	DB	Tübingen	Z 14.01.1971	+ 02.06.1971	
1144	DB	Warburg	Z 1950	+ 29.08.1955	
1145	DB	Hohenbudberg	Z 13.01.1951	+ 15.10.1963	*
1146	DB	Hohenbudberg	Z 03.02.1951	+ 18.06.1962	*
1147	DB	Hohenbudberg	Z 1951	+ 1961	*
1148	DB	Ingolstadt	Z 08.03.1951	+ 25.04.1958	*
1149	DB	Haltingen	Z 09.06.1965	+ 01.09.1965	
1150	DB	Kornwestheim	Z 1955	+ 29.08.1955	
1151	DRB	(Mühlhausen Rbf)		(SNCF)	*
1152 → 50 1152-3	DR	Güstrow	Z 10.04.1975	+ 31.03.1975	
1153	DB	Hmb-Rothenburgsort	Z 18.10.1966	+ 24.02.1967	
1154	DB	Aulendorf	Z 03.04.1953	+ 29.08.1955	
1155	DB	Aulendorf	Z 13.11.1954	+ 29.08.1955	
1156 → 051 156-8	DB	Schweinfurt	Z 25.06.1975	+ 25.07.1975	
1157	DB	Aalen	Z 1955	+ 29.08.1955	
1158	DB	Ottbergen	Z 13.03.1967	+ 05.07.1967	
1159 → 051 159-2	DB	Ulm	Z 14.01.1971	+ 02.06.1971	
1160 → 051 160-0	DB	Saarbrücken	Z 30.08.1968	+ 11.12.1968	
1161	DRB	(RBD Breslau)		(SZD/PKP)	*
1162	DB	Wanne-Eickel	Z 14.04.1952	+ 15.08.1958	
1163	DB	Ottbergen	Z 21.09.1964	+ 10.03.1965	
1164	DB	Seelze	Z 31.03.1965	+ 01.09.1965	
1165	DB	Aulendorf	Z 11.1954	+ 29.08.1955	
1166	DRB	(Eger)		(ČSD/BDZ)	*
1167	DB	Frankfurt Ost	Z 1958	+ 1960	*

1130: Ausmusterung laut HVB-Verfügung in Hmb-Harburg bzw. auch Buchholz
1131: Vorherige Z-Stellung: 29.04.1970 – 13.09.1970
1145: Köln-Eifeltor bis 12.01.1951, als Z-Lok: Hohenbudberg
1146: Aachen West bis 02.02.1951, als Z-Lok: Hohenbudberg
1147: Z-Stellung bei BD Köln (Bw?), als Z-Lok: Hohenbudberg
1148: Z-Stellung in Neu Ulm, als Z-Lok 01.01.1953: Ingolstadt
1151: Mühlhausen Rbf 07.1944, SNCF 1945 (→ 150Z1151); + 28.12.1951
1152: Ausmusterung vor Z-Stellung
1159: Vorherige Z-Stellung: 01.12.1968 – 09.07.1970
1161: Liegnitz 04.1942, RBD Breslau auch 1943 – 07.1944, Legnica/PKP 09.1945, Przemyśl/PKP/SZD 1946 (→ TZ-1161), PKP 1947 (→ Ty5-24); + 1976
1166: Sochaczew bis 25.06.1944, Eger 01.1945, vmtl. Siedlce 1945, bei ČSD 1945 (→ 555.102); 1959 an BDZ (→ 14.32)
1167: Lok wurde ohne amtliche HVB-Verfügung ausgemustert

Die Baureihe 50 – Verbleibsliste   50 1168 – 50 1207

Ordnungsnr., EDV-Nr.	letzte dt. Bahnverw.	letzte dt. Heimat-Bw	Z oder Umbau	+ oder Abgabe	
1168 → 051 168-3	DB	Uelzen	Z 30.06.1969	+ 19.09.1969	
1169 → 051 169-1	DB	München Ost	Z 29.05.1967	+ 02.10.1968	
1170	DB	Hohenbudberg	Z 07.11.1949	+ 20.07.1959	
1171	DRB			(ÖStB/ÖBB)	*
1172	DB	Hmb-Harburg	Z 05.04.1967	+ 05.07.1967	
1173	DB	Karlsruhe Rbf	Z 03.04.1954	+ 29.08.1955	
1174	DB	Paderborn	Z 26.05.1950	+ 29.08.1955	
1175	DRB	(Rybnik)		(ČSD/BDZ)	*
1176 → 051 176-6	DB	Schweinfurt	Z 14.01.1971	+ 15.12.1971	*
1177	DB	Neu-Ulm	Z 29.05.1952	+ 25.04.1958	
1178	DB	Hmb-Harburg	Z 25.06.1965	+ 01.09.1965	
1179	DB	Darmstadt	Z 20.10.1964	+ 01.09.1965	
1180	DB	München Ost	Z 1958	+ 02.03.1959	
1181	DB	Gsk-Bismarck	Z 16.01.1950	+ 15.11.1957	
1182	DB	Bestwig	Z 1953	+ 29.08.1955	
1183	DB	Hohenbudberg	Z 24.10.1950	+ 04.12.1961	*
1184	DB	Kornwestheim	Z 02.1955	+ 29.08.1955	
1185	DB	Osterfeld Süd	Z 15.05.1950	+ 15.08.1958	
1186	DB	Duisburg-Wedau	Z 07.12.1951	+ 15.11.1957	
1187	DB	Karlsruhe Rbf	Z 06.04.1955	+ 29.08.1955	
1188 → 051 188-1	DB	Mannheim	Z 22.07.1970	+ 22.09.1970	*
1189 → 051 189-9	DB	Ulm	Z 01.09.1972	+ 08.11.1972	
1190 → 50 1190-3	DR	Wismar	Z 31.12.1971	+ 30.12.1971	*
1191	DB	Wanne-Eickel	Z 10.10.1949	+ 15.08.1958	
1192 → 051 192-3	DB	Lehrte	Z 19.05.1976	+ 11.06.1976	
1193	DB	Hohenbudberg	Z 22.01.1951	+ 15.10.1963	*
1194	DR Reko	Hagenow Land	U 08.04.1961 (→ 50 3659)		
1195 → 50 1195-2	DR	Reichenbach	Z 29.05.1975	+ 30.07.1975	
1196 → 051 196-4	DB	Wanne-Eickel	Z 08.03.1972	+ 15.08.1972	
1197	DRB KS	Karlsruhe Hbf		+ 14.03.1946	
1198 → 051 198-0	DB	Weiden	Z 26.03.1975	+ 16.05.1975	
1199	DB	Aschaffenburg	Z 23.04.1965	+ 01.09.1965	
1200 → 051 200-4	DB	Saarbrücken	Z 28.11.1974	+ 05.12.1974	
1201 → 051 201-2	DB	Mannheim	Z 06.04.1970	+ 22.09.1970	*
1202 → 051 202-0	DB	Ulm	Z 31.07.1975	+ 21.08.1975	
1203 → 051 203-8	DB	Nürnberg Rbf	Z 14.01.1971	+ 15.12.1971	*
1204	DB	Tübingen	Z 22.06.1965	+ 01.09.1965	
1205	DR Reko	Brandenburg	U 14.10.1961 (→ 50 3691)		
1206	DB	Uelzen	Z 12.05.1966	+ 27.09.1966	
1207 → 051 207-9	DB	Saarbrücken	Z 15.05.1974	+ 18.09.1974	

1171: 1945 an ÖStB/ÖBB (→ 50.1171); + 06.08.1972 in Linz/Donau und vk. an Graz-Köflacher Bahn; 1994/95 an Brenner&Brenner, Wien [Österreich]
1175: Oppeln ab 10.08.1942, Rybnik 05.1944, bei ČSD 1945 (→ 555.103); 1959 an BDZ (→ 14.33); noch 2007 abg. in Kalojanowez [Bulgarien]
1176: Vorherige Z-Stellung: 06.05.1970 – 06.07.1970
1183: Rheydt bis 23.10.1950, als Z-Lok: Hohenbudberg
1188: Vorherige Z-Stellung: 19.07.1968 – 30.06.1970
1190: Ausmusterung vor Z-Stellung
1193: Düren bis 21.01.1951, als Z-Lok: Hohenbudberg
1201: Vorherige Z-Stellung: 21.12.1968 – 09.02.1970; Z-Stellung in Augsburg, als Betriebslok (buchmäßig) 10.02.1970: Mannheim
1203: Vorherige Z-Stellung: 30.01.1970 – 30.11.1970

Die Baureihe 50 – Verbleibsliste

Auf dem Dampflok-Abstellplatz im bulgarischen Kalojanowez stehen noch immer vier ehemalige 50er, die 1943 von der Deutschen Reichsbahn an Bulgarien abgegeben wurden. Eine davon ist die 14.33 (ex DRB 50 1175), die Ulrich Steuber hier am 22. Juli 2007 antraf.

Mit dem abendlichen lokbespannten Personenzug von Niederwalgern nach Hartenrod rollt die Dillenburger 051 192 im Mai 1970 in Damm/Kr. Marburg an den Bahnsteig. Foto: Manfred Ritter

Die Lokomotiven der Baureihen 50 und ihr Verbleib

Die Baureihe 50 – Verbleibsliste   50 1208 – 50 1247

Ordnungsnr., EDV-Nr.		letzte dt. Bahnverw.	letzte dt. Heimat-Bw	Z oder Umbau	+ oder Abgabe	
1208	→ 051 208-7	DB	Augsburg	Z 09.08.1971	+ 15.12.1971	
1209	→ 051 209-5	DB	Duisburg-Wedau	Z 19.09.1974	+ 05.12.1974	
1210	→ 051 210-3	DB	Bayreuth	Z 08.04.1975	+ 27.06.1975	
1211		DB	München Ost	Z 09.07.1966	+ 27.09.1966	
1212		DB	Karlsruhe	Z 25.01.1965	+ 01.09.1965	
1213		DRB KS	Gießen	Z 23.02.1945	+ 15.08.1946	
1214		DB	Lehrte	Z 01.02.1965	+ 03.06.1965	
1215		DB	Haltern	Z 01.08.1948	+ 21.04.1952	
1216		DB	Kassel	Z 01.06.1966	+ 27.09.1966	
1217		DB	Wanne-Eickel	Z 14.07.1964	+ 10.03.1965	
1218	→ 051 218-6	DB	Dillenburg	Z 17.12.1968	+ 03.03.1969	
1219	→ 051 219-4	DB	Ulm	Z 03.02.1975	+ 16.05.1975	
1220		DB	Hagen Gbf	Z 16.02.1965	+ 01.09.1965	
1221	→ 051 221-0	DB	Mannheim	Z 18.02.1971	+ 02.06.1971	
1222		DR Reko	Hagenow Land	U 1959 (→ 50 3578)		
1223	→ 051 223-6	DB	Duisburg-Wedau	Z 25.01.1973	+ 12.04.1973	
1224		DR Reko	Güstrow	U 24.04.1961 (→ 50 3661)		
1225	→ 051 225-1	DB	Duisburg-Wedau	Z 29.10.1975	+ 22.12.1975	
1226	→ 051 226-9	DB	Saarbrücken	Z 16.06.1975	+ 25.07.1975	
1227	→ 051 227-7	DB	Duisburg-Wedau	Z 25.09.1975	+ 22.10.1975	
1228	→ 051 228-5	DB	Saarbrücken	Z 27.11.1972	+ 21.12.1972	
1229	→ 051 229-3	DB	Duisburg-Wedau	Z 28.11.1967	+ 12.03.1968	
1230		DB	Bestwig	Z 18.02.1964	+ 01.07.1964	
1231	→ 051 231-9	DB	Duisburg-Wedau	Z 25.07.1975	+ 21.08.1975	
1232	→ 051 232-7	DB	Schweinfurt	Z 19.07.1973	+ 06.03.1974	
1233	→ 051 233-5	DB	Duisburg-Wedau	Z 23.06.1975	+ 25.07.1975	
1234		DB	Kaiserslautern	Z 24.09.1966	+ 22.05.1967	
1235	→ 051 235-0	DB	Duisburg-Wedau	Z 11.10.1975	+ 22.12.1975	
1236		DB	Hof	Z 07.01.1964	+ 01.09.1965	
1237	→ 051 237-6	DB	Dillenburg	Z 14.12.1968	+ 03.03.1969	
1238	→ 051 238-4	DB	Heilbronn	Z 20.06.1972	+ 08.11.1972	
1239	→ 051 239-2	DB	Ulm	Z 17.12.1969	+ 04.03.1970	
1240	→ 051 240-0	DB	Crailsheim	Z 05.06.1974	+ 18.09.1974	
1241	→ 051 241-8	DB	Wanne-Eickel	Z 11.01.1971	+ 02.06.1971	*
1242	→ 051 242-6	DB	Schweinfurt	Z 28.08.1975	+ 22.10.1975	
1243		DB	Osterfeld Süd	Z 20.10.1966	+ 24.02.1967	
1244	→ 051 244-2	DB	Wanne-Eickel	Z 12.09.1968	+ 11.12.1968	
1245		DR Reko	(Rbd Magdeburg)	U 1961 (→ 50 3687)		*
1246		DB	Frankfurt/Main 2	Z 12.05.1967	+ 14.11.1967	
1247	→ 051 247-5	DB	Duisburg-Wedau	Z 16.01.1976	+ 15.03.1976	

1241:   Vorherige Z-Stellung: 21.01.1969 – 19.08.1970
1245:   Rbd Magdeburg 06.1960

Die Baureihe 50 – Verbleibsliste

50 1230 steht mit einem Personenzug im September 1963 in Neheim-Hüsten. Bereits im darauf folgenden Jahr wurde die Lok beim Bw Bestwig ausgemustert.   Foto: Karl Hermann Hein, Sammlung Holger Kaufhold

Auch in Dieringhausen passte eine 50er nur knapp auf die Drehscheibe. Am 21. Juli 1964 wurde 50 1283 hier gedreht.   Foto: Karl Hermann Hein, Sammlung Holger Kaufhold

Die Baureihe 50 – Verbleibsliste   50 1248 – 50 1287

Ordnungsnr., EDV-Nr.	letzte dt. Bahnverw.	letzte dt. Heimat-Bw	Z oder Umbau	+ oder Abgabe	
1248	DB	Kirchenlaibach	Z 27.09.1965	+ 04.03.1966	
1249	DR Reko	Güstrow	U 24.04.1961 (→ 50 3662)		
1250	DB	Aschaffenburg	Z 26.11.1963	+ 01.09.1965	
1251 → 051 251-7	DB	Weiden	Z 24.05.1975	+ 27.06.1975	
1252 → 051 252-5	DB	Duisburg-Wedau	Z 08.10.1975	+ 22.10.1975	
1253	DB	Dillenburg	Z 29.07.1964	+ 30.11.1964	
1254	DB	Wanne-Eickel	Z 02.09.1966	+ 22.11.1966	
1255 → 051 255-8	DB	Duisburg-Wedau	Z 21.02.1977	+ 21.02.1977	*
1256 → 051 256-6	DB	Lehrte	Z 01.06.1976	+ 11.06.1976	
1257	DRB KS	Osnabrück Gbf		+ 09.10.1946	
1258	DRB	(RBD Saarbrücken)		(PKP)	*
1259	DB	Dillenburg	Z 22.06.1964	+ 10.03.1965	
1260	DR Reko	Görlitz	U 08.08.1959 (→ 50 3573)		
1261	DRB	(RBD Oppeln)		(SZD)	*
1262 → 051 262-4	DB	Kaiserslautern	Z 31.12.1972	+ 12.04.1973	
1263	DB	Lehrte	Z 10.08.1966	+ 22.11.1966	
1264	DRB	(Rheine)		(SNCF)	*
1265 → 051 265-7	DB	Hamm	Z 24.09.1973	+ 06.03.1974	
1266	DB	Uelzen	Z 07.09.1966	+ 22.11.1966	
1267 → 051 267-3	DB	Schweinfurt	Z 25.06.1975	+ 25.07.1975	
1268	DB	Ulm	Z 05.06.1965	+ 01.09.1965	
1269	DRB KS	Wittenberge	Z 1945	+ 06.04.1946	
1270	DR Reko	(Oebisfelde)	U 04.11.1958 (→ 50 3543)		*
1271	DB	Lehrte	Z 07.07.1964	+ 10.03.1965	
1272	DB MV	Osterfeld Süd	U 08.01.1959 (→ DB 50 4024)		
1273 → 051 273-1	DB	Wanne-Eickel	Z 01.12.1972	+ 12.04.1973	
1274	DR Reko	Werdau	U 16.07.1960 (→ 50 3617)		
1275 → 50 1275-2	DR	Wismar	Z 14.11.1974	+ 27.11.1974	
1276	DB	Hmb-Harburg	Z 27.01.1958	+ 30.09.1960	*
1277 → 051 277-2	DB	Kirchenlaibach	Z 03.03.1968	+ 02.10.1968	
1278 → 051 278-0	DB	Darmstadt	Z 26.10.1967	+ 19.09.1969	*
1279	DR Reko	Köthen	U 18.10.1958 (→ 50 3542)		
1280	DR Reko	Halberstadt	U 22.03.1962 (→ 50 3705)		
1281	DB	Dillenburg	Z 21.03.1967	+ 22.05.1967	
1282	DR KS	Rostock		+ 30.04.1951	*
1283 → 051 283-0	DB	Emden	Z 22.02.1973	+ 12.04.1973	
1284 → 50 1284-4	DR	Nossen	Z 16.04.1976	+ 07.05.1976	
1285 → 051 285-5	DB	Saarbrücken	Z 12.07.1974	+ 05.12.1974	
1286	DR Reko	Stendal	U 01.02.1958 (→ 50 3517)		
1287 → 051 287-1	DB	Hameln	Z 10.04.1968	+ 22.09.1970	ˎ

1255:   1977 an Stoom Stichting Nederland, Rotterdam [Niederlande]; ab 2003 museale Aufarbeitung
1258:   Ostbahn 1944, RBD Saarbrücken (vmtl. Bw Mayen) 06.1944, DOKP Wrocław/PKP 1946 (→ Ty5-25); + 1974
1261:   RBD Oppeln 1943 – 1944, Gliwice/PKP 09.1945, Przemyśl/PKP 1945, SZD 1945 (→ TZ-1261)
1264:   Rheine 08.1944, SNCF 1945 (→ 150Z1264). Bombentreffer, bei SNCF nicht mehr im Einsatz, dennoch umgezeichnet
1270:   Oebisfelde 12.1957
1276:   Flensburg bis 26.01.1958, als Z-Lok: Hmb-Harburg
1278:   Z-Stellung in Frankfurt/Main 2, als Z-Lok 30.05.1969: Darmstadt
1282:   Bereits 09.1945 als Schadlok im RAW Rostock
1287:   Z-Stellung in Löhne, als Z-Lok 01.03.1970: Hameln

Ordnungsnr., EDV-Nr.	letzte dt. Bahnverw.	letzte dt. Heimat-Bw	Z oder Umbau	+ oder Abgabe	
1288 → 051 288-9	DB	Gremberg	Z 02.11.1971	+ 18.04.1972	
1289 → 051 289-7	DB	Neuss	Z 14.03.1973	+ 24.08.1973	
1290 → 051 290-5	DB	Lehrte	Z 26.06.1974	+ 05.12.1974	
1291 → 051 291-3	DB	Lehrte	Z 29.01.1973	+ 12.04.1973	
1292 → 051 292-1	DB	Ehrang	Z 03.09.1974	+ 05.12.1974	
1293 → 051 293-9	DB	Lehrte	Z 11.05.1973	+ 24.08.1973	
1294	DB	Radolfzell	Z 23.02.1959	+ 17.08.1961	
1295	DB	Neuss	Z 26.02.1964	+ 01.07.1964	
1296	DB	Mainz-Bischofsheim	Z 14.02.1959	+ 17.08.1961	
1297 → 051 297-0	DB	Lehrte	Z 17.05.1968	+ 11.12.1968	
1298 → 50 1298-4	DR	Nossen	Z 30.12.1983	+ 14.06.1984	
1299 → 051 299-6	DB	Stolberg	Z 02.03.1972	+ 15.08.1972	
1300 → 051 300-2	DB	Duisburg-Wedau	Z 25.06.1975	+ 25.07.1975	
1301	DB	Flensburg	Z 26.08.1965	+ 06.01.1966	
1302 → 051 302-8	DB	Stolberg	Z 24.07.1974	+ 05.12.1974	
1303	DR Reko	Wittenberge	U 21.06.1961 (→ 50 3672)		
1304 → 50 1304-0	DR	Reichenbach	Z 02.05.1977	+ 16.05.1977	
1305 → 50 1305-7	DR	Dresden	Z 31.08.1971	+ 27.10.1971	
1306	DR Reko	Magdeburg Hbf	U 21.12.1960 (→ 50 3642)		
1307 → 50 1307-3	DR	Karl-Marx-Stadt	Z 01.11.1980	+ 02.03.1981	*
1308 → 50 1308-1	DR	Karl-Marx-Stadt	Z 31.05.1981	+ 17.08.1981	
1309	DR Reko	Brandenburg	U 06.08.1962 (→ 50 3708)		
1310	DRB KV	(RBD Breslau)			*
1311	DRB	(RBD Breslau)		(ČSD/BDZ)	*
1312	DB	Darmstadt	Z 10.02.1964	+ 10.03.1965	
1313	DB	Mühldorf	Z 13.02.1967	+ 22.05.1967	
1314 → 051 314-3	DB Rück	Wt-Vohwinkel	Z 22.11.1967	+ 22.09.1970	*
1315	DB	Flensburg	Z 25.04.1966	+ 22.11.1966	
1316 → 051 316-8	DB	Saarbrücken	Z 31.05.1976	+ 11.06.1976	
1317 → 051 317-6	DB	Saarbrücken	Z 10.05.1967	+ 02.10.1968	
1318	DB	Osnabrück Rbf	Z 03.03.1966	+ 27.09.1966	
1319	DB MV	Euskirchen	U 03.11.1958 (→ DB 50 4017)		
1320	DR Reko	Güsten	U 27.02.1959 (→ 50 3554)		
1321 → 051 321-8	DB	Plattling	Z 01.03.1968	+ 21.06.1968	
1322 → 051 322-6	DB	Kaiserslautern	Z 04.05.1974	+ 18.09.1974	
1323 → 051 323-4	DB	Crailsheim	Z 27.08.1968	+ 11.12.1968	
1324 → 051 324-2	DB	Dillenburg	Z 28.01.1969	+ 10.07.1969	
1325	DB	Saarbrücken	Z 25.05.1966	+ 19.08.1966	
1326	DB MV	Aachen West	U 11.12.1958 (→ DB 50 4020)		
1327 → 051 327-5	DB	Hohenbudberg	Z 27.04.1969	+ 22.09.1970	*

1307: vk. an Schlachthof Halberstadt; 07.1993 dort verschrottet

1310: Breslau-Mochbern (Anl.) 05.1941, RBD Breslau noch 12.1942, weiterer Verbleib unbekannt, vmtl. Kriegsverlust

1311: Breslau-Mochbern (Anl.) 05.1941, RBD Breslau noch 1943 (vmtl. Breslau-Mochbern 1945), bei ČSD 1947 (→ 555.121); 1959 an BDZ (→ 14.46); nach Ausmusterung bei BDZ Heizlok in Karlowo [Bulgarien]; um 2000 dort verschrottet

1314: Osterfeld Süd 05.1944, SNCB ab 10.1945 (→ 2515, 01.1946 → 25.016), Rückgabe DB 06.1950, vmtl. AW-Aufenthalt, Düsseldorf-Derendorf ab 06.1951

1327: Z-Stellung in Gremberg, als Z-Lok 01.12.1969: Hohenbudberg

Die Baureihe 50 – Verbleibsliste   50 1328 – 50 1367

Ordnungsnr., EDV-Nr.	letzte dt. Bahnverw.	letzte dt. Heimat-Bw	Z oder Umbau	+ oder Abgabe	
1328 → 051 328-3	DB	Bremen Hbf	Z 15.06.1967	+ 11.12.1968	
1329 → 051 329-1	DB	Hohenbudberg	Z 08.05.1973	+ 24.08.1973	
1330	DR Reko	Güsten	U 27.11.1956 (→ 50 3505)		
1331	DB	Dillenburg	Z 03.03.1960	+ 17.08.1961	
1332 → 051 332-5	DB	Lehrte	Z 29.12.1974	+ 05.12.1974	*
1333 → 50 1333-9	DR	Nossen	Z 30.06.1977	+ 19.08.1977	
1334 → 051 334-1	DB	Lehrte	Z 05.03.1974	+ 09.06.1974	
1335	DR	Güstrow	Z 1948	+ 30.11.1953	*
1336	DR Reko	Dresden-Friedrichstadt	U 10.12.1959 (→ 50 3552)		
1337	DB	Osnabrück Rbf	Z 20.02.1967	+ 15.06.1967	*
1338 → 051 338-2	DB	Stolberg	Z 06.06.1975	+ 25.07.1975	
1339	DR Rück/Reko	Güstrow	U 20.02.1958 (→ 50 3520)		*
1340 → 051 340-8	DB	Schweinfurt	Z 06.12.1971	+ 18.04.1972	
1341 → 051 341-6	DB	Osterfeld Süd	Z 24.10.1974	+ 05.12.1974	
1342 → 051 342-4	DB	Lehrte	Z 19.06.1975	+ 25.07.1975	
1343 → 50 1343-8	DR	Karl-Marx-Stadt	Z 19.04.1978	+ 16.06.1978	
1344	DB	Goslar	Z 31.01.1964	+ 01.07.1964	
1345 → 051 345-7	DB	Mayen	Z 20.06.1969	+ 19.09.1969	
1346 → 051 346-5	DB	Kaiserslautern	Z 26.06.1973	+ 24.08.1973	
1347	DR Reko	Güstrow	U 02.07.1961 (→ 50 3673)		
1348	DB	Kirchweyhe	Z 01.05.1962	+ 08.10.1962	
1349	DRB	RBD Osten		(PKP)	*
1350	DB	Frankfurt/Main 2	Z 04.06.1965	+ 01.09.1965	
1351 → 051 351-5	DB	Bayreuth	Z 03.02.1975	+ 16.05.1975	
1352 → 051 352-3	DB	Nürnberg Rbf	Z 15.04.1971	+ 02.06.1971	
1353 → 051 353-1	DB	Emden	Z 01.10.1968	+ 03.03.1969	
1354	DB	Osnabrück Rbf	Z 04.11.1966	+ 24.02.1967	
1355	DB	Münster	Z 03.06.1965	+ 01.09.1965	
1356 → 051 356-4	DB	Bayreuth	Z 31.07.1975	+ 21.08.1975	
1357 → 051 357-2	DB	Betzdorf	Z 29.11.1971	+ 18.04.1972	
1358	DB	Aachen West	Z 18.02.1967	+ 05.07.1967	
1359 → 051 359-8	DB	Schweinfurt	Z 15.08.1968	+ 11.12.1968	
1360 → 051 360-6	DB	Gremberg	Z 01.10.1972	+ 21.12.1972	
1361 → 051 361-4	DB	Wanne-Eickel	Z 11.06.1967	+ 11.12.1968	
1362 → 051 362-2	DB	Hof	Z 10.02.1973	+ 12.04.1973	
1363	DB	Emden	Z 14.01.1967	+ 22.05.1967	
1364	DB	Osterfeld Süd	Z 01.03.1967	+ 22.05.1967	
1365	DRB	Minden		(PKP)	*
1366 → 051 366-3	DB	Darmstadt	Z 21.04.1969	+ 19.09.1969	
1367	DR Rück/Reko	Güstrow	U 25.05.1961 (→ 50 3668)		*

1332:	Ausmusterung gemäß HVB-Verfügung vor Z-Stellung
1335:	Bereits 09.1945 als Schadlok im RAW Rostock
1337:	Z-Stellung in Münster, als Z-Lok 28.05.1967: Osnabrück Rbf
1339:	Stendal (Kol. 29) 06.1946 (buchmäßig laut SMA: Przemyśl/PKP/SZD (→ T50 1339) 1949 – Rückgabe DR 1954);
	nachgewiesen bei DR: Stendal (Kol. 29) bis 03.12.1946, Berlin-Karlshorst (Kol. 7) 04.12.1946 – 30.11.1950, Frankfurt/Oder
	Vbf 01.09.1951 – 03.07.1954
1349:	Landsberg/Warthe 06.1942, RBD Osten noch 05.1944, PKP 1946 (→ Ty5-26); + 1974
1365:	Minden 10.1944, Gdańsk/PKP 1946 (→ Ty5-27); + 1977
1367:	DR 1945 (buchmäßig laut SMA: Przemyśl/PKP (→ T50 1367) 1946 – Rückgabe DR 1954); nachgewiesen bei DR:
	Berlin-Karlshorst (Kol. 7) 11.04.1947 – 30.11.1950, Frankfurt/Oder Vbf 01.12.1950 – 03.07.1954

Die Baureihe 50 – Verbleibsliste

50 1302 (Bw Stolberg) traf Karl-Heinz Jansen im April 1968 in ihrem Heimat-Bw an.

Moderner Kabinentender und große Wagner-Windleitbleche bei der 50 1402 passen nicht so recht zusammen. Die Lok vom damals noch als Osnabrück Vbf bezeichneten Bw konnte Peter Konzelmann am 11. Januar 1961 in Osnabrück fotografieren.   Sammlung Rippin

Die Baureihe 50 – Verbleibsliste   50 1368 – 50 1407

Ordnungsnr., EDV-Nr.	letzte dt. Bahnverw.	letzte dt. Heimat-Bw	Z oder Umbau	+ oder Abgabe	
1368	DR Reko	Halberstadt	U 17.04.1958 (→ 50 3522)		
1369 → 051 369-7	DB	Schweinfurt	Z 25.06.1974	+ 18.09.1974	
1370	DB	Saarbrücken	Z 01.05.1964	+ 10.03.1965	
1371	DB	Kaiserslautern	Z 22.05.1967	+ 14.11.1967	
1372 → 051 372-1	DB	Kassel	Z 03.08.1972	+ 08.11.1972	
1373 → 051 373-9	DB	Emden	Z 24.03.1967	+ 02.10.1968	
1374 → 051 374-7	DB	Kassel	Z 03.03.1969	+ 10.07.1969	
1375 → 051 375-4	DB	Darmstadt	Z 05.09.1967	+ 12.03.1968	
1376 → 051 376-2	DB	Hof	Z 31.01.1973	+ 12.04.1973	
1377	DB	Ulm	Z 18.10.1964	+ 10.03.1965	
1378	DB	Frankfurt/Main 2	Z 01.10.1964	+ 10.03.1965	
1379 → 051 379-6	DB	Lehrte	Z 06.05.1969	+ 19.09.1969	
1380 → 051 380-4	DB	Lehrte	Z 05.09.1972	+ 21.12.1972	
1381	DRB KV	(Ehrang)		+ 1944/45	*
1382 → 051 382-0	DB	Saarbrücken	Z 09.06.1969	+ 19.09.1969	
1383 → 051 383-8	DB	Neuss	Z 07.01.1975	+ 16.05.1975	
1384 → 051 384-6	DB	Lehrte	Z 04.10.1971	+ 15.12.1971	
1385	DR Reko	Köthen	U 17.11.1958 (→ 50 3545)		
1386	DB	Osterfeld Süd	Z 16.06.1967	+ 14.11.1967	
1387	DB Rück	Mayen	Z 07.10.1966	+ 22.05.1967	*
1388 → 50 1388-3	DR	Nossen	Z 01.11.1979	+ 13.12.1979	
1389 → 051 389-5	DB	Ehrang	Z 12.09.1967	+ 12.03.1968	
1390	DB	St. Wendel	Z 30.11.1966	+ 22.05.1967	
1391	DB	Nürnberg Rbf	Z 15.11.1965	+ 22.05.1967	
1392 → 051 392-9	DB	Kirchenlaibach	Z 09.12.1968	+ 03.03.1969	
1393	DB	Hagen Gbf	Z 10.03.1967	+ 05.07.1967	
1394 → 051 394-5	DB	Ulm	Z 30.09.1967	+ 10.07.1969	
1395	DB	Hmb-Harburg	Z 26.02.1959	+ 30.09.1960	
1396	DB	Bremen Hbf	Z 02.03.1966	+ 20.06.1966	
1397 → 051 397-8	DB	Duisburg-Wedau	Z 18.12.1976	+ 29.12.1976	
1398 → 50 1398-2	DR	Wismar	Z 17.12.1974	+ 27.11.1974	*
1399	DR Reko	Stendal	U 11.10.1960 (→ 50 3630)		
1400	DB	Dortmund Rbf	Z 04.10.1963	+ 01.07.1964	
1401	DB	Dillenburg	Z 12.10.1964	+ 01.09.1965	
1402	DB	Osnabrück Rbf	Z 06.06.1966	+ 27.09.1966	
1403 → 051 403-4	DB	Lehrte	Z 02.03.1973	+ 24.08.1973	
1404 → 051 404-2	DB	Schweinfurt	Z 27.03.1974	+ 09.06.1974	
1405 → 051 405-9	DB	Ulm	Z 22.09.1969	+ 27.11.1970	
1406 → 051 406-7	DB	Schweinfurt	Z 22.10.1970	+ 27.11.1970	
1407	DR Reko	Dresden-Friedrichstadt	U 26.02.1960 (→ 50 3597)		

1381:   RBD Saarbrücken ab 15.06.1944, durch Kriegseinwirkung bei Moselbrücke Ediger-Eller verloren

1387:   CFR-Mietlok der RBD Oppeln ab 27.01.1943, Urziceni/CFR 05.1944, bei MAV 1945 – Rückgabe DB (BD Regensburg, Z-Lok) 16.05.1952, AW Esslingen 09.1952 – 10.1952, Radolfzell ab 11.1952

1398:   Ausmusterung vor Z-Stellung

Die Baureihe 50 – Verbleibsliste

Besonders früh endete der Dampfbetrieb bei der BD Augsburg. Am 26. Juli 1965 traf Peter Melcher die in Augsburg stationierte 50 1404 in Buchloe an.

Mit dem P 3777 am Haken erreicht die 50 1430 am 31. August 1963 den Bahnhof Frankfurt-Eschersheim, der heute eine S-Bahn-Station ist.   Foto: Helmut Röth

Die Baureihe 50 – Verbleibsliste   50 1408 – 50 1447

Ordnungsnr., EDV-Nr.	letzte dt. Bahnverw.	letzte dt. Heimat-Bw	Z oder Umbau	+ oder Abgabe	
1408		DB	Worms	Z 01.03.1964	+ 10.03.1965
1409		DB	Düsseldorf-Derendorf	Z 08.04.1965	+ 01.09.1965
1410 → 051 410-9		DB	Crailsheim	Z 11.04.1974	+ 18.09.1974
1411 → 051 411-7		DB	Braunschweig	Z 28.08.1968	+ 23.02.1971
1412		DB MV	Landau	U 12.07.1954 (→ DB 50 4001)	*
1413 → 051 413-3		DB	Mannheim	Z 11.08.1967	+ 10.07.1969
1414 → 051 414-1		DB	Kaiserslautern	Z 26.02.1975	+ 16.05.1975
1415 → 051 415-8		DB	Crailsheim	Z 04.06.1976	+ 11.06.1976
1416		DB	Lehrte	Z 15.04.1966	+ 27.09.1966
1417		DB	Husum	Z 13.01.1965	+ 03.06.1965
1418		DB	Düsseldorf-Derendorf	Z 16.05.1965	+ 01.09.1965
1419		DB	Kirchenlaibach	Z 29.01.1966	+ 20.06.1966
1420 → 051 420-8		DB	Duisburg-Wedau	Z 25.11.1976	+ 22.12.1976
1421 → 051 421-6		DB	Lehrte	Z 01.06.1976	+ 11.06.1976
1422		DB MV	Osterfeld Süd	U 05.09.1958 (→ DB 50 4011)	
1423 → 051 423-2		DB	Duisburg-Wedau	Z 14.01.1976	+ 15.03.1976
1424 → 051 424-0		DB	Stolberg	Z 11.01.1971	+ 09.09.1971
1425 → 051 425-7		DB	Weiden	Z 13.12.1972	+ 12.04.1973
1426 → 051 426-5		DB	Hmb-Rothenburgsort	Z 22.01.1971	+ 02.06.1971	*
1427 → 051 427-3		DB	Mannheim	Z 12.02.1969	+ 10.07.1969
1428 → 051 428-1		DB	Bayreuth	Z 13.01.1975	+ 16.05.1975
1429 → 051 429-9		DB	Lehrte	Z 24.09.1971	+ 15.12.1971
1430 → 051 430-7		DB	Rottweil	Z 22.10.1974	+ 05.12.1974
1431 → 051 431-5		DB	Duisburg-Wedau	Z 25.01.1971	+ 02.06.1971
1432 → 50 1432-9		DR	Nossen	Z 10.08.1979	+ 11.08.1979	*
1433		DR Reko	Schwerin	U 12.02.1960 (→ 50 3592)	
1434		DB MV	Hagen-Vorhalle	U 07.07.1958 (→ DB 50 4009)	
1435 → 051 435-6		DB	Neuss	Z 18.08.1973	+ 06.03.1974
1436 → 051 436-4		DB Rück	Aachen West	Z 17.08.1967	+ 10.07.1969	*
1437		DR Reko	Adorf	U 01.12.1960 (→ 50 3638)	
1438 → 051 438-0		DB	Ulm	Z 14.01.1971	+ 02.06.1971
1439 → 051 439-8		DB	Paderborn	Z 21.03.1973	+ 24.08.1973
1440		DRB	(Kaiserslautern)		(PKP)	*
1441 → 051 441-4		DB	Ulm	Z 13.02.1976	+ 15.03.1976
1442 → 051 442-2		DB	Duisburg-Wedau	Z 03.09.1975	+ 22.10.1975	*
1443 → 051 443-0		DB	Osterfeld Süd	Z 22.07.1974	+ 05.12.1974
1444 → 051 444-8		DB	Duisburg-Wedau	Z 20.08.1976	+ 28.09.1976
1445		DRB	(Wittenberge)		(PKP)	*
1446 → 051 446-3		DB	Saarbrücken	Z 31.05.1976	+ 11.06.1976	*
1447 → 051 447-1		DB	Kaiserslautern	Z 24.10.1967	+ 19.09.1969

1412: AW Esslingen (Eingang für L4) 08.06.1954 – 11.07.1954, Umbau AW Schwerte 12.07.1954 – 03.11.1954; Umzeichnung auf 50 4001 erst mit HVB-Verfügung vom 10.04.1958
1426: Vorherige Z-Stellung: 07.09.1968 – 10.09.1970
1432: 15.10.1979 vk. an VEB ESDA Thalheim, Textilveredelung Oberlungwitz, Einsatz vmtl. im Betriebsteil Gersdorf; später dort verschrottet
1436: RBD Köln 07.1943 – 05.1944, SNCB ab 10.1945 (→ 2516, 01.1946 → 25.017), Rückgabe DB Düren 06.1950
1440: Kaiserslautern 05.1944, L3-Frist bei DRB 18.09.1944, DOKP Gdańsk/PKP 1946 (→ Ty5-28); + 1974
1442: Z-Stellung in Osterfeld Süd, als Z-Lok 01.10.1975: Duisburg-Wedau
1445: Wittenberge 1944, bei PKP 1946 (→ Ty5-29); + 1974
1446: vk. an privat (zunächst abg. Bw St. Wendel; jetzt Dampflokmuseum Hermeskeil)

50 1448 – 50 1487   Die Baureihe 50 – Verbleibsliste

Ordnungsnr., EDV-Nr.	letzte dt. Bahnverw.	letzte dt. Heimat-Bw	Z oder Umbau	+ oder Abgabe	
1448		DR Rück/Reko	Güstrow	U 06.05.1957 (→ 50 3508)	*
1449 → 051 449-7	DB		Ehrang	Z 14.11.1972	+ 21.12.1972
1450 → 051 450-5	DB		Stolberg	Z 23.08.1967	+ 12.03.1968
1451	DB		Oldenburg Rbf	Z 01.02.1967	+ 22.05.1967 *
1452	DB		Bremen Hbf	Z 08.06.1966	+ 27.09.1966
1453 → 051 453-9	DB		Flensburg	Z 26.05.1967	+ 11.12.1968
1454		DRB KV		(VU)	*
1455	DB		Dortmund Rbf	Z 16.03.1967	+ 22.05.1967
1456	DB		Düsseldorf-Derendorf	Z 07.05.1964	+ 10.03.1965
1457	DB		Neumünster	Z 26.07.1966	+ 22.11.1966
1458		DB Rück	Hmb-Harburg	Z 05.02.1966	+ 27.09.1966 *
1459 → 051 459-6	DB		Frankfurt/Main 2	Z 15.07.1967	+ 12.03.1968
1460 → 051 460-4	DB		Köln-Eifeltor	Z 08.01.1970	+ 02.06.1971
1461 → 051 461-2	DB		Osterfeld Süd	Z 04.10.1968	+ 11.12.1968
1462 → 051 462-0	DB		Duisburg-Wedau	Z 26.07.1976	+ 28.09.1976
1463	DB		Wanne-Eickel	Z 30.10.1963	+ 01.09.1965
1464	DB		Lichtenfels	Z 23.08.1966	+ 22.11.1966
1465		DR Reko	Halberstadt	U 23.09.1961 (→ 50 3690)	
1466	DB		Dortmund Rbf	Z 30.05.1966	+ 19.08.1966
1467	DB		Frankfurt/Main 2	Z 11.11.1958	+ 12.11.1962
1468 → 50 1468-3	DR		Reichenbach	Z 25.03.1977	+ 15.11.1977
1469	DB		Dortmund Rbf	Z 09.04.1964	+ 10.03.1965
1470	DB		Bremen Hbf	Z 10.01.1964	+ 01.07.1964
1471		DR Reko	Köthen	U 11.06.1958 (→ 50 3527)	
1472		DRB	(RBD Essen)	(SZD)	*
1473 → 051 473-7	DB		Wanne-Eickel	Z 24.01.1969	+ 10.07.1969
1474	DB		Betzdorf	Z 06.06.1967	+ 14.11.1967
1475 → 051 475-2	DB		Ehrang	Z 07.06.1974	+ 18.09.1974
1476 → 051 476-0	DB		Emden	Z 01.07.1968	+ 02.10.1968
1477	DB		Heilbronn	Z 30.07.1965	+ 01.09.1965
1478 → 051 478-6	DB		Saarbrücken	Z 28.11.1974	+ 05.12.1974
1479	DB		Münster	Z 03.06.1964	+ 30.11.1964
1480	DB		Hohenbudberg	Z 02.10.1964	+ 03.06.1965
1481 → 051 481-0	DB		Mühldorf	Z 24.09.1967	+ 10.07.1969
1482 → 051 482-8	DB		Lehrte	Z 01.06.1976	+ 11.06.1976
1483		DR Reko	Werdau	U 24.11.1961 (→ 50 3699)	
1484		DRB KV	RBD Oppeln	(VU)	*
1485 → 50 1485-7	DR		Reichenbach	Z 19.08.1975	+ 31.08.1975
1486		DR Reko	Halberstadt	U 05.04.1959 (→ 50 3559)	
1487		DRB	Stendal	Z 22.02.1945	+ 28.08.1947 *

1448: DR 1945 (buchmäßig laut SMA: Przemyśl/PKP/SZD (→ T50 1448) 1946 – Rückgabe DR 1954); nachgewiesen bei DR: Berlin-Gesundbrunnen (Kol. 6) 26.01.1946 – 29.05.1950, Pasewalk 21.06.1950 – 15.05.1952, Frankfurt/Oder Vbf 16.05.1952 – 04.07.1954

1451: Z-Stellung in Oldenburg Rbf, als Z-Lok 28.05.1967: Emden (Umbeheimatung erfolgte jedoch nur noch infolge BD-Ausmusterungsverfügung vom 15.06.1967)

1454: Hmb-Harburg noch 15.03.1945, vmtl. Kriegsverlust

1458: Hmb-Harburg (Anl.) 07.1941 – 03.1944, SNCB ab 17.11.1945 (→ 2521), Rückgabe DRB 11.1945, vmtl. AW-Aufenthalt, Hmb-Harburg 06.1950

1472: RBD Essen (Anl.) 08.1941, weiterer Verbleib unbekannt, vmtl. DR 1945, Przemyśl/PKP 09.1945, bei SZD 09.1945 (→ TZ-1472)

1484: Von Bw Eger an RBD Oppeln 12.1941, weiterer Verbleib unbekannt, vmtl. Kriegsverlust

1487: 1949 verschrottet

Die Lokomotiven der Baureihen 50 und ihr Verbleib

Die Baureihe 50 – Verbleibsliste   50 1488 – 50 1527

Ordnungsnr., EDV-Nr.	letzte dt. Bahnverw.	letzte dt. Heimat-Bw	Z oder Umbau	+ oder Abgabe	
1488	DR Reko	Magdeburg-Buckau	U 14.11.1961 (→ 50 3697)		
1489	DR Reko	Oebisfelde	U 13.03.1959 (→ 50 3556)		
1490 → 50 1490-7	DR	Karl-Marx-Stadt	Z 24.05.1974	+ 27.11.1974	
1491	DB	Karlsruhe Rbf	Z 27.11.1958	+ 17.08.1961	
1492	DR Reko	(Stendal)	U 1959 (→ 50 3579)		*
1493	DR Reko	Stendal	U 01.11.1960 (→ 50 3635)		
1494 → 051 494-3	DB	Duisburg-Wedau	Z 22.06.1976	+ 28.09.1976	
1495	DRB	(RBD Posen)			*
1496 → 051 496-8	DB	Paderborn	Z 03.11.1967	+ 12.03.1968	
1497	DR Reko	Schwerin	U 02.01.1958 (→ 50 3515)		
1498 → 051 498-4	DB	Osterfeld Süd	Z 29.04.1969	+ 19.09.1969	
1499	DR Reko	Güsten	U 03.01.1961 (→ 50 3643)		
1500	DB	Braunschweig	Z 05.08.1966	+ 22.11.1966	
1501 → 051 501-5	DB	Saarbrücken	Z 21.01.1976	+ 15.03.1976	
1502	DB	Düsseldorf-Derendorf	Z 11.12.1965	+ 22.11.1966	
1503 → 051 503-1	DB	Osterfeld Süd	Z 11.05.1973	+ 24.08.1973	
1504 → 50 1504-5	DR	Nossen	Z 25.10.1977	+ 15.11.1977	
1505 → 051 505-6	DB	Duisburg-Wedau	Z 01.10.1976	+ 22.12.1976	
1506	DRB	(RBD Saarbrücken)		(PKP)	*
1507 → 051 507-2	DB	Braunschweig	Z 04.09.1970	+ 27.11.1970	
1508 → 051 508-0	DB	Hmb-Rothenburgsort	Z 07.06.1967	+ 03.03.1969	
1509	DB MV	Dortmunderfeld	U 25.06.1958 (→ DB 50 4003)		
1510	DRB KS	Limburg		+ 23.07.1946	
1511 → 051 511-4	DB	Bayreuth	Z 13.01.1975	+ 16.05.1975	
1512 → 051 512-2	DB	Ehrang	Z 16.02.1972	+ 18.04.1972	
1513	DB	Osnabrück Rbf	Z 12.02.1967	+ 05.07.1967	
1514	DRB	(RBD Schwerin)		(PKP)	*
1515	DB	Dillenburg	Z 31.05.1965	+ 01.09.1965	
1516 → 051 516-3	DB	Stolberg	Z 29.02.1968	+ 21.06.1968	
1517	DR Reko	Oebisfelde	U 11.01.1960 (→ 50 3587)		
1518 → 051 518-9	DB	Schwandorf	Z 11.10.1968	+ 19.09.1969	
1519	DB	Dillingen	Z 29.06.1966	+ 19.08.1966	
1520 → 051 520-5	DB	Wanne-Eickel	Z 07.10.1972	+ 21.12.1972	
1521	DB	Hamm	Z 02.10.1963	+ 10.03.1965	
1522 → 051 522-1	DB	Osterfeld Süd	Z 14.11.1974	+ 05.12.1974	
1523	DB	Bochum-Langendreer	Z 20.05.1964	+ 10.03.1965	
1524 → 051 524-7	DB	Osterfeld Süd	Z 10.05.1975	+ 27.06.1975	
1525 → 051 525-4	DB	Wanne-Eickel	Z 15.04.1972	+ 15.08.1972	
1526	DRB	(Wittenberg)		(SZD)	*
1527	DRB	(Wittenberg)		(SZD/CFR)	*

1492:	Stendal 12.1957
1495:	Lundenburg ab 12.1941, RBD Posen 1943, weiterer Verbleib unbekannt, bei ČSD 1947 (→ 555.108); + 05.07.1971 in M. Ostrava
1506:	Trier 1943, RBD Saarbrücken noch 05.1944, DOKP Poznań/PKP 1946 (→ Ty5-30); + 04.09.1978
1514:	Lazy 1943, Peiskretscham bis 07.03.1945, RBD Schwerin 03.1945, bei PKP 1947 (→ Ty5-31); + 1978
1526:	Wittenberg (Kol. 18) 06.1946, Kowno/SZD 07.1947 (→ TZ-1526)
1527:	Wittenberg (Kol. 18) 06.1946, Przemyśl/PKP/SZD 07.1947 (→ T50 1527), 1953 an CFR (→ 150.1124)

Die Baureihe 50 – Verbleibsliste

50 1456 (Bw Düsseldorf-Derendorf) machte sich am 25. Februar 1964 im Berufsverkehr zwischen Düsseldorf und Wuppertal nützlich – damals ein ganz alltägliches Bild, hier im Bahnhof Erkrath.
Foto: Karl Hermann Hein, Sammlung Holger Kaufhold

Im Güterbahnhof von Krefeld rangiert 50 1494 im Jahre 1958. Erst 18 Jahre später wurde die Lok ausgemustert.
Foto: Franz Grifka, Sammlung Peter Melcher

Die Lokomotiven der Baureihen 50 und ihr Verbleib

Die Baureihe 50 – Verbleibsliste   50 1528 – 50 1567

Ordnungsnr., EDV-Nr.	letzte dt. Bahnverw.	letzte dt. Heimat-Bw	Z oder Umbau	+ oder Abgabe	
1528 → 051 528-8	DB	Duisburg-Wedau	Z 01.10.1972	+ 21.12.1972	
1529 → 051 529-6	DB	Duisburg-Wedau	Z 30.05.1976	+ 11.06.1976	
1530 → 051 530-4	DB	Stolberg	Z 30.01.1975	+ 16.05.1975	
1531 → 051 531-2	DB	Ulm	Z 14.03.1974	+ 09.06.1974	
1532	DB	Lichtenfels	Z 01.12.1964	+ 10.03.1965	
1533	DB	Saarbrücken Vbf	Z 27.05.1959	+ 30.09.1960	
1534	DB	Hohenbudberg	Z 01.07.1963	+ 15.10.1963	
1535	DB	Stolberg	Z 15.07.1965	+ 01.09.1965	
1536	DB	Gronau	Z 20.08.1965	+ 06.01.1966	
1537 → 051 537-9	DB	Schwandorf	Z 19.11.1970	+ 23.02.1971	
1538 → 051 538-7	DB	Osterfeld Süd	Z 06.09.1972	+ 21.12.1972	
1539 → 051 539-5	DB Rück	Osterfeld Süd	Z 23.12.1972	+ 12.04.1973	*
1540 → 051 540-3	DB	Crailsheim	Z 23.04.1976	+ 11.06.1976	
1541	DRB	(Eger)		(ČSD/BDZ)	*
1542 → 051 542-9	DB	Dillenburg	Z 01.07.1967	+ 10.07.1969	
1543 → 051 543-7	DB	Ulm	Z 18.02.1976	+ 15.03.1976	
1544 → 051 544-5	DB	Lehrte	Z 01.08.1975	+ 22.10.1975	
1545	DRB	(RBD Oppeln)		(PKP)	*
1546 → 051 546-0	DB	Neuss	Z 22.01.1975	+ 16.05.1975	
1547	DB	Husum	Z 04.06.1965	+ 06.01.1966	
1548	DRB	(Lehrte)		(SZD)	*
1549 → 051 549-4	DB	Emden	Z 14.06.1973	+ 24.08.1973	
1550 → 50 1550-8	DR	Wismar	Z 18.07.1973	+ 03.08.1973	
1551 → 051 551-0	DB	Osterfeld Süd	Z 07.01.1972	+ 18.04.1972	
1552	DB	Nördlingen	Z 13.04.1966	+ 27.09.1966	
1553	DB	Flensburg	Z 09.11.1966	+ 22.05.1967	
1554	DB	Bielefeld	Z 11.06.1965	+ 01.09.1965	
1555	DB	Dillenburg	Z 15.02.1965	+ 04.03.1966	
1556	DB	Braunschweig	Z 14.02.1967	+ 22.05.1967	
1557 → 051 557-7	DB	Duisburg-Wedau	Z 28.03.1973	+ 24.08.1973	
1558 → 051 558-5	DB	Schweinfurt	Z 26.10.1974	+ 05.12.1974	
1559 → 051 559-3	DB	Rottweil	Z 09.05.1974	+ 18.09.1974	
1560	DB	Osterfeld Süd	Z 06.06.1967	+ 14.11.1967	
1561	DB	Fulda	Z 19.01.1965	+ 01.09.1965	
1562 → 051 562-7	DB	Osterfeld Süd	Z 18.04.1969	+ 10.07.1969	
1563	DB	Düsseldorf-Derendorf	Z 09.10.1964	+ 10.03.1965	
1564	DRB	(RBD Osten)		(PKP)	*
1565 → 051 565-0	DB	Lehrte	Z 01.06.1976	+ 11.06.1976	
1566 → 051 566-8	DB	Emden	Z 15.11.1967	+ 19.09.1969	*
1567	DB	Hameln	Z 08.01.1966	+ 20.06.1966	

1539:   Hamm (Anl.) 12.1941 – 08.1942, RBD Essen noch 07.1944, bei SNCB 09.1944, bei SNCF bis 11.1944, SNCB ab 01.1945 (→ 2517, 01.1946 → 25.018), Rückgabe DB Bochum-Langendreer 06.1950
1541:   RBD Saarbrücken 12.1944, Eger 01.1945, bei ČSD 1947 (→ 555.127); 1959 an BDZ (→ 14.49); noch 2007 abg. in Kalojanowez [Bulgarien]
1545:   RBD Oppeln 09.1944, DOKP Poznań/PKP 1946 (→ Ty5-32); + 1977
1548:   Lehrte 06.1944, Przemyśl/PKP 1945, SZD 1945 (→ TZ-1548)
1564:   RBD Königsberg 1943, RBD Osten 1943, Tczew/PKP 1946 (→ Ty5-39); + 1976
1566:   Z-Stellung in Osnabrück Rbf, als Z-Lok 29.09.1968: Emden

Die Baureihe 50 – Verbleibsliste

Im Bw Lauda traf Peter Melcher am 16. Februar 1972 die in Heilbronn beheimatete 051 540 an. Die hinter der Dampflok erkennbare 236 gehörte hier damals ebenso zum alltäglichen Bild.

Mit einem Sonderzug sind am 29. Mai 1950 die beiden im Bw Wuppertal-Vohwinkel stationierten 50 1544 und 78 385 bei Wuppertal-Küllenhahn unterwegs. Foto: Sammlung Dr. D. Hörnemann

Die Baureihe 50 – Verbleibsliste   50 1568 – 50 1603

Ordnungsnr., EDV-Nr.	letzte dt. Bahnverw.	letzte dt. Heimat-Bw	Z oder Umbau	+ oder Abgabe	
1568 → 051 568-4	DB	Wt-Vohwinkel	Z 14.01.1971	+ 15.12.1971	*
1569	DB	Emden	Z 01.06.1967	+ 14.11.1967	
1570 → 051 570-0	DB	Limburg	Z 27.03.1969	+ 19.09.1969	
1571	DR Reko	Dresden-Friedrichstadt	U 12.07.1961 (→ 50 3676)		
1572	DRB	(Warschau Ost)		(PKP)	*
1573 → 051 573-4	DB	Dillenburg	Z 29.03.1968	+ 21.06.1968	
1574 → 051 574-2	DB	Dortmund Rbf	Z 11.01.1971	+ 02.06.1971	*
1575 → 051 575-9	DB	Crailsheim	Z 28.05.1975	+ 09.07.1975	
1576 → 051 576-7	DB	Hmb-Rothenburgsort	Z 01.08.1972	+ 08.11.1972	
1577	DRB	(Jädickendorf)		(SZD)	*
1578	DRB KS	Bingerbrück	Z 1945	+ 08.06.1946	
1579	DB	Kaiserslautern	Z 07.03.1965	+ 01.09.1965	*
1580 → 051 580-9	DB	Lehrte	Z 01.06.1976	+ 11.06.1976	
1581 → 051 581-7	DB	Emden	Z 01.07.1973	+ 06.03.1974	
1582 → 051 582-5	DB	Duisburg-Wedau	Z 30.05.1976	+ 11.06.1976	
1583	DB	Osterfeld Süd	Z 19.08.1965	+ 06.01.1966	
1584 → 051 584-1	DB	Crailsheim	Z 09.07.1974	+ 05.12.1974	*
1585	DB	Hohenbudberg	Z 19.03.1965	+ 03.06.1965	*
1586 → 051 586-6	DB Rück	Schweinfurt	Z 13.04.1969	+ 19.09.1969	*
1587 → 051 587-4	DB	Saarbrücken	Z 19.12.1975	+ 15.03.1976	
1588 → 051 588-2	DB	Crailsheim	Z 06.01.1975	+ 16.05.1975	
1589 → 051 589-0	DB	St. Wendel	Z 14.07.1968	+ 11.12.1968	
1590	DRB	(RBD Oppeln)		(PKP)	*
1591 → 051 591-6	DB	Gießen	Z 20.09.1967	+ 10.07.1969	
1592 → 051 592-4	DB	Gremberg	Z 28.05.1969	+ 22.09.1970	
1593	DB	Kaiserslautern	Z 16.12.1965	+ 20.06.1966	
1594	DR Reko	Dresden-Friedrichstadt	U 22.05.1959 (→ 50 3563)		
1595 → 50 1595-3	DR	Wismar	Z 28.01.1975	+ 03.12.1974	*
1596	DB	Oberlahnstein	Z 29.05.1959	+ 17.08.1961	
1597	DRB	(RBD Oppeln)		(ČSD)	*
1598	DR Reko	Dresden-Friedrichstadt	U 15.07.1961 (→ 50 3678)		
1599	DR Reko	Halberstadt	U 04.06.1959 (→ 50 3572)		
1600	DRB	(RBD Danzig)		(ČSD/BDZ)	*
1601	DB	Wanne-Eickel	Z 12.11.1964	+ 01.09.1965	
1602 → 051 602-1	DB	Mayen	Z 18.10.1972	+ 06.03.1974	
1603 → 051 603-9	DB	Lehrte	Z 25.04.1974	+ 18.09.1974	

1568:   Vorherige Z-Stellung: 08.03.1970 – 13.09.1970
1572:   Warschau Ost 08.1944, DOKP Wrocław/PKP 1946, DOKP Poznań/PKP 1946 (→ Ty5-40); + 30.09.1949
1574:   Vorherige Z-Stellung: 07.04.1969 – 15.08.1970
1577:   Stettin 1943, Jädickendorf 12.03.1944 – 09.1945, SZD 1946 (→ TZ-1577); Rahmen, Zylinder und Radsätze 1955 an TE-3887
        (ex 52 3887)
1579:   Z-Stellung in Landau, als Z-Lok 18.08.1965: Kaiserslautern

1584:   Lok war ab 10.1974 Heizlok im Bw Augsburg
1585:   Köln-Eifeltor bis 18.03.1965, als Z-Lok: Hohenbudberg
1586:   Neuss 1944, NS ab 10.1944 (→ 4801, 06.1945 → 4901), Rückgabe DB 03.10.1947 (Übergabe in Gronau), Hamm
        13.10.1947 – 25.05.1948, L4 bei Tubize [Belgien] 21.06.1948 – 20.10.1948
1590:   Tarnowitz 03.1943, RBD Oppeln noch 05.1944, bei PKP 1947 (→ Ty5-33); + 1979; noch 1990 Heizlok bei Konservenfabrik
        Iglopol, Środa Wlkp. [Polen]; weiterer Verbleib unbekannt, vmtl. verschrottet
1595:   Ausmusterung vor Z-Stellung
1597:   Kattowitz 04.1942, RBD Oppeln noch 05.1944, bei ČSD 1947 (→ 555.124); + 04.03.1971 in M. Ostrava
1600:   RBD Danzig 1943, bei ČSD 1947 (→ 555.111); 1959 an BDZ (→ 14.37)

Die Baureihe 50 – Verbleibsliste

Am 3. Mai 1978 war die 50 1608 vom Bw Reichenbach in Saalfeld zu Gast. Anlaß dafür war ein Rekrutentransport für die nationale Volksarmee – für Fotografen damals eigentlich ein absolutes Tabu.
Foto: Günter Krall

Bis zur Elektrifizierung der Güterstrecke Witten – Hagen bestimmte die Dampflok auch hier das Bild. Am 12. Mai 1964 begegnet uns die 50 1610 hier bei Oberwengern.
Foto: Karl Hermann Hein, Sammlung Holger Kaufhold

Die Lokomotiven der Baureihen 50 und ihr Verbleib

Die Baureihe 50 – Verbleibsliste   500 1604 – 50 1643

Ordnungsnr.	EDV-Nr.	letzte dt. Bahnverw.	letzte dt. Heimat-Bw	Z oder Umbau	+ oder Abgabe	
1604 →	051 604-7	DB	Hohenbudberg	Z 01.02.1973	+ 12.04.1973	
1605		DB	Flensburg	Z 29.09.1965	+ 06.01.1966	
1606		DR Reko	Elsterwerda	U 09.08.1958 (→ 50 3534)		
1607 →	051 607-0	DB	Uelzen	Z 02.12.1969	+ 22.09.1970	
1608 →	50 1608-4	DR	Reichenbach	Z 24.07.1978	+ 22.02.1979	
1609 →	051 609-6	DB	Saarbrücken	Z 28.08.1975	+ 22.10.1975	
1610		DB	Hagen Gbf	Z 24.09.1966	+ 22.11.1966	
1611 →	051 611-2	DB	Gremberg	Z 01.11.1974	+ 05.12.1974	*
1612		DRB	(RBD Frankfurt)		(PKP)	*
1613		DRB	Minden		+ 20.09.1948	*
1614		DR Reko	Brandenburg	U 16.10.1961 (→ 50 3693)		
1615		DB	Düsseldorf-Derendorf	Z 06.12.1966	+ 24.02.1967	
1616		DRB	(RBD Dresden)		(ČSD/BDZ)	*
1617 →	051 617-9	DB	Osterfeld Süd	Z 22.05.1973	+ 24.08.1973	
1618 →	051 618-7	DB	Kirchenlaibach	Z 06.02.1973	+ 12.04.1973	
1619 →	051 619-5	DB	Schweinfurt	Z 28.05.1975	+ 22.10.1975	
1620 →	051 620-3	DB	Rottweil	Z 07.03.1974	+ 09.06.1974	
1621		DB	Duisburg-Ruhrort Hafen	Z 05.06.1959	+ 30.05.1961	
1622		DR Reko	Oebisfelde	U 14.06.1960 (→ 50 3611)		
1623		DB	Oberlahnstein	Z 29.06.1959	+ 17.08.1961	
1624		DR	Halberstadt	Z 17.06.1958	+ 19.08.1961	
1625 →	051 625-2	DB	Lehrte	Z 01.06.1976	+ 11.06.1976	
1626		DR Reko	Oebisfelde	U 23.11.1960 (→ 50 3637)		
1627		DR Reko	Brandenburg	U 21.11.1961 (→ 50 3698)		
1628 →	051 628-6	DB	Hof	Z 28.04.1974	+ 18.09.1974	
1629		DR Reko	Köthen	U 11.02.1957 (→ 50 3512)		
1630 →	051 630-2	DB	Ulm	Z 15.08.1975	+ 22.10.1975	
1631		DB	Hamm	Z 09.10.1966	+ 22.11.1966	
1632		DB	Münster	Z 14.05.1966	+ 27.09.1966	
1633 →	051 633-6	DB	Saarbrücken	Z 31.05.1976	+ 11.06.1976	
1634		DB	Frankfurt/Main 2	Z 15.12.1959	+ 12.11.1962	
1635		DB	Wanne-Eickel	Z 09.07.1965	+ 06.01.1966	
1636 →	051 636-9	DB	Kaiserslautern	Z 29.08.1967	+ 10.07.1969	
1637 →	50 1637-3	DR	Wismar	Z 18.06.1973	+ 18.06.1973	
1638 →	051 638-5	DB	Ulm	Z 05.05.1973	+ 24.08.1973	
1639 →	051 639-3	DB	Limburg	Z 17.07.1968	+ 11.12.1968	
1640 →	051 640-1	DB	Duisburg-Wedau	Z 28.12.1972	+ 12.04.1973	
1641		DRB	(RBD Oppeln)		(PKP)	*
1642		DB	Hmb-Harburg	Z 20.01.1967	+ 22.05.1967	
1643		DB	Hmb-Rothenburgsort	Z 23.06.1967	+ 14.11.1967	

1611: Saarbrücken bis 30.10.1974, als Z-Lok: Gremberg
1612: RBD Halle 1943, RBD Frankfurt 1943, DOKP Gdańsk/PKP 1946 (→ Ty5-41); + 1973
1613: Osterfeld Süd 06.1944, NS ab 05.1945 (→ 4902), Rückgabe DB 15.08.1947 (Übergabe in Gronau). Nach Demontage wurden Reste der Lok am 02.10.1947 von NS an Bw Minden geschickt und anschließend im AW Hannover abgewrackt.
1616: Königsberg Hbf 1943, RBD Osten 1943, RBD Dresden 1945, bei ČSD 1945 (→ 555.112); 1959 an BDZ (→ 14.38)
1641: Tarnowitz 1943, RBD Oppeln noch 1944, Częstochowa/PKP 1946 (→ Ty5-42); + 1978; noch 1990 Heizlok bei Konservenfabrik Iglopol, Środa Wlkp. [Polen]; weiterer Verbleib unbekannt, vmtl. verschrottet

Ordnungsnr., EDV-Nr.	letzte dt. Bahnverw.	letzte dt. Heimat-Bw	Z oder Umbau	+ oder Abgabe	
1644	DRB	(Wittenberg)		(SZD/CFR)	*
1645 → 051 645-0	DB	Dillenburg	Z 20.11.1967	+ 12.03.1968	
1646	DB	Saarbrücken Vbf	Z 05.10.1960	+ 10.03.1965	
1647	DB	Dillenburg	Z 03.04.1964	+ 10.03.1965	
1648	DB	Saarbrücken	Z 28.06.1965	+ 04.03.1966	
1649 → 051 649-2	DB	Lehrte	Z 13.08.1974	+ 05.12.1974	
1650 → 051 650-0	DB	Crailsheim	Z 23.04.1976	+ 11.06.1976	*
1651	DB MV	Stolberg	U 01.1959 (→ DB 50 4027)		
1652 → 051 652-6	DB	Osterfeld Süd	Z 28.09.1967	+ 10.07.1969	
1653	DB	Ehrang	Z 22.07.1964	+ 10.03.1965	
1654 → 051 654-2	DB	Duisburg-Wedau	Z 18.12.1976	+ 22.12.1976	
1655	DB	Lehrte	Z 31.03.1966	+ 27.09.1966	
1656	DB	Düsseldorf-Derendorf	Z 09.11.1966	+ 24.02.1967	
1657 → 051 657-5	DB	Osterfeld Süd	Z 18.08.1972	+ 08.11.1972	
1658	DB	Emden	Z 01.12.1966	+ 24.02.1967	
1659 → 051 659-1	DB	Hohenbudberg	Z 16.09.1967	+ 10.07.1969	
1660 → 50 1660-5	DR	Güstrow	Z 10.04.1975	+ 31.03.1975	*
1661	DB	Hmb-Harburg	Z 30.01.1967	+ 22.05.1967	
1662 → 051 662-5	DB	Emden	Z 04.10.1968	+ 03.03.1969	
1663 → 051 663-3	DB	Dortmund Rbf	Z 06.08.1968	+ 11.12.1968	
1664 → 051 664-1	DB	Nürnberg Rbf	Z 14.09.1967	+ 12.03.1968	
1665 → 051 665-8	DB	Neuss	Z 06.10.1967	+ 19.09.1969	
1666	DRB	(Kattowitz)			*
1667 → 051 667-4	DB	Crailsheim	Z 19.07.1968	+ 11.12.1968	
1668	DB	Frankfurt/Main 2	Z 01.02.1967	+ 22.05.1967	
1669	DRB	(RBD Villach)		(BDZ)	*
1670 → 051 670-8	DB	Kassel	Z 14.08.1967	+ 12.03.1968	
1671 → 051 671-6	DB	Lehrte	Z 14.11.1974	+ 05.12.1974	
1672	DR Rück/Reko	Görlitz	U 27.11.1958 (→ 50 3547)		*
1673	DB	Fulda	Z 29.11.1964	+ 10.03.1965	
1674	DB	Osnabrück Rbf	Z 08.03.1967	+ 05.07.1967	*
1675	DB	Osterfeld Süd	Z 30.03.1965	+ 01.09.1965	
1676 → 051 676-5	DB	Saarbrücken	Z 15.02.1972	+ 18.04.1972	
1677 → 051 677-3	DB	Aschaffenburg	Z 15.10.1972	+ 18.09.1974	
1678	DRB	(Eger)		(ČSD/BDZ)	*
1679 → 051 679-9	DB	Saarbrücken	Z 13.12.1974	+ 05.12.1974	*
1680	DB Rück	Dortmund Rbf	Z 02.12.1964	+ 01.09.1965	*
1681 → 051 681-5	DB	Rottweil	Z 18.09.1974	+ 05.12.1974	

1644: Wittenberg (Kol. 18) 03.1946, Gomel/SZD 03.1946 (→ TZ-1644), an CFR 1963 (→ 150.1132)
1650: 09.1976 – 12.1976 Heizlok Bw Friedrichshafen; ab 1978 Denkmal am Bf. Aulendorf (Eigentum der DB)
1660: Ausmusterung vor Z-Stellung
1666: Knittelfeld 1942, an Bw Kattowitz 21.08.1942, weiterer Verbleib unbekannt, vmtl. Kriegsverlust
1669: 16.09.1943 an BDZ (→ 14.30)
1672: DR 1945 (buchmäßig laut SMA: Przemyśl/PKP/SZD 08.1945 (→ T50 1672), Rückgabe DR 1953); nachgewiesen bei DR: Gerstungen 07.1946, Erfurt G 09.1946 – 16.03.1947, Berlin-Schöneweide (Kol. 5) 30.04.1947 – 03.12.1947, Berlin-Lichtenberg (Kol. 4) 12.12.1947 – 08.04.1949, Berlin-Pankow (Kol. 3) 01.06.1949 – 31.07.1952, Frankfurt/Oder Vbf 28.08.1952 – 24.07.1954
1674: Als Z-Lok 08.03.1967: Münster, als Z-Lok 28.05.1967: Osnabrück Rbf
1678: Nürnberg Hbf bis 24.12.1944, Eger ab 25.12.1944, ČSD 1945 (→ 555.125); 1959 an BDZ (→ 14.47)
1679: Ausmusterung gemäß HVB-Verfügung vor Z-Stellung
1680: RBD Münster 11.1944, NS ab 05.1945 (→ 4903), Rückgabe DB 03.10.1947 (Übergabe in Gronau), Oberhausen Hbf (vmtl. nur buchmäßig) 14.07.1947 – 18.10.1947, Hamm ab 19.10.1947

Die Lokomotiven der Baureihen 50 und ihr Verbleib

Die Baureihe 50 – Verbleibsliste

50 1654, die erst im Dezember 1976 als eine der letzten DB-50er ausgemustert werden sollte, zog im Juli 1967 einen Güterzug durch den Hauptbahnhof von Oldenburg/Oldb., der seither sein Aussehen stark verändert hat.
Foto: Karl Hermann Hein, Sammlung Holger Kaufhold

Die ÜK 50 1680 war kurzzeitig bei den Niederländischen Staatsbahnen in Betrieb, sie fuhr dort mit der Nummernbezeichnung »4903«. Im Oktober 1947 erfolgte die Übergabe an die DR-West in Gronau.
Foto: Sammlung Dr. D. Hörnemann

Die schweren Ganzzüge nach Salzgitter forderten den Lehrter Loks der Baureihe 50 stets viel ab. Nach einer Überholung im Bahnhof Hämelerwald setzt sich 051 724 am 23. April 1976 wieder in Bewegung.
Foto: Werner Brutzer

Mit einem Personenzug wartet 50 1646 des Bw Saarbrücken Vbf im Saarbrücker Hauptbahnhof am 18. Juli 1959 auf Ausfahrt.
Foto: Peter Konzelmann, Sammlung Rippin

Die Baureihe 50 – Verbleibsliste   50 1682 – 50 1721

Ordnungsnr., EDV-Nr.	letzte dt. Bahnverw.	letzte dt. Heimat-Bw	Z oder Umbau	+ oder Abgabe	
1682 → 051 682-3	DB	Dillingen	Z 14.01.1971	+ 15.12.1971	*
1683	DB	Köln-Eifeltor	Z 18.04.1963	+ 15.10.1963	
1684 → 051 684-9	DB	Mannheim	Z 20.01.1969	+ 10.07.1969	
1685	DB	Regensburg	Z 13.05.1965	+ 01.09.1965	
1686	DB	München Ost	Z 01.04.1965	+ 04.03.1966	
1687	DB	Hmb-Harburg	Z 29.08.1951	+ 27.12.1951	*
1688	DB	Tübingen	Z 25.06.1966	+ 27.09.1966	
1689 → 051 689-8	DB Rück	Kaiserslautern	Z 20.05.1975	+ 09.07.1975	*
1690 → 051 690-6	DB	Hamm	Z 23.10.1974	+ 05.12.1974	
1691 → 051 691-4	DB	Braunschweig	Z 15.03.1968	+ 22.09.1970	
1692	DB	Lehrte	Z 17.01.1967	+ 22.05.1967	
1693	DB	Wt-Vohwinkel	Z 22.02.1967	+ 22.05.1967	
1694 → 051 694-8	DB	Gremberg	Z 16.01.1974	+ 09.06.1974	
1695	DB	Aachen West	Z 09.06.1965	+ 01.09.1965	
1696 → 051 696-3	DB	Duisburg-Wedau	Z 09.06.1976	+ 28.09.1976	
1697 → 051 697-1	DB	Lehrte	Z 12.06.1975	+ 25.07.1975	
1698 → 051 698-9	DB	Wanne-Eickel	Z 24.07.1967	+ 10.07.1969	
1699 → 051 699-7	DB	Duisburg-Wedau	Z 22.08.1975	+ 22.10.1975	
1700	DR Reko	Schwerin	U 07.1961 (→ 50 3675)		
1701	DRB	(Helmstedt)		(PKP)	*
1702 → 051 702-9	DB	Duisburg-Wedau	Z 18.09.1976	+ 28.09.1976	
1703 → 051 703-7	DB	Braunschweig	Z 01.04.1971	+ 15.12.1971	*
1704 → 051 704-5	DB	Osterfeld Süd	Z 04.10.1968	+ 11.12.1968	
1705	DB	Oldenburg Rbf	Z 03.01.1967	+ 24.02.1967	
1706	DR Reko	Werdau	U 26.03.1958 (→ 50 3523)		
1707	DB	Kaiserslautern	Z 22.07.1965	+ 01.09.1965	
1708 → 051 708-6	DB	Neuss	Z 28.02.1974	+ 09.06.1974	
1709 → 051 709-4	DB	Osterfeld Süd	Z 05.01.1973	+ 12.04.1973	
1710 → 051 710-2	DB	Neuss	Z 26.07.1972	+ 08.11.1972	
1711 → 051 711-0	DB	Ehrang	Z 26.06.1967	+ 02.10.1968	
1712	DB	Bochum-Dahlhausen	Z 08.09.1965	+ 06.01.1966	
1713 → 051 713-6	DB	Stolberg	Z 19.02.1970	+ 02.06.1971	
1714 → 051 714-4	DB	Kaiserslautern	Z 19.04.1968	+ 27.11.1970	
1715	DB	Ehrang	Z 25.11.1963	+ 10.03.1965	
1716	DRB	(Eger)		(SZD)	*
1717	DRB	(Ludwigshafen)		(PKP)	*
1718	DB	Homburg/Saar	Z 14.02.1966	+ 20.06.1966	
1719	DB	Kaiserslautern	Z 08.01.1967	+ 22.05.1967	
1720 → 051 720-1	DB	Aachen West	Z 14.03.1968	+ 21.06.1968	
1721	DB	Uelzen	Z 24.12.1966	+ 22.05.1967	

1682:   Vorherige Z-Stellung: 05.05.1970 – 30.06.1970
1687:   Kesselzerknall am 28.08.1951 zwischen Königsmoor und Tostedt
1689:   CFR-Mietlok der RBD Nürnberg (Bw Nürnberg Rbf) ab 07.01.1943, Urziceni/CFR 05.1944, bei MAV 1945 – Rückgabe DB
        16.05.1952, vmtl. AW-Aufenthalt, Bingerbrück ab 07.1953
1701:   Helmstedt 10.1944, bei PKP 1947 (→ Ty5-34); + 1978
1703:   Vorherige Z-Stellung: 14.12.1968 – 29.05.1969 in Braunschweig; 01.07.1969 – 20.12.1970 in Wanne-Eickel; Z-Stellung
        (buchmäßig) in Ulm, als Z-Lok 30.04.1971: Braunschweig
1716:   RBD Posen 1942, Eger 01.1943, weiterer Verbleib unbekannt, Kowno/SZD 1945 (→ TZ-1716)
1717:   CFR-Mietlok der RBD Mainz (Bw Worms) ab 03.01.1943, Ludwigshafen 1944, DOKP Poznań/PKP 1946 (→ Ty5-35);
        + 1978

50 1722 – 50 1761 Die Baureihe 50 – Verbleibsliste

Ordnungsnr., EDV-Nr.	letzte dt. Bahnverw.	letzte dt. Heimat-Bw	Z oder Umbau	+ oder Abgabe	
1722 → 051 722-7	DB	Nürnberg Rbf	Z 30.10.1970	+ 27.11.1970	
1723 → 051 723-5	DB	Osterfeld Süd	Z 22.04.1969	+ 23.02.1971	
1724 → 051 724-3	DB	Duisburg-Wedau	Z 21.02.1977	+ 21.02.1977	*
1725 → 051 725-0	DB	Weiden	Z 05.11.1975	+ 22.12.1975	
1726	DB	Gießen	Z 14.07.1962	+ 12.11.1962	
1727 → 051 727-6	DB	Heilbronn	Z 24.07.1971	+ 15.12.1971	
1728	DR Reko	Oebisfelde	U 11.07.1959 (→ 50 3568)		
1729 → 051 729-2	DB Rück	Stolberg	Z 14.04.1975	+ 09.07.1975	*
1730	DB	Bestwig	Z 24.03.1964	+ 01.09.1965	
1731 → 051 731-8	DB	Duisburg-Wedau	Z 27.05.1972	+ 15.08.1972	
1732 → 051 732-6	DB	Schwandorf	Z 14.01.1971	+ 15.12.1971	*
1733	DB	Crailsheim	Z 21.10.1965	+ 04.03.1966	
1734 → 051 734-2	DB	Uelzen	Z 24.11.1974	+ 05.12.1974	
1735 → 051 735-9	DB	Wanne-Eickel	Z 02.09.1972	+ 21.12.1972	
1736 → 051 736-7	DB	Tübingen	Z 14.01.1971	+ 02.06.1971	*
1737 → 051 737-5	DB	Duisburg-Wedau	Z 14.11.1975	+ 22.12.1975	
1738 → 051 738-3	DB	Saarbrücken	Z 01.08.1973	+ 24.08.1973	
1739	DB	Osterfeld Süd	Z 19.08.1964	+ 10.03.1965	
1740	DB	Hmb-Harburg	Z 23.01.1967	+ 22.05.1967	
1741 → 051 741-7	DB	Ulm	Z 28.10.1974	+ 05.12.1974	
1742	DB	Frankfurt/Main 2	Z 15.03.1965	+ 01.09.1965	
1743	DB	Dortmund Rbf	Z 23.03.1962	+ 18.06.1962	
1744	DB	Duisburg-Ruhrort Hafen	Z 17.04.1964	+ 10.03.1965	
1745 → 051 745-8	DB	Duisburg-Wedau	Z 01.10.1976	+ 22.12.1976	
1746 → 051 746-6	DB	Flensburg	Z 21.06.1967	+ 03.03.1969	
1747 → 051 747-4	DB	Wanne-Eickel	Z 01.05.1968	+ 02.10.1968	
1748	DB	Hmb-Rothenburgsort	Z 17.01.1967	+ 22.05.1967	
1749 → 051 749-0	DB	Duisburg-Wedau	Z 05.01.1972	+ 18.04.1972	
1750 → 051 750-8	DB	Heilbronn	Z 09.08.1972	+ 08.11.1972	
1751 → 051 751-6	DB	Duisburg-Wedau	Z 25.10.1973	+ 06.03.1974	
1752	DRB	RBD Stuttgart	Z 08.1945	+ 18.03.1946	*
1753 → 051 753-2	DB	Nürnberg Rbf	Z 01.07.1968	+ 02.10.1968	
1754	DRB	(RBD Breslau)		(CFR)	*
1755 → 051 755-7	DB	Köln-Eifeltor	Z 05.01.1973	+ 12.04.1973	
1756	DRB	(RBD Breslau)		(ČSD/BDZ)	*
1757	DB	Hmb-Rothenburgsort	Z 23.07.1965	+ 06.01.1966	
1758 → 051 758-1	DB	Emden	Z 22.02.1974	+ 09.06.1974	
1759	DR Reko	Schwerin	U 04.01.1961 (→ 50 3644)		
1760 → 051 760-7	DB	Ulm	Z 15.09.1975	+ 22.10.1975	
1761 → 051 761-5	DB	Duisburg-Wedau	Z 01.10.1976	+ 22.12.1976	

1724:	1979 an Eisenbahn-Amateur-Klub Jülich; ab 1998 abg. in Linz/Rhein; 07.2004 als Leihgabe an Eisenbahnfreunde Betzdorf (abg. Bw Siegen)
1729:	Duisburg-Wedau (Anl.) 12.1941 – 07.1944, SNCB ab 11.1945 (→ 2523), Rückgabe DRB Anfang 1946 in Düren
1732:	Vorherige Z-Stellung: 08.02.1970 – 30.06.1970
1736:	Vorherige Z-Stellung: 24.03.1970 – 09.07.1970
1752:	Zuletzt gemeldet bei Bw Neu Ulm 09.04.1945, Feuerbüchse ausgeglüht 08.1945 und bei RBD Augsburg abg.; Ausmusterung jedoch laut HVE bei RBD Stuttgart
1754:	CFR-Mietlok der RBD Essen (Bw Dortmund Vbf) ab 11.1943 bzw. RBD Breslau ab 03.1944, bei CFR ab 06.1944 vermißt, evtl. noch CFR/R 1945. Im CFR-Bestand ab 09.1946 als Aufbaulok enthalten (→ 150.1109?)
1756:	RBD Breslau 12.1941 – 1943, bei ČSD 1947 (→ 555.107); 1959 an BDZ (→ 14.35); erst um 2000 verschrottet in Karlowo [Bulgarien]

Die Lokomotiven der Baureihen 50 und ihr Verbleib

Die Baureihe 50 – Verbleibsliste   50 1762 – 50 1801

Ordnungsnr., EDV-Nr.	letzte dt. Bahnverw.	letzte dt. Heimat-Bw	Z oder Umbau	+ oder Abgabe	
1762 → 051 762-3	DB	Mayen	Z 12.06.1968	+ 02.10.1968	
1763 → 051 763-1	DB	Emden	Z 11.05.1967	+ 11.12.1968	*
1764 → 051 764-9	DB	Augsburg	Z 14.01.1971	+ 15.12.1971	*
1765	DB	Bremen Rbf	Z 18.01.1963	+ 28.05.1963	
1766	DB	Osnabrück Rbf	Z 08.03.1967	+ 05.07.1967	*
1767	DB	Rottweil	Z 20.01.1967	+ 05.07.1967	
1768	DR Reko	Magdeburg-Rothensee	U 16.05.1960 (→ 50 3610)		
1769	DB	Osnabrück Rbf	Z 12.05.1965	+ 01.09.1965	
1770 → 051 770-6	DB	Emden	Z 05.10.1968	+ 03.03.1969	
1771 → 051 771-4	DB	Ulm	Z 01.12.1975	+ 15.03.1976	
1772 → 051 772-2	DB	Schweinfurt	Z 12.05.1969	+ 19.09.1969	
1773 → 051 773-0	DB	Osterfeld Süd	Z 24.04.1975	+ 27.06.1975	
1774 → 051 774-8	DB Rück	Wanne-Eickel	Z 09.02.1968	+ 21.06.1968	*
1775 → 051 775-5	DB	Uelzen	Z 24.10.1972	+ 21.12.1972	
1776	DB	Osnabrück Rbf	Z 29.12.1965	+ 20.06.1966	
1777	DB	Oldenburg Rbf	Z 06.11.1964	+ 10.03.1965	
1778 → 051 778-9	DB	Saarbrücken	Z 19.12.1975	+ 15.03.1976	
1779 → 051 779-7	DB	Osterfeld Süd	Z 26.02.1975	+ 16.05.1975	
1780 → 50 1780-1	DR	Wittenberge	Z 18.01.1973	+ 29.12.1972	*
1781	DB MV	Kirn	U 18.01.1959 (→ DB 50 4031)		
1782	DR Reko	Stendal	U 1959 (→ 50 3562)		
1783 → 051 783-9	DB	Osterfeld Süd	Z 13.11.1973	+ 06.03.1974	
1784 → 051 784-7	DB	Lehrte	Z 10.04.1974	+ 18.09.1974	
1785	DRB	(Wittenberg)	(SZD)		*
1786	DRB	Helmstedt		+ 17.02.1948	
1787	DB	Dortmund Rbf	Z 24.02.1965	+ 01.09.1965	
1788 → 051 788-8	DB	Stolberg	Z 15.08.1975	+ 22.10.1975	
1789 → 051 789-6	DB	Duisburg-Wedau	Z 13.11.1975	+ 22.12.1975	
1790 → 051 790-4	DB	Schweinfurt	Z 21.09.1968	+ 11.12.1968	
1791 → 051 791-2	DB	Stolberg	Z 25.02.1975	+ 16.05.1975	
1792	DB	Mühldorf	Z 01.04.1965	+ 04.03.1966	
1793 → 051 793-8	DB	Osterfeld Süd	Z 11.09.1967	+ 12.03.1968	
1794	DRB	(Lehrte)	(PKP)		*
1795 → 051 795-3	DB	Crailsheim	Z 02.06.1976	+ 11.06.1976	
1796	DB	Frankfurt/Main 2	Z 28.10.1966	+ 24.02.1967	
1797 → 051 797-9	DB	Kirchenlaibach	Z 26.01.1973	+ 12.04.1973	
1798 → 051 798-7	DB	Wt-Vohwinkel	Z 30.05.1972	+ 15.08.1972	
1799	DB	Stolberg	Z 14.12.1964	+ 10.03.1965	
1800	DB	Emden	Z 06.10.1966	+ 24.02.1967	
1801	DB	Regensburg	Z 06.1959	+ 12.11.1962	

1763:	Z-Stellung in Münster, als Z-Lok 28.05.1967: Emden; noch 1973 abg. Bf. St. Arnold
1764:	Vorherige Z-Stellung: 19.03.1970 – 31.08.1970
1766:	Z-Stellung in Münster, als Z-Lok 28.05.1967: Osnabrück Rbf
1774:	RBD Schwerin 1943 – 07.1944, SNCB ab 10.1944 (→ 2518, 01.1946 → 25.019), Rückgabe DB 06.1950, vmtl. AW-Aufenthalt, Düsseldorf-Derendorf ab 07.1951
1780:	Ausmusterung vor Z-Stellung
1785:	Wittenberg (Kol. 18) 02.1946, Kowno/SZD 03.1946 (→ TZ-1785); 1959 vk. an Kupfermine Kirowgrad [UdSSR]
1794:	RBD Halle 1943, Lehrte 08.1944, Tczew/PKP 1946 (→ Ty5-36); + 1977

Die Baureihe 50 – Verbleibsliste

Die Strecke Oldenburg – Osnabrück/Rheine diente lange Zeit auch dem überregionalen Güterverkehr, natürlich auch mit der Baureihe 50. Am 17. Juli 1964 zieht 50 1777 bei Essen/Oldb. Einen solchen Zug durch die typische Landschaft Südoldenburgs. Foto: Karl Hermann Hein, Sammlung Holger Kaufhold

Beeindruckendes Schauspiel: Gemeinsam ziehen 051 795 (Bw Crailsheim) und 052 988 am 16. Juli 1975 einen schweren Güterzug durch den Bahnhof Lauda. Foto: Dietmar Brämert

Die Lokomotiven der Baureihen 50 und ihr Verbleib

Die Baureihe 50 – Verbleibsliste   50 1802 – 50 1841

Ordnungsnr.	, EDV-Nr.	letzte dt. Bahnverw.	letzte dt. Heimat-Bw	Z oder Umbau	+ oder Abgabe	
1802		DB	Limburg	Z 23.11.1964	+ 10.03.1965	
1803		DB	Münster	Z 11.03.1964	+ 30.11.1964	
1804	→ 051 804-3	DB	Weiden	Z 23.06.1972	+ 08.11.1972	
1805		DRB			(ÖStB/ÖBB)	*
1806	→ 051 806-8	DB	Lehrte	Z 26.10.1973	+ 06.03.1974	
1807		DB	Münster	Z 25.05.1966	+ 27.09.1966	
1808	→ 051 808-4	DB	Hamm	Z 21.11.1974	+ 05.12.1974	
1809	→ 051 809-2	DB	Dillingen	Z 27.10.1972	+ 21.12.1972	
1810		DB	Dortmund Rbf	Z 05.12.1962	+ 15.10.1963	
1811		DRB	(Lehrte)		(SZD/PKP)	*
1812		DR Reko	(Halberstadt)	U 1958 (→ 50 3526)		*
1813	→ 051 813-4	DB	Emden	Z 29.06.1971	+ 09.09.1971	
1814	→ 051 814-2	DB	Lehrte	Z 18.12.1975	+ 15.03.1976	
1815	→ 50 1815-5	DR	Dresden	Z 05.10.1979	+ 23.10.1979	
1816	→ 051 816-7	DB	Lehrte	Z 01.06.1976	+ 11.06.1976	
1817		DB	Bamberg	Z 10.07.1959	+ 05.01.1962	
1818	→ 051 818-3	DB	Kassel	Z 26.04.1972	+ 15.08.1972	
1819	→ 051 819-1	DB	Lehrte	Z 26.04.1972	+ 15.08.1972	*
1820		DB	Wanne-Eickel	Z 28.07.1964	+ 01.09.1965	
1821		DB	Kassel	Z 04.08.1964	+ 01.09.1965	
1822		DRB	(RBD Breslau)		(ČSD)	*
1823		DRB	(Kamenz/Schlesien)		(CFR)	*
1824		DB	Regensburg	Z 30.09.1965	+ 04.03.1966	
1825		DB	Lehrte	Z 21.12.1964	+ 10.03.1965	
1826		DB	Bochum-Dahlhausen	Z 19.06.1964	+ 01.09.1965	
1827	→ 051 827-4	DB	Kaiserslautern	Z 20.06.1973	+ 24.08.1973	
1828		DR Reko	Oebisfelde	U 11.03.1960 (→ 50 3595)		
1829	→ 051 829-0	DB	Lehrte	Z 25.09.1968	+ 11.12.1968	
1830	→ 051 830-8	DB	Dortmund Rbf	Z 24.10.1968	+ 03.03.1969	
1831		DR Reko	Hagenow Land	U 26.01.1961 (→ 50 3646)		
1832	→ 051 832-4	DB	Saarbrücken	Z 31.05.1976	+ 11.06.1976	*
1833		DB	Uelzen	Z 10.03.1966	+ 27.09.1966	
1834	→ 051 834-0	DB	Saarbrücken	Z 16.06.1975	+ 25.07.1975	
1835		DB	Köln-Eifeltor	Z 02.12.1963	+ 01.07.1964	
1836		DRB	(Rybnik)		(ČSD)	*
1837		DB	Bremen Vbf	Z 19.08.1960	+ 29.05.1961	
1838		DB	Regensburg	Z 06.1959	+ 12.11.1962	
1839		DR Reko	Halberstadt	U 05.08.1958 (→ 50 3583)		
1840		DB	Wt-Vohwinkel	Z 16.10.1966	+ 22.11.1966	
1841	→ 051 841-5	DB	Duisburg-Wedau	Z 21.08.1974	+ 05.12.1974	

1805:   1945 an ÖStB/ ÖBB (→ 50.1805); + 06.08.1972 in Linz/Donau und vk. als Ersatzteilspender für 50.685 und 50.1171 an Graz-Köflacher Bahn

1811:   Lehrte 08.1944, Chojnice/PKP 09.1945, Przemyśl/PKP/SZD 1945 (→ TE-1811), DOKP Poznań/PKP 1946; bei SZD erst 1951 richtig umgezeichnet (→ TZ-1811); offiziell 1953 an PKP (→ Ty5-37); + 1976

1812:   Halberstadt 12.1950

1819:   Z-Stellung in Hameln, als Z-Lok 01.06.1972: Lehrte

1822:   Uelzen (Anl.) 07.1941, RBD Breslau 1942, weiterer Verbleib unbekannt, bei ČSD 1947 (→ 555.106); + 08.01.1970 in M. Ostrava

1823:   CFR-Mietlok der RBD Breslau (Bw Kamenz/Schlesien) ab 06.01.1943, in Bukarest am 04.04.1944 durch Fliegerangriff schwer beschädigt, (zur Rückgabe an DRB vorgesehen), weiterer Verbleib unbekannt, vmtl. Kriegsverlust

1832:   1976/77 an privat (zunächst abg. Bw St. Wendel; jetzt Dampflokmuseum Hermeskeil)

1836:   RBD Oppeln 1943, Rybnik 06.1944, bei ČSD 1947 (→ 555.109); + 26.04.1968 in České Budějovice

Ordnungsnr., EDV-Nr.	letzte dt. Bahnverw.	letzte dt. Heimat-Bw	Z oder Umbau	+ oder Abgabe	
1842	DB	Hmb-Harburg	Z 06.02.1958	+ 30.09.1960	
1843	DRB	Mainz Hbf	Z 1945	+ 08.06.1946	*
1844 → 051 844-9	DB	Husum	Z 04.11.1966	+ 02.10.1968	
1845	DB	Helmstedt	Z 23.07.1964	+ 10.03.1965	
1846	DB	Neumünster	Z 24.08.1958	+ 30.09.1960	
1847 → 051 847-2	DB	Duisburg-Wedau	Z 31.12.1972	+ 12.04.1973	
1848 → 051 848-0	DB	Dillenburg	Z 31.08.1967	+ 12.03.1968	
1849 → 051 849-8	DB	Flensburg	Z 06.09.1967	+ 12.03.1968	
1850 → 051 850-6	DB	Hameln	Z 10.06.1968	+ 02.10.1968	
1851 → 50 1851-0	DR	Dresden	Z 20.02.1977	+ 24.03.1977	
1852	DB	Homburg/Saar	Z 10.04.1966	+ 19.08.1966	
1853 → 051 853-0	DB	Duisburg-Wedau	Z 13.06.1971	+ 09.09.1971	
1854	DB	Gießen	Z 17.01.1966	+ 20.06.1966	
1855 → 051 855-5	DB	Betzdorf	Z 11.07.1968	+ 11.12.1968	
1856	DB	Stolberg	Z 10.08.1966	+ 22.11.1966	
1857 → 051 857-1	DB	Duisburg-Wedau	Z 26.11.1974	+ 05.12.1974	
1858 → 051 858-9	DB	Mannheim	Z 28.04.1972	+ 15.08.1972	
1859 → 051 859-7	DB	Osterfeld Süd	Z 22.05.1975	+ 27.06.1975	
1860	DB	Gsk-Bismarck	Z 23.01.1965	+ 01.09.1965	
1861 → 051 861-3	DB	Duisburg-Wedau	Z 18.07.1975	+ 21.08.1975	
1862 → 051 862-1	DB	Duisburg-Wedau	Z 01.07.1968	+ 02.10.1968	
1863	DB	Hohenbudberg	Z 21.03.1966	+ 19.08.1966	
1864 → 051 864-7	DB	Duisburg-Wedau	Z 23.03.1976	+ 11.06.1976	
1865	DB	Husum	Z 27.07.1966	+ 22.11.1966	
1866	DB	Kaiserslautern	Z 02.08.1966	+ 27.09.1966	
1867 → 051 867-0	DB	Limburg	Z 15.05.1972	+ 15.08.1972	
1868 → 051 868-8	DB	Köln-Eifeltor	Z 22.07.1968	+ 11.12.1968	
1869	DRB	(RBD Oppeln)		(SZD/CFR)	*
1870	DB	Betzdorf	Z 19.07.1965	+ 01.09.1965	
1871 → 051 871-2	DB	Lehrte	Z 03.11.1972	+ 21.12.1972	
1872 → 051 872-0	DB	Heilbronn	Z 05.10.1972	+ 21.12.1972	
1873 → 051 873-8	DB	Osterfeld Süd	Z 17.05.1974	+ 18.09.1974	
1874	DB	Osterfeld Süd	Z 12.05.1964	+ 10.03.1965	
1875 → 051 875-3	DB	Kaiserslautern	Z 30.07.1975	+ 21.08.1975	
1876	DR Reko	Köthen	U 29.05.1958 (→ 50 3525)		
1877 → 051 877-9	DB	Stolberg	Z 28.12.1972	+ 12.04.1973	
1878 → 051 878-7	DB	Emden	Z 01.08.1967	+ 10.07.1969	*
1879	DR Reko	Görlitz	U 27.06.1956 (→ 50 3503)		
1880 → 051 880-3	DB	Lehrte	Z 25.05.1972	+ 15.08.1972	*
1881 → 051 881-1	DB	Lehrte	Z 14.08.1972	+ 08.11.1972	

1843: Im Einsatzbestand noch 07.1945, Z-Lok des Bw Mainz Hbf 12.1945
1869: RBD Oppeln 1943, Gomel/SZD 1945 (→ TZ-1869), an CFR 09.1946 (→ 150.1105)
1878: Z-Stellung in Osnabrück Rbf, als Z-Lok 29.09.1968: Emden
1880: Z-Stellung in Goslar, als Z-Lok 28.05.1972: Lehrte

Die Baureihe 50 – Verbleibsliste   50 1882 – 50 1920

Ordnungsnr., EDV-Nr.	letzte dt. Bahnverw.	letzte dt. Heimat-Bw	Z oder Umbau	+ oder Abgabe	
1882	DRB KS	RBD Wuppertal		+ 08.12.1945	*
1883	DB	Nürnberg Rbf	Z 17.12.1965	+ 20.06.1966	
1884	DB	Emden	Z 03.02.1967	+ 22.05.1967	
1885	DB MV	Warburg	U 01.1959 (→ DB 50 4025)		
1886 → 051 886-0	DB	Betzdorf	Z 01.10.1972	+ 21.12.1972	
1887	DB MV	Kirchweyhe	U 19.05.1958 (→ DB 50 4002)		
1888	DB	Neuss	Z 21.12.1966	+ 24.02.1967	
1889 → 051 889-4	DB	Hof	Z 24.05.1974	+ 18.09.1974	
1890	DR Reko	Görlitz	U 03.12.1958 (→ 50 3548)		
1891	DB	Limburg	Z 17.05.1965	+ 01.09.1965	
1892	DB	Hohenbudberg	Z 13.01.1950	+ 04.12.1961	
1893	DB	Hohenbudberg	Z 03.12.1950	+ 15.10.1963	
1894	DB	Hohenbudberg	Z 01.02.1951	+ 23.10.1962	
1895	DB	Hohenbudberg	Z 14.12.1951	+ 23.10.1962	
1896	DB	Kornwestheim	Z 03.1954	+ 29.08.1955	
1897 → 051 897-7	DB	Mühldorf	Z 25.09.1967	+ 10.07.1969	
1898	DB	Kirchweyhe	Z 05.06.1951	+ 20.11.1958	
1899 → 051 899-3	DB	Lehrte	Z 21.04.1975	+ 27.06.1975	
1900	DB Rück	Regensburg		+ 10.08.1957	*
1901	DB	Ehrang	Z 01.10.1964	+ 10.03.1965	
1902	DB	Uelzen	Z 29.05.1951	+ 16.12.1959	
1903	DB	Soest	Z 26.08.1952	+ 29.08.1955	
1904	DB	Hmb-Rothenburgsort	Z 09.11.1966	+ 22.05.1967	
1905	DB	Lübeck	Z 30.10.1950	+ 20.11.1958	*
1906	DB	Soltau	Z 22.10.1949	+ 10.04.1957	
1907	DB	Bremerhaven-Geestemünde	Z 11.01.1949	+ 10.04.1957	
1908	DB	Oldenburg Rbf	Z 20.01.1964	+ 01.07.1964	
1909 → 50 1909-6	DR	Karl-Marx-Stadt	Z 07.12.1977	+ 03.04.1978	
1910	DB	Ehrang	Z 18.10.1965	+ 04.03.1966	
1911	DB	Osnabrück Gbf	Z 1950	+ 07.02.1952	
1912	DR Reko	Halberstadt	U 26.02.1960 (→ 50 3593)		
1913	DB	Lehrte	Z 22.01.1951	+ 10.04.1957	
1914	DB	Northeim	Z 14.10.1949	+ 20.07.1959	
1915	DB	Soltau	Z 05.1945	+ 10.04.1957	
1916	DB	Hmb-Rothenburgsort	Z 01.09.1963	+ 15.10.1963	
1917 → 051 917-3	DB	Stolberg	Z 16.08.1975	+ 22.10.1975	
1918 → 051 918-1	DB	Mühldorf	Z 25.09.1967	+ 12.03.1968	
1919	DB KS	Seelze	Z 01.04.1945	+ 20.07.1959	*
1920 → 051 920-7	DB	Lehrte	Z 18.06.1975	+ 25.07.1975	

1882:	Brügge 07.1944
1900:	CFR-Mietlok der RBD Oppeln (Bw Kattowitz) ab 06.01.1943, Urziceni/CFR 05.1944, bei MAV 1945 – Rückgabe DB (BD Regensburg) 16.05.1952; anschließend nicht mehr im Einsatz und im AW Ingolstadt zerlegt
1905:	Z-Stellung in Lübeck, evtl. als Z-Lok: Buchholz
1919:	Bombenschaden; erste Ausmusterung laut HVE am 20.09.1948 bei RBD Hannover, jedoch später aufgehoben

Die Baureihe 50 – Verbleibsliste

Die Dresdener 50 1851 war am 27. September 1974 vor einem langen Güterzug auf der Hauptstrecke bei Weinböhla eingesetzt.　　　　　　　　　　　　　　　　　　　　Foto: S. Neumann, Sammlung Peter Melcher

051 917 (Bw Hamburg-Rothenburgsort) war im März 1968 mit einem Hilfszug in Hamburg-Harburg anzutreffen.　　　　　　　　　　　　　　　　　　　　　　　　　　　　　　　　Foto: Ulf Heitmann

Die Lokomotiven der Baureihen 50 und ihr Verbleib

Die Baureihe 50 – Verbleibsliste 50 1921 – 50 1960

Ordnungsnr., EDV-Nr.	letzte dt. Bahnverw.	letzte dt. Heimat-Bw	Z oder Umbau	+ oder Abgabe	
1921	DRB	(Saarbrücken Vbf)		(PKP)	*
1922 → 051 922-3	DB	Saarbrücken	Z 20.02.1975	+ 16.05.1975	
1923 → 051 923-1	DB	Schweinfurt	Z 06.10.1969	+ 27.11.1970	
1924 → 051 924-9	DB	Heilbronn	Z 02.08.1971	+ 15.12.1971	
1925 → 051 925-6	DB	Mannheim	Z 10.04.1968	+ 21.06.1968	
1926 → 051 926-4	DB	Dortmund Rbf	Z 23.09.1969	+ 02.06.1971	
1927 → 051 927-2	DB	Mayen	Z 21.05.1968	+ 02.10.1968	
1928	DB	Osnabrück Vbf	Z nach 1949	+ 20.11.1958	
1929	DB	Homburg/Saar	Z 15.01.1953	+ 20.11.1958	*
1930	DB	Osnabrück Vbf	Z 16.11.1951	+ 20.11.1958	
1931	DB	Wanne-Eickel	Z 01.10.1952	+ 15.08.1958	
1932	DB	Coburg	Z 14.12.1952	+ 15.11.1957	
1933	DB	Opladen	Z 1953	+ 29.08.1955	
1934	DB	Tübingen	Z 28.08.1952	+ 29.08.1955	
1935	DB	Seelze	Z 19.10.1950	+ 10.04.1957	*
1936	DB	Neu Ulm	Z 30.10.1952	+ 25.04.1958	*
1937	DB	Osterfeld Süd	Z 01.02.1952	+ 15.08.1958	
1938	DB	Hmb-Harburg	Z 23.03.1967	+ 05.07.1967	
1939	DB	Löhne	Z 14.06.1956	+ 10.04.1957	
1940	DB	Schwerte	Z 1953	+ 29.08.1955	*
1941	DB	Hohenbudberg	Z 16.01.1951	+ 15.10.1963	
1942	DB	Lübeck	Z 03.05.1945	+ 20.11.1958	
1943	DB	Saarbrücken Vbf	Z 16.01.1955	+ 30.09.1960	
1944	DB	Neumünster	Z 13.12.1949	+ 20.11.1958	
1945 → 50 1945-0	DR	Nossen	Z 16.04.1979	+ 14.05.1979	
1946	DR Reko	Görlitz	U 30.09.1959 (→ 50 3575)		
1947	DB	Hohenbudberg	Z 28.09.1952	+ 23.10.1962	
1948	DB	Bochum-Langendreer	Z 16.04.1950	+ 07.02.1952	
1949	DB	Karlsruhe Rbf	Z 08.03.1954	+ 29.08.1955	*
1950	DRB KS	Koblenz-Lützel		+ 09.1945	
1951	DR Reko	Dresden-Friedrichstadt	U 08.02.1961 (→ 50 3647)		
1952 → 051 952-0	DB	Lehrte	Z 12.06.1975	+ 25.07.1975	
1953	DB	Aschaffenburg	Z 08.04.1955	+ 30.09.1960	
1954 → 051 954-6	DB	Bayreuth	Z 16.04.1975	+ 27.06.1975	
1955 → 051 955-3	DB	Wanne-Eickel	Z 13.11.1967	+ 19.09.1969	
1956	DB	Bochum-Langendreer	Z 03.04.1950	+ 29.08.1955	
1957	DB	Buchholz		+ 10.04.1957	
1958	DB	Hohenbudberg	Z 13.01.1951	+ 23.10.1962	*
1959	DR Reko	Oebisfelde	U 17.10.1960 (→ 50 3632)		
1960	DB	Hohenbudberg	Z 23.05.1950	+ 18.06.1962	

1921:	Saarbrücken Vbf 1944, DOKP Wroclaw/PKP 1946 (→ Ty5-43); + 1972
1929:	Homburg/EdS 1951 – Übernahme DB als Z-Lok 01.01.1957 (buchmäßig: Saarbrücken Vbf)
1935:	Als weiteres Z-Datum wird der 12.09.1951 genannt
1936:	Z-Stellung in Buchloe, als Z-Lok 1955: Neu Ulm
1940:	Z-Stellung in Fröndenberg, als Z-Lok 05.1954: Schwerte
1949:	Z-Stellung in Mannheim Rbf, als Z-Lok 02.01.1955: Karlsruhe Rbf
1958:	Z-Stellung in Gremberg, als Z-Lok vor 1959: Hohenbudberg

50 1961 – 50 1991   Die Baureihe 50 – Verbleibsliste

Ordnungsnr., EDV-Nr.		letzte dt. Bahnverw.	letzte dt. Heimat-Bw	Z oder Umbau	+ oder Abgabe	
1961		DB	Gremberg	Z 05.05.1950	+ 01.07.1964	
1962		DB	Düren	Z 26.01.1950	+ 04.12.1961	*
1963	→ 051 963-7	DB	Schweinfurt	Z 19.09.1967	+ 12.03.1968	
1964		DB Rück	Hamm	Z 02.1952	+ 29.08.1955	*
1965		DB	Neumünster	Z 23.03.1951	+ 20.11.1958	
1966		DB	Dortmunderfeld		+ 07.02.1952	
1967		DB	Wanne-Eickel	Z 15.09.1952	+ 15.08.1958	
1968		DB	Osterfeld Süd	Z 12.04.1950	+ 07.02.1952	
1969		DB	Gronau	Z 15.03.1953	+ 20.11.1958	
1970		DB	Hamm	Z 26.08.1950	+ 29.08.1955	
1971		DB	Wanne-Eickel	Z 11.11.1951	+ 15.08.1958	
1972	→ 051 972-8	DB	Ehrang	Z 19.05.1974	+ 18.09.1974	
1973		DB	Hamm	Z 09.06.1951	(SNCB)	*
1974		DB	(Gremberg)		(SNCB)	*
1975		DB	(Finnentrop)		(SNCB)	*
1976		DB	(Neuss)		(SNCB)	*
1977		DB	(Düsseldorf-Derendorf)		(SNCB)	*
1978		DB	(Osnabrück Hbf)		(SNCB)	*
1979		DB	(Köln-Eifeltor)		(SNCB)	*
1980		DB	(Finnentrop)		(SNCB)	*
1981		DB	(Finnentrop)		(SNCB)	*
1982	→ 051 982-7	DB	Schweinfurt	Z 18.01.1972	+ 18.04.1972	
1983		DB	(Stolberg)		(SNCB)	*
1984		DB	(Stolberg)		(SNCB)	*
1985		DB	(Hohenbudberg)		(SNCB)	*
1986		DB	(Dieringhausen)		(SNCB)	*
1987		DB	Recklinghausen	Z 27.09.1950	(SNCB)	*
1988		DB	(Köln-Kalk Nord)		(SNCB)	*
1989		DB	(Betzdorf)		(SNCB/DSB)	*
1990		DB	(Düsseldorf-Derendorf)		(SNCB)	*
1991		DB	(Dortmunderfeld)		(SNCB)	*

1962:	Euskirchen bis 25.01.1950, als Z-Lok: Düren
1964:	RBD Köln 1944, RBD Essen 1944, NS ab 12.1944 (→ 4802, 06.1945 → 4904), 19.06.1947 Rückgabe DRB (Übergabe in Bentheim), Oberhausen Hbf ab 01.10.1947
1973:	Ab 19.07.1951 SNCB; + bis 1956
1974:	Gremberg 1951; ab 1952 SNCB; + bis 1956
1975:	Finnentrop 26.12.1951; ab 1952 SNCB; + bis 1956
1976:	Neuss 26.09.1951; ab 27.09.1951 SNCB; + bis 1956
1977:	Düsseldorf-Derendorf 1952; ab 1952 SNCB; + bis 1956
1978:	Osnabrück Hbf 1951; ab 25.10.1951 SNCB; + bis 1956
1979:	Köln-Eifeltor 10.1950; ab 27.09.1951 SNCB; + bis 1956
1980:	Finnentrop 26.12.1951; ab 27.12.1951 SNCB; + bis 1956
1981:	Finnentrop 26.12.1951; ab 27.12.1951 SNCB; + bis 1956
1983:	Stolberg 09.1949; ab 27.09.1951 SNCB; + bis 1956
1984:	Stolberg 09.1949; ab 27.09.1951 SNCB; + bis 1956
1985:	Hohenbudberg 09.1949; ab 27.09.1951 SNCB; + bis 1956
1986:	Dieringhausen 12.1950; ab 27.12.1951 SNCB; + bis 1956
1987:	Ab 19.09.1951 SNCB; + bis 1956
1988:	Köln-Kalk Nord 10.1950; ab 28.02.1952 SNCB; + bis 1956
1989:	Betzdorf 31.05.1949; 12.1949 bei SNCB; 1952 an DSB (→ N203); + 1968
1990:	Düsseldorf-Derendorf 30.01.1952; ab 31.01.1952 SNCB; + bis 1956
1991:	Dortmunderfeld 06.11.1951; ab 07.11.1951 SNCB; + bis 1956

Die Baureihe 50 – Verbleibsliste   50 1992 – 50 2018

Ordnungsnr., EDV-Nr.	letzte dt. Bahnverw.	letzte dt. Heimat-Bw	Z oder Umbau	+ oder Abgabe	
1992 → 50 1992-2	DR	Dresden	Z 31.03.1981	+ 31.08.1981	
1993	DB	(Ulm)		(SNCB)	*
1994	DB	Saarbrücken Vbf	Z 14.03.1955	+ 20.07.1959	
1995	(nicht mehr an DRB ausgeliefert)				*
1996	DB	(Hagen Gbf)		(SNCB)	*
1997	DB	(Rheine)		(SNCB)	*
1998	DB	(Rheine)		(SNCB)	*
1999	DB	(Rheine)		(SNCB)	*
2000	DB	(Duisburg-Wedau)		(SNCB)	*
2001	DB	(Münster)		(SNCB)	*
2002	DB	Wanne-Eickel	Z 06.09.1951	(SNCB)	*
2003	DB	(Kleve)		(SNCB)	*
2004	DB	(Münster)		(SNCB)	*
2005	DB	(Neumünster)		(SNCB)	*
2006	DB	(Flensburg)		(SNCB)	*
2007	DRB	(Paderborn)		(PKP)	*
2008	DB	(Ulm)		(SNCB)	*
2009	DB	(Oberlahnstein)		(SNCB/DSB)	*
2010	DB	Soest	Z 01.10.1949	(SNCB)	*
2011	DB	(Gremberg)		(SNCB)	*
2012	DR Reko	Güstrow	U 18.10.1961 (→ 50 3692)		
2013	DB	(Kirchweyhe)		(SNCB)	*
2014	DB	(Rheine)		(SNCB)	*
2015	DRB KS	RBD Münster		+ 24.01.1947	
2016	DB	(ED Wuppertal)		(SNCB)	*
2017	DB	(Mayen)		(SNCB/DSB)	*
2018	DB	(Osterfeld Süd)		(SNCB)	*

1993:	Ulm 27.02.1951; ab 17.11.1951 SNCB; + bis 1956
1995:	01.12.1944 fabrikneu an SNCB (→ 2503, 01.1946 → 25.003); + 02.1957
1996:	Hagen Gbf 26.12.1951; ab 27.12.1951 SNCB; + bis 1956
1997:	Rheine 1950; ab 25.10.1951 SNCB; + bis 1956
1998:	Rheine 26.12.1951; ab 27.12.1951 SNCB; + bis 1956
1999:	Rheine 1950; ab 27.12.1951 SNCB; + bis 1956
2000:	Duisburg-Wedau 10.03.1950; ab 03.10.1951 SNCB; + bis 1956
2001:	Münster 1950; ab 27.12.1951 SNCB; + bis 1956
2002:	Ab 19.09.1951 SNCB; + bis 1956
2003:	Kleve 1950; vor Abgabe an SNCB Z-Lok in Hohenbudberg 03.1951; ab 1951 SNCB; + bis 1956
2004:	Münster 1950; ab 1951 SNCB; + bis 1956
2005:	Neumünster 01.04.1950; ab 05.09.1951 SNCB; + bis 1956
2006:	Flensburg 09.1951; ab 05.09.1951 SNCB; + bis 1956
2007:	Paderborn (Anl.) 11.1943, weiterer Verbleib unbekannt, bei PKP 1947 (→ Ty5-50); + 1978
2008:	Ulm 08.08.1951; ab 09.08.1951 SNCB; + bis 1956
2009:	Oberlahnstein 31.03.1949; 03.06.1950 bei SNCB; 1952 an DSB (→ N210); + 1970
2010:	Ab 07.02.1952 SNCB; + bis 1956
2011:	Gremberg 09.1949; ab 1951 SNCB; + bis 1956
2013:	Kirchweyhe 24.10.1951; ab 25.10.1951 SNCB; + bis 1956
2014:	Rheine 15.03.1950; ab 1951 SNCB; + bis 1956
2016:	ED Wuppertal 1951; ab 1951 SNCB; + bis 1956
2017:	Mayen 26.09.1950; 27.09.1950 – 21.01.1952 bei SNCB; 1952 an DSB (→ N207); + 1976
2018:	Osterfeld Süd 1950; ab 03.10.1951 SNCB; + bis 1956

Die Baureihe 50 – Verbleibsliste

Ca. 1945 entstand die Aufnahme der 50 1997 in ÜK-Ausführung. Foto: Sammlung Dr. D. Hörnemann

Am 9. April 1970 steht die dänische N 207 im Bw Fredericia. Die ehemalige 50 2017 war 1950 nach Belgien abgegeben worden und wurde von dort zwei Jahre später nach Dänemark verkauft. Eine zeitlang war diese Lok für das dänische Eisenbahnmuseum vorgesehen. Foto: Reinhard Gumbert

Die Baureihe 50 – Verbleibsliste 50 2019 – 50 2046

Ordnungsnr., EDV-Nr.		letzte dt. Bahnverw.	letzte dt. Heimat-Bw	Z oder Umbau	+ oder Abgabe	
2019		DB	(Ludwigshafen)		(SNCB/DSB)	*
2020	→ 052 020-5	DB	Saarbrücken	Z 23.06.1969	+ 19.09.1969	
2021		DB	(Bamberg)		(SNCB)	*
2022		DB	(Haltern)		(SNCB)	*
2023		DB	Saarbrücken Vbf	Z 16.06.1952	+ 25.04.1958	
2024	→ 052 024-7	DB	Duisburg-Wedau	Z 24.03.1976	+ 11.06.1976	
2025		DRB	(Diedenhofen)		(SNCF)	*
2026		DRB	(RBD Saarbrücken)		(PKP)	*
2027		DB	Ulm	Z 01.03.1951	(SNCB)	*
2028		DB	(Hof)		(SNCB)	*
2029		DB	(Koblenz-Lützel)		(SNCB)	*
2030		DB	(Hof)		(SNCB)	*
2031		DB	(Passau)		(SNCB)	*
2032		DB	(ED Wuppertal)		(SNCB)	*
2033		DB	(Heidelberg)		(SNCB)	*
2034		DB	(Seelze)		(SNCB)	*
2035		DB	(Hmb-Harburg)		(SNCB)	*
2036		DB	(Hmb-Harburg)		(SNCB)	*
2037		DB	(Braunschweig Vbf)		(SNCB)	*
2038		DRB KS	Lüneburg		+ 28.09.1946	
2039		DB	(Köln-Eifeltor)		(SNCB)	*
2040		DB	(ED Wuppertal)		(SNCB)	*
2041		DB	(Hildesheim)		(SNCB)	*
2042		DB	(Uelzen)		(SNCB)	*
2043		DB	(Rheydt)		(SNCB)	*
2044		DRB KS	Wittenberge		+ 24.08.1948	*
2045		DB	(Lübeck)		(SNCB)	*
2046		DR Reko	Werdau	U 07.06.1961 (→ 50 3669)		

2019: Ludwigshafen 31.05.1949; 1951 – 21.01.1952 bei SNCB; 1952 an DSB; + 1967 (nur Ersatzteilspender, ohne DSB-Nummer)
2021: Bamberg 03.01.1952; ab 04.01.1952 SNCB; + bis 1956
2022: Haltern 03.1950; ab 1951 SNCB; + bis 1956
2025: Diedenhofen 07.1944, SNCF 1945 – 1947 (als Mietlok: Landau bis 31.01.1948, Ehrang 01.02.1948 – 20.02.1948, Trier 21.02.1948 – 02.03.1949, Landau ab 03.03.1949), SNCF 1949 (→ 150Z2025); + 14.11.1953
2026: RBD Saarbrücken 06.1944, RAW Trier 12.06.1944 – 07.07.1944, Warszawa Wschodnia/PKP 1946 (→ Ty5-52); + 1975
2027: Ab 17.11.1951 SNCB; + bis 1956
2028: Hof 1950; ab 10.1951 SNCB; + bis 1956
2029: Koblenz-Lützel 31.05.1949; ab 1949 SNCB; + bis 1956
2030: Hof 1950; ab 10.1951 SNCB; + bis 1956
2031: Passau 03.1950; ab 1951 SNCB; + bis 1956
2032: ED Wuppertal 1951; ab 1951 SNCB; + bis 1956
2033: Heidelberg 03.1951; ab 10.1951 SNCB; + bis 1956
2034: Seelze 1951; ab 1951 SNCB; + bis 1956
2035: Hmb-Harburg 09.1951; ab 05.09.1951 SNCB; + bis 1956
2036: Hmb-Harburg 04.09.1951; ab 05.09.1951 SNCB; + bis 1956
2037: Braunschweig Vbf 1946; ab 1951 SNCB; + bis 1956
2039: Köln-Eifeltor 09.1949; ab 1951 SNCB; + bis 1956
2040: ED Wuppertal 1951; ab 1951 SNCB; + bis 1956
2041: Hildesheim 1950; ab 24.01.1952 SNCB; + bis 1956
2042: Uelzen 12.09.1946; ab 17.01.1952 SNCB; + bis 1956
2043: Rheydt 09.1949; ab 1951 SNCB; + bis 1956
2044: Bereits 06.1945 als Schadlok im RAW Rostock
2045: Lübeck 1951; ab 1951 SNCB; + bis 1956

Ordnungsnr., EDV-Nr.		letzte dt. Bahnverw.	letzte dt. Heimat-Bw	Z oder Umbau	+ oder Abgabe	
2047		DB	(Neumünster)		(SNCB)	*
2048		DB	(Hamburg-Altona)		(SNCB)	*
2049		DB	(Lübeck)		(SNCB)	*
2050		DB	(Hmb-Harburg)		(SNCB)	*
2051		DB	(Buchholz)		(SNCB)	*
2052		DB	(Itzehoe)		(SNCB)	*
2053		DB	(Hmb-Rothenburgsort)		(SNCB)	*
2054		DB	(Bremen Hbf)		(SNCB)	*
2055	→ 052 055-1	DB	Bayreuth	Z 24.10.1975	+ 22.12.1975	*
2056		DB	(Würzburg)		(SNCB)	*
2057		DB	(ED Wuppertal)		(SNCB)	*
2058		DRB	(Mühlhausen Rbf)		(SNCF)	*
2059		DRB	(Mühlhausen Rbf)		(SNCF)	*
2060		DB	Karlsruhe	Z 12.02.1964	+ 30.11.1964	
2061		DB	(Bamberg)		(SNCB)	*
2062		DB	Saarbrücken Vbf	Z 1945	+ 25.04.1958	
2063		DRB	(Radolfzell)		(SNCF)	*
2064		DB	(Münster)		(SNCB)	*
2065		DB	(Köln-Kalk Nord)		(SNCB)	*
2066		DB	(Euskirchen)		(SNCB)	*
2067		DB	(Osnabrück Vbf)		(SNCB)	*
2068		DB	Gsk-Bismarck	Z 14.06.1951	(SNCB)	*
2069		DB	(Wanne-Eickel)		(SNCB)	*
2070		DB	(Osnabrück Vbf)		(SNCB)	*
2071		DB	(Neuss)		(SNCB)	*
2072		DB	(Gremberg)		(SNCB)	*

2047: Neumünster 04.09.1951; ab 05.09.1951 SNCB; + bis 1956
2048: Hamburg-Altona 04.09.1951; ab 05.09.1951 SNCB; + bis 1956
2049: Lübeck 04.09.1951; ab 05.09.1951 SNCB; + bis 1956
2050: Hmb-Harburg 04.09.1951; ab 05.09.1951 SNCB; + bis 1956
2051: Buchholz 04.09.1951; ab 05.09.1951 SNCB; + bis 1956
2052: Itzehoe 04.09.1951; ab 05.09.1951 SNCB; + bis 1956
2053: Hmb-Rothenburgsort 04.09.1951; ab 05.09.1951 SNCB; + bis 1956
2054: Bremen Hbf 1951; ab 14.11.1951 SNCB; + bis 1956
2055: Nach Ausmusterung zeitweise Heizlok in Mühldorf
2056: Würzburg 03.01.1952; ab 04.01.1952 SNCB; + bis 1956
2057: ED Wuppertal 1950; ab 1951 SNCB; + bis 1956
2058: Mühlhausen Rbf 01.1944 – 07.1944, SNCF 1945 (→ 150Z2058); + 14.11.1953
2059: Mühlhausen Rbf 06.05.1944 – 07.1944, SNCF 1945 (→ 150Z2059); + 14.11.1953
2061: Bamberg 11.1951; ab 04.01.1952 SNCB; + bis 1956
2063: Mühlhausen Rbf ab 03.1944, Radolfzell bis 30.10.1945, SNCF 1945 – 1947 (als Mietlok: Offenburg 16.09.1947 – 06.11.1947, Cochem ab 07.11.1947), SNCF 1949 (→ 150Z2063); + 14.11.1953
2064: Münster 1950; ab 1951 SNCB; + bis 1956
2065: Köln-Kalk Nord 1950; ab 1951 SNCB; + bis 1956
2066: Euskirchen 1950; ab 1951 SNCB; + bis 1956
2067: Osnabrück Vbf 15.03.1950; ab 1951 SNCB; + bis 1956
2068: Ab 03.10.1951 SNCB; + bis 1956
2069: Wanne-Eickel 31.01.1952; ab 01.02.1952 SNCB; + bis 1956
2070: Osnabrück Vbf 15.03.1950; ab 1951 SNCB; + bis 1956
2071: Neuss 10.1950; ab 1951 SNCB; + bis 1956
2072: Gremberg 10.1950; ab 1951 SNCB; + bis 1956

Die Baureihe 50 – Verbleibsliste   50 2073 – 50 2097

Ordnungsnr., EDV-Nr.	letzte dt. Bahnverw.	letzte dt. Heimat-Bw	Z oder Umbau	+ oder Abgabe	
2073	DB	(Wesermünde-Lehe)		(SNCB)	*
2074	(nicht mehr an DRB ausgeliefert)				*
2075	(nicht mehr an DRB ausgeliefert)				*
2076	DB	(ED Hannover)		(SNCB)	*
2077 → 052 077-5	DB	Schweinfurt	Z 12.11.1968	+ 03.03.1969	
2078	DB	(Koblenz-Lützel)		(SNCB)	*
2079	DB	(Hameln)		(SNCB)	*
2080	DB	Saarbrücken Vbf	Z 30.10.1952	+ 20.11.1958	*
2081	DB	(Schwandorf)		(SNCB)	*
2082	DB	(ED Köln)		(SNCB)	*
2083	DB	(Karlsruhe Rbf)		(SNCB)	*
2084	DB	(Heilbronn)		(SNCB)	*
2085	DB	(Mannheim Rbf)		(SNCB)	*
2086	DB	(Gießen)		(SNCB)	*
2087	DB	(Mainz Hbf)		(SNCB)	*
2088	DB	(Mayen)		(SNCB/DSB)	*
2089	DB	(Mayen)		(SNCB)	*
2090	DB	(ED Trier)		(SNCB)	*
2091	DB	(Limburg)		(SNCB)	*
2092	(nicht mehr an DRB ausgeliefert)				*
2093	(nicht mehr an DRB ausgeliefert)				*
2094	(nicht mehr an DRB ausgeliefert)				*
2095	(nicht mehr an DRB ausgeliefert)				*
2096	(nicht mehr an DRB ausgeliefert)				*
2097	(nicht mehr an DRB ausgeliefert)				*

2073: Wesermünde-Lehe 02.1946; evtl. war die Lok nach 02.1946 beim Bw Uelzen; ab 1951 SNCB; + bis 1956
2074: 17.11.1944 fabrikneu an SNCB (→ 2500, 01.1946 → 25.013); + 10.1959
2075: 25.02.1945 fabrikneu an SNCB (→ 2501, 01.1946 → 25.001); + 11.1958
2076: ED Hannover 1951; Z-Stellung in Limburg am 28.04.1946, vmtl. als Betriebslok 1951: ED Hannover; ab 1951 SNCB; + bis 1956
2078: Koblenz-Lützel 06.1949; ab 19.10.1949 SNCB; + bis 1956
2079: Hameln 1950; ab 1951 SNCB; + bis 1956
2080: Neunkirchen/EdS 1951 – 30.10.1952, als Z-Lok Homburg/EdS 31.10.1952 – Übernahme DB 01.01.1957 (buchmäßig: Saarbrücken Vbf)
2081: Schwandorf 01.1950; ab 12.1951 SNCB; + bis 1956
2082: Bei ED Köln ab 17.03.1950, vmtl. Bw Düren; ab 1951 SNCB; + bis 1956
2083: Karlsruhe Rbf 04.1951; ab 02.10.1951 SNCB; + bis 1956
2084: Heilbronn 1951; ab 14.11.1951 SNCB; + bis 1956
2085: Mannheim Rbf 1951; ab 14.11.1951 SNCB; + bis 1956
2086: Gießen bis 1950; ab 21.11.1951 SNCB; + bis 1956
2087: Mainz Hbf 31.05.1949; ab 1951 SNCB; + bis 1956
2088: Mayen 02.1948; 08.11.1949 – 1952 bei SNCB; 1952 an DSB (→ N204); + 1968
2089: Mayen 02.1948; ab 1950 SNCB; + bis 1956
2090: ED Trier 1949; ab 1950 SNCB; + bis 1956
2091: Limburg bis 14.07.1951; ab 21.11.1951 SNCB; + bis 1956
2092: 20.11.1946 fabrikneu an SNCB (→ 25.023); + 08.1957
2093: 21.12.1945 fabrikneu an SNCB (→ 2504, 01.1946 → 25.004); + 07.1959
2094: 27.03.1946 fabrikneu an SNCB (→ 25.005); + 11.1955
2095: 05.06.1946 fabrikneu an SNCB (→ 25.006); + 03.1955
2096: 24.09.1946 fabrikneu an SNCB (→ 25.007); + 03.1955
2097: 05.12.1946 fabrikneu an SNCB (→ 25.008); + 11.1955

Ordnungsnr., EDV-Nr.	letzte dt. Bahnverw.	letzte dt. Heimat-Bw	Z oder Umbau	+ oder Abgabe	
2098	(nicht mehr an DRB ausgeliefert)				*
2099	(nicht mehr an DRB ausgeliefert)				*
2100	(nicht mehr an DRB ausgeliefert)				*
2101	(nicht mehr an DRB ausgeliefert)				*
2102	DB	(Löhne)		(SNCB)	*
2103	DB	(Hannover Hgbf)		(SNCB)	*
2104	DB	(Rheydt)		(SNCB)	*
2105	DB	(Bochum-Langendreer)		(SNCB)	*
2106	DB	(Uelzen)		(SNCB)	*
2107	DB	Mannheim	Z 08.02.1964	+ 10.03.1965	
2108	DB	Saarbrücken Vbf	Z 08.09.1955	+ 30.09.1960	*
2109	DB	(München Hbf)		(SNCB)	*
2110	DB	(Mainz-Bischofsheim)		(SNCB)	*
2111	DB	(ED Wuppertal)		(SNCB)	*
2112	DB	Saarbrücken Vbf	Z 1955	+ 20.11.1958	*
2113	DB	(Koblenz-Lützel)		(SNCB/DSB)	*
2114	DB	(Koblenz-Lützel)		(SNCB/DSB)	*
2115	DR Reko	Oebisfelde	U 11.03.1960 (→ 50 3596)		
2116	DB	(Nürnberg Rbf)		(SNCB)	*
2117	DB	(ED Trier)		(SNCB)	*
2118	DB	(Bingerbrück)		(SNCB)	*
2119	DB	(Kaiserslautern)		(SNCB/DSB)	*
2120	DB	(Weiden)		(SNCB)	*
2121	DB	Saarbrücken Vbf	Z 30.10.1952	+ 20.11.1958	
2122	DB	(Kirn)		(SNCB/DSB)	*

2098: 06.06.1947 fabrikneu an SNCB (→ 25.009); + 11.1955
2099: 09.09.1947 fabrikneu an SNCB (→ 25.010); + 02.1957
2100: 13.03.1948 fabrikneu an SNCB (→ 25.011); + 03.1955
2101: 20.04.1948 fabrikneu an SNCB (→ 25.012); + 09.1958
2102: Löhne 1946; ab 02.02.1952 SNCB; + bis 1956
2103: Hannover Hgbf 1950; ab 24.01.1952 SNCB; + bis 1956
2104: Rheydt 09.1949; ab 1951 SNCB; + bis 1956
2105: Bochum-Langendreer 1951; ab 03.10.1951 SNCB; + bis 1956
2106: Uelzen 1951; ab 17.01.1952 SNCB; + bis 1956
2108: Dillingen/EdS 1951 – Übernahme DB 01.01.1957 (als Z-Lok; buchmäßig: Saarbrücken Vbf)
2109: München Hbf 1951; ab 10.1951 SNCB; + bis 1956
2110: Mainz-Bischofsheim 1951; ab 24.01.1952 SNCB; + bis 1956
2111: ED Wuppertal 1951; ab 1951 SNCB; + bis 1956
2112: Neunkirchen/EdS 1951 – Übernahme DB 01.01.1957 (als Z-Lok; buchmäßig: Saarbrücken Vbf)
2113: Koblenz-Lützel 31.05.1949; 12.1949 – 21.01.1952 bei SNCB; 1952 an DSB (→ N201); + 1970
2114: Koblenz-Lützel 31.05.1949; 12.1949 – 21.01.1952 bei SNCB; 1952 an DSB (→ N205); + 1968
2116: Nürnberg Rbf 03.01.1952; ab 04.01.1952 SNCB; + bis 1956
2117: ED Trier 1949; ab 1950 SNCB; + bis 1956 (Lok wird 1949 noch beim Bw Worms gemeldet, Abgabe an SNCB jedoch von ED Trier)
2118: Bingerbrück 1951; ab 1951 SNCB; + bis 1956
2119: Kaiserslautern 11.1949; 12.1949 – 21.01.1952 bei SNCB; 1952 an DSB (→ N202); + 1968
2120: Weiden 01.01.1950; ab 1951 SNCB; + bis 1956
2122: Kirn ab 24.03.1949; 1949 – 21.01.1952 bei SNCB; 1952 an DSB (→ N206); + 1968

Die Baureihe 50 – Verbleibsliste   50 2123 – 50 2150

Ordnungsnr., EDV-Nr.	letzte dt. Bahnverw.	letzte dt. Heimat-Bw	Z oder Umbau	+ oder Abgabe	
2123	DRB	(Darmstadt Hbf)		(SNCF)	*
2124	DB	(Bremen Vbf)		(SNCB)	*
2125	DB	Saarbrücken	Z 01.08.1965	+ 04.03.1966	
2126	DB	(Aalen)		(SNCB)	*
2127	DB	(Waldshut)		(SNCB)	*
2128	DB	(Augsburg)		(SNCB)	*
2129	DB	Saarbrücken Vbf	Z 04.09.1952	+ 25.04.1958	
2130	DB	(Nürnberg Rbf)		(SNCB)	*
2131 → 052 131-0	DB	Duisburg-Wedau	Z 21.02.1975	+ 16.05.1975	
2132	DB	(Weiden)		(SNCB)	*
2133	DB	(Betzdorf)		(SNCB/DSB)	*
2134	DB	(Gießen)		(SNCB)	*
2135	DRB	(Betzdorf)		(SNCF)	*
2136	DRB KS	Gießen		+ 11.03.1946	
2137	DB	(Gießen)		(SNCB)	*
2138	DB	Saarbrücken Vbf	Z 10.08.1954	+ 25.04.1958	*
2139	DB	(Ludwigshafen)		(SNCB/DSB)	*
2140	DB	Kassel	Z 26.02.1959	+ 05.01.1962	*
2141	DB	(Koblenz-Lützel)		(SNCB/DSB)	*
2142	DB	(Mannheim Rbf)		(SNCB)	*
2143	DB	(Hohenbudberg)		(SNCB)	*
2144	DB	(Nürnberg Rbf)		(SNCB)	*
2145	DR Reko	Adorf	U 12.05.1961 (→ 50 3666)		
2146 → 50 2146-4	DR	Glauchau	Z 11.01.1986		*
2147 → 50 2147-2	DR	Karl-Marx-Stadt		+ 03.04.1978	
2148	DRB	(Senftenberg)		(SZD/CFR)	*
2149	DR Reko	Werdau	U 01.10.1960 (→ 50 3629)		
2150	DRB	(Stendal)		(SZD)	*

2123: Darmstadt Hbf bis 01.02.1945, SNCF 1945 – 1947 (als Mietlok: Offenburg 17.09.1947 – 12.09.1948, ED Trier 13.09.1948 – 1949), SNCF 1949 (→ 150Z2123); + 14.11.1953
2124: Bremen Vbf 1951; ab 1951 SNCB; + bis 1956
2126: Aalen 1946; ab 11.1951 SNCB; + bis 1956
2127: Waldshut 19.12.1949; ab 20.12.1949 SNCB; + bis 1956
2128: Augsburg 1951; ab 10.1951 SNCB; + bis 1956
2130: Nürnberg Rbf 03.01.1952; ab 04.01.1952 SNCB; + bis 1956
2132: Weiden 01.01.1950; ab 10.1951 SNCB; + bis 1956
2133: Betzdorf 31.05.1949; 03.06.1950 – 21.01.1952 bei SNCB; 1952 an DSB (→ N209); + 1968
2134: Gießen 1950; ab 21.11.1951 SNCB; + bis 1956
2135: Betzdorf (Anl.) 08.1942, weiterer Verbleib unbekannt, SNCF 1945 – 1947 (als Mietlok; Oberlahnstein 15.12.1947 – 12.02.1949), SNCF ab 13.02.1949 (→ 150Z2135); + 25.09.1952
2137: Gießen 15.04.1950; ab 21.11.1951 SNCB; + bis 1956
2138: Neunkirchen/EdS 1951 – 17.08.1954, als Z-Lok Saarbrücken Vbf/EdS 18.08.1954 – Übernahme DB 01.01.1957
2139: Ludwigshafen 1949; 1951 – 1952 bei SNCB; 1952 an DSB; + 1963 (nur Ersatzteilspender, ohne DSB-Nummer)
2140: Z-Stellung in Bebra, als Z-Lok 21.05.1959: Kassel
2141: Koblenz-Lützel 31.05.1949; 19.10.1949 – 21.01.1952 bei SNCB; 1952 an DSB (→ N208); + 1972
2142: Mannheim Rbf 1950; ab 10.1951 SNCB; + bis 1956
2143: Hohenbudberg 1951; ab 1951 SNCB; + bis 1956
2144: Nürnberg Rbf 08.1951; ab 04.01.1952 SNCB; + bis 1956
2146: 03.1991 vk. an Bayerisches Eisenbahnmuseum Nördlingen; ab 1992 Denkmal bei Fa. PFA, Weiden
2148: Senftenberg (Kol. 20) 01.1946, Kowno/SZD 03.1946 (→ TZ-2148), CFR 1963 (→ 150.1129)
2150: Stendal 02.1944, DR 1945, SZD 03.1946 (→ TZ-2150); 1958 vk. an Kupfermine Kirowgrad [UdSSR]

Die Baureihe 50 – Verbleibsliste

Noch mit gefülltem Kohlenkasten war die dänische N 201 am 9. April 1970 im Bw Fredericia abgestellt. Die ehemalige 50 2113 war Ende 1949 nach Belgien abgegeben worden und wurde von dort 1952 nach Dänemark verkauft.
Foto: Reinhard Gumbert

Die viergleisige Hauptstrecke vom Ruhrgebiet in Richtung Hannover macht am 21. Juli 1956 einen eher verschlafenen Eindruck. Die Ruhe wird nur von der Soester 50 2183 mit einem Leer-Güterzug bei Rheda gestört.
Foto: P. Cleare, Sammlung Hörnemann

Die Lokomotiven der Baureihen 50 und ihr Verbleib

Die Baureihe 50 – Verbleibsliste   50 2151 – 50 2185

Ordnungsnr., EDV-Nr.	letzte dt. Bahnverw.	letzte dt. Heimat-Bw	Z oder Umbau	+ oder Abgabe	
2151	DB	(Buchholz)		(SNCB)	*
2152	DR Reko	Magdeburg-Buckau	U 24.05.1960 (→ 50 3609)		
2153 → 50 2153-0	DR	Karl-Marx-Stadt	Z 26.10.1977	+ 24.01.1978	
2154	DB	(Seelze)		(SNCB)	*
2155	(geliefert an SNCB)				*
2156	DB	(Köln-Nippes)		(SNCB)	*
2157	DB	(Osnabrück Hbf)		(SNCB)	*
2158	DB	(Bochum-Langendreer)		(SNCB)	*
2159	DB	(Hohenbudberg)		(SNCB)	*
2160	DB	(Hamm)		(SNCB)	*
2161	DB	(Wanne-Eickel)		(SNCB)	*
2162	DB	(Köln-Eifeltor)		(SNCB)	*
2163	DB	Hamm	Z 30.01.1951	(SNCB)	*
2164	DB	(Neuss)		(SNCB)	*
2165	DRB KS	Recklinghausen		+ 1944/45	
2166	DB	(Gsk-Bismarck)		(SNCB)	*
2167 → 052 167-4	DB	Duisburg-Wedau	Z 14.05.1976	+ 11.06.1976	
2168	DB	(Bremen Hbf)		(SNCB)	*
2169	DB	(Hamm)		(SNCB)	*
2170	DB	(Hamm)		(SNCB)	*
2171	DB	(Hamm)		(SNCB)	*
2172	DRB	(Minden)		(PKP)	*
2173 → 052 173-2	DB	Osterfeld Süd	Z 07.12.1973	+ 06.03.1974	
2174 → 052 174-0	DB	Saarbrücken	Z 31.05.1976	+ 11.06.1976	
2175 → 052 175-7	DB	Ulm	Z 01.12.1975	+ 15.03.1976	
2176 → 052 176-5	DB	Ulm	Z 06.06.1974	+ 18.09.1974	
2177	DB	Heilbronn	Z 03.03.1967	+ 05.07.1967	
2178	DB	Frankfurt/Main 2	Z 12.10.1964	+ 10.03.1965	
2179 → 052 179-9	DB	Mühldorf	Z 04.03.1969	+ 10.07.1969	
2180 → 052 180-7	DB	Lehrte	Z 06.03.1976	+ 15.03.1976	
2181	DB	Radolfzell	Z 04.07.1965	+ 01.09.1965	
2182 → 052 182-3	DB	Limburg	Z 22.10.1973	+ 06.03.1974	
2183 → 052 183-1	DB	Duisburg-Wedau	Z 06.06.1974	+ 18.09.1974	
2184 → 052 184-9	DB	Hof	Z 03.07.1973	+ 06.03.1974	
2185 → 052 185-6	DB	Ulm	Z 03.06.1975	+ 25.07.1975	

2151:	Buchholz 04.09.1951; ab 05.09.1951 SNCB; + bis 1956
2154:	Seelze ab 03.1950; ab 1951 SNCB; + bis 1956
2155:	15.12.1944 fabrikneu an SNCB (→ 2502, 01.1946 → 25.002); + 08.1959
2156:	Köln-Nippes 09.1949; ab 1951 SNCB; + bis 1956
2157:	Osnabrück Hbf 1951; ab 1951 SNCB; + bis 1956
2158:	Bochum-Langendreer 06.11.1951; ab 07.11.1951 SNCB; + bis 1956
2159:	Hohenbudberg 09.1949; ab 1951 SNCB; + bis 1956
2160:	Hamm 01.08.1951; ab 26.09.1951 SNCB; + bis 1956
2161:	Wanne-Eickel 1950; ab 19.09.1951 SNCB; + bis 1956
2162:	Köln-Eifeltor 1950; ab 1951 SNCB; + bis 1956
2163:	Ab 26.09.1951 SNCB; + bis 1956
2164:	Neuss 09.1949; ab 1951 SNCB; + bis 1956
2166:	Gsk-Bismarck 1950; ab 19.09.1951 SNCB; + bis 1956
2168:	Bremen Hbf ab 01.1951; ab 10.01.1952 SNCB; + bis 1956
2169:	Hamm 01.08.1951; ab 26.09.1951 SNCB; + bis 1956
2170:	Hamm 16.08.1951; ab 07.11.1951 SNCB; + bis 1956
2171:	Hamm 06.04.1951; ab 26.09.1951 SNCB; + bis 1956
2172:	Warschau Ost 08.1943, Minden 10.1944, Tczew/PKP 1946 (→ Ty5-51); + 1974

Die Baureihe 50 – Verbleibsliste

Winterzauber zwischen Steinsfurt und Bad Rappenau anno 1971: 052 218 mußte wegen eines Tunneleinsturzes bei Eberbach auf diese Strecke ausweichen.   Foto: Karl Gerhard Baur, Sammlung Wolfgang Löckel

052 188 und 044 231 beide beim Bw Emden stationiert, treffen sich hier im Jahre 1973 im Bw Rheine.
Foto: Joachim Stübben

Die Baureihe 50 – Verbleibsliste   50 2186 – 50 2225

Ordnungsnr.	, EDV-Nr.	letzte dt. Bahnverw.	letzte dt. Heimat-Bw	Z oder Umbau	+ oder Abgabe	
2186	→ 052 186-4	DB	Dortmund Rbf	Z 30.11.1967	+ 12.03.1968	
2187		DB	Nürnberg Rbf	Z 22.12.1965	+ 04.03.1966	
2188	→ 052 188-0	DB	Lehrte	Z 01.06.1976	+ 11.06.1976	
2189	→ 052 189-8	DB	Osterfeld Süd	Z 19.11.1973	+ 06.03.1974	
2190	→ 052 190-6	DB	Kaiserslautern	Z 02.11.1971	+ 15.12.1971	*
2191	→ 052 191-4	DB	Lehrte	Z 08.06.1973	+ 24.08.1973	
2192	→ 052 192-2	DB	Mayen	Z 16.03.1973	+ 24.08.1973	
2193		DB	Wt-Vohwinkel	Z 20.04.1967	+ 05.07.1967	
2194	→ 052 194-8	DB	Saarbrücken	Z 25.06.1975	+ 25.07.1975	
2195		DB	Hamm	Z 07.10.1965	+ 20.06.1966	
2196	→ 052 196-3	DB	Kaiserslautern	Z 10.03.1974	+ 09.06.1974	
2197		DRB KS	Gießen		+ 02.08.1946	*
2198		DB	Kaiserslautern	Z 18.02.1959	+ 12.11.1962	
2199		DR Reko	Güsten	U 16.11.1957 (→ 50 3514)		
2200	→ 052 200-3	DB	Saarbrücken	Z 12.02.1975	+ 16.05.1975	
2201	→ 052 201-1	DB	Stolberg	Z 28.12.1972	+ 12.04.1973	
2202	→ 052 202-9	DB	Uelzen	Z 01.06.1969	+ 22.09.1970	
2203	→ 052 203-7	DB	Ulm	Z 22.01.1976	+ 15.03.1976	
2204		DB	Bestwig	Z 27.09.1966	+ 22.11.1966	
2205		DRB	(RBD Karlsruhe)		(SNCF)	*
2206	→ 052 206-0	DB	Schweinfurt	Z 18.07.1972	+ 08.11.1972	
2207	→ 052 207-8	DB	Uelzen	Z 24.05.1973	+ 24.08.1973	
2208	→ 052 208-6	DB	Stolberg	Z 30.07.1971	+ 15.12.1971	
2209		DR Reko	Schwerin	U 04.09.1958 (→ 50 3537)		
2210		DRB KS	Hamm		+ 19.09.1944	
2211		DRB			(ÖStB/ÖBB)	*
2212	→ 052 212-8	DB	Neuss	Z 14.01.1975	+ 16.05.1975	
2213	→ 052 213-6	DB	Bayreuth	Z 16.10.1974	+ 05.12.1974	
2214		DR Reko	Halberstadt	U 26.02.1960 (→ 50 3594)		
2215	→ 052 215-1	DB	Saarbrücken	Z 29.12.1974	+ 05.12.1974	*
2216		DB	Hmb-Rothenburgsort	Z 19.05.1965	+ 01.09.1965	
2217		DRB	(Berlin-Tempelhof Vbf)		(SNCF)	*
2218	→ 052 218-5	DB	Ulm	Z 09.12.1975	+ 15.03.1976	
2219		DB	Uelzen	Z 22.02.1965	+ 03.06.1965	
2220		DR Reko	Werdau	U 17.03.1961 (→ 50 3655)		
2221		DR Reko	Halberstadt	U 21.07.1959 (→ 50 3569)		
2222	→ 052 222-7	DB	Gremberg	Z 03.05.1975	+ 09.07.1975	
2223	→ 052 223-5	DB	Duisburg-Wedau	Z 06.11.1976	+ 22.12.1976	
2224	→ 052 224-3	DB	Braunschweig	Z 02.04.1971	+ 02.06.1971	
2225	→ 052 225-0	DB	Lehrte	Z 15.03.1976	+ 11.06.1976	

2190:	Vorherige Z-Stellung: 28.06.1971 – 01.11.1971 (nur buchmäßig)
2197:	Als Schrottlok noch 09.1950 vorhanden
2205:	RBD Karlsruhe 07.1944, SNCF 1945 – 1947 (als Mietlok: Offenburg 18.09.1947 – 08.11.1947, Koblenz-Mosel 09.11.1947 – 02.03.1949), SNCF ab 03.03.1949 (→ 150Z2205); + 14.11.1953
2211:	1945 an ÖStB/ÖBB (→ 50.2211); + 15.07.1970 in Linz/Donau
2215:	Ausmusterung gemäß HVB-Verfügung vor Z-Stellung
2217:	Berlin-Tempelhof Vbf (Anl.) 07.1942, weiterer Verbleib unbekannt, SNCF 1945 – 1947 (als Mietlok Offenburg 18.10.1947 – 17.11.1947, Oberlahnstein 18.11.1947 – 31.01.1949), SNCF ab 01.02.1949 (→ 150Z2217); + 14.11.1953

Die Baureihe 50 – Verbleibsliste

Im Bw München Ost war die 50 2190 am 28. August 1964 vom Bw Mühldorf zu Gast. Foto: Peter Melcher

Mit einem Güterzug Richtung Mannheim passiert 052 174 im Jahre 1970 die Blockstelle Schlüssel zwischen Heidelberg-Wieblingen und Mannheim-Friedrichsfeld Süd.

Die Lokomotiven der Baureihen 50 und ihr Verbleib

Die Baureihe 50 – Verbleibsliste   50 2226 – 50 2263

Ordnungsnr., EDV-Nr.	letzte dt. Bahnverw.	letzte dt. Heimat-Bw	Z oder Umbau	+ oder Abgabe	
2226	DR Reko	Elsterwerda	U 29.09.1958 (→ 50 3540)		
2227	DB	Kirchweyhe		+ 20.11.1958	
2228	DR Reko	Halberstadt	U 17.08.1960 (→ 50 3624)		
2229	DR Reko	Aschersleben	U 14.08.1958 (→ 50 3535)		
2230 → 052 230-0	DB	Saarbrücken	Z 31.05.1976	+ 11.06.1976	
2231	DB	Kaiserslautern	Z 18.06.1966	+ 22.11.1966	
2232 → 052 232-6	DB	Kaiserslautern	Z 16.06.1975	+ 25.07.1975	
2233	DR Reko	Halberstadt	U 19.05.1960 (→ 50 3607)		
2234	DB	Kirchweyhe		+ 10.04.1957	
2235	DB	Hohenbudberg	Z 07.12.1950	+ 23.10.1962	
2236	DRB	(RBD Stuttgart)		(SNCF)	*
2237	DB	Soest	Z 07.10.1952	+ 29.08.1955	
2238	DR Reko	Halberstadt	U 07.08.1959 (→ 50 3571)		
2239 → 052 239-1	DB	Kaiserslautern	Z 11.04.1974	+ 18.09.1974	
2240	DRB	(Eger)		(ČSD/PKP)	*
2241 → 052 241-7	DB	Bayreuth	Z 13.01.1975	+ 16.05.1975	
2242	DB	Celle	Z 05.06.1951	+ 16.12.1959	*
2243 → 052 243-3	DB	Radolfzell	Z 24.06.1969	+ 22.09.1970	
2244 → 052 244-1	DB	Lehrte	Z 15.05.1975	+ 27.06.1975	
2245	DR Reko	Brandenburg	U 26.01.1961 (→ 50 3645)		
2246	DB	Schwerte	Z 1952	+ 29.08.1955	
2247 → 052 247-4	DB	Dillingen	Z 25.12.1968	+ 03.03.1969	
2248	DB	Buchholz	Z 04.06.1952	+ 20.11.1958	*
2249	DB	Bremerhaven-Geestemünde Z 24.01.1951		+ 16.12.1959	
2250	DB	Goslar	Z 20.12.1966	+ 22.05.1967	
2251	DB	Hagen Gbf	Z 1953	+ 29.08.1955	
2252	DB	Buchloe	Z 1950	+ 25.04.1958	
2253	DB	Lehrte	Z 04.02.1951	+ 10.04.1957	
2254	DB	Buchholz	Z 1952	+ 10.04.1957	
2255	DRB			(SNCF)	*
2256	DB	Hohenbudberg	Z 1958	+ 20.07.1959	
2257	DB	Hagen Gbf	Z 1953	+ 29.08.1955	
2258	DB	Freiburg	Z 02.09.1953	+ 29.08.1955	
2259	DR Reko	Stendal	U 19.03.1960 (→ 50 3599)		
2260	DB	Braunschweig Vbf	Z 12.1949	+ 10.04.1957	
2261 → 052 261-5	DB	Nürnberg Rbf	Z 14.01.1971	+ 15.12.1971	*
2262 → 052 262-3	DB	Lehrte	Z 13.12.1974	+ 05.12.1974	*
2263	DR	Karl-Marx-Stadt-Hilbersdorf Z 14.07.1967		+ 30.11.1967	

2236: Siedlce (Anl.) 06.1942, Ostbahn bis 03.1944, RBD Stuttgart 03.1944 – 06.1944, SNCF 1945 (→ 150Z2236); + 28.12.1951
2240: Siedlce (Anl.) 07.1942 – 10.07.1944, Neunkirchen 28.08.1944 – 01.1945 (mit Beschussschäden in Neunkirchen abg. am 05.09.1944), Eger ab 01.1945, bei ČSD 1947, Bohumin/ČSD bis 17.07.1951, PKP ab 18.07.1951 (→ Ty5-54), DOKP Poznań/PKP 02.1952. Von PKP im Zuge eines Fahrzeugtauschs erworben.
2242: Bw Celle gemeldet bis 02.03.1958 (abg.), evtl. als Z-Lok: Minden
2248: Hmb-Eidelstedt bis 03.06.1952, als Z-Lok: Buchholz
2255: Ostbahn (Anl.) 10.1942 – 02.1944, DRB (West) 02.1944, SNCF 1945 (→ 150Z2255); + 14.11.1953
2261: Vorherige Z-Stellung: 26.04.1970 – 30.11.1970
2262: Ausmusterung gemäß HVB-Verfügung vor Z-Stellung

Die Baureihe 50 – Verbleibsliste

052 185 steht am 3. Mai 1975 unter der großen Bekohlungsanlage in ihrem Heimat-Bw Ulm.
Foto: Werner Brutzer

052 223 hat am 17. Januar 1976 einen Güterzug im DDR-Grenzbahnhof Ellrich übernommen und nähert sich nun dem Bahnhof Walkenried.
Foto: Dietmar Brämert

Die Baureihe 50 – Verbleibsliste 50 2264 – 50 2303

Ordnungsnr., EDV-Nr.	letzte dt. Bahnverw.	letzte dt. Heimat-Bw	Z oder Umbau	+ oder Abgabe	
2264	DB	Neu-Ulm	Z 24.07.1953	+ 25.04.1958	
2265	DB	Uelzen	Z 30.12.1949	+ 20.07.1959	
2266	DB	Flensburg	Z 16.05.1967	+ 11.12.1968	*
2267 → 052 267-2	DB	Saarbrücken	Z 14.01.1971	+ 02.06.1971	*
2268 → 052 268-0	DB	Bayreuth	Z 25.06.1975	+ 25.07.1975	
2269 → 052 269-8	DB	Osterfeld Süd	Z 10.04.1970	+ 24.06.1970	
2270	DRB	(Freiburg)		(SNCF)	*
2271 → 052 271-4	DB	Saarbrücken	Z 14.01.1971	+ 02.06.1971	*
2272 → 052 272-2	DB	Saarbrücken	Z 20.09.1974	+ 05.12.1974	
2273	DR Reko	Elsterwerda	U 13.09.1958 (→ 50 3539)		
2274 → 052 274-8	DB	Neuss	Z 09.01.1974	+ 09.06.1974	
2275 → 052 275-5	DB	Wanne-Eickel	Z 30.08.1967	+ 10.07.1969	
2276 → 052 276-3	DB	Osterfeld Süd	Z 23.08.1967	+ 12.03.1968	
2277 → 052 277-1	DB	Hamm	Z 18.10.1972	+ 21.12.1972	
2278	DB	Gießen	Z 24.05.1967	+ 14.11.1967	
2279	DRB KS	Stendal	Z 09.02.1948	+ 14.04.1948	*
2280 → 052 280-5	DB	Hameln	Z 14.01.1971	+ 15.12.1971	
2281 → 052 281-3	DB	Osterfeld Süd	Z 11.01.1971	+ 02.06.1971	*
2282 → 052 282-1	DB	Bestwig	Z 21.04.1967	+ 02.10.1968	
2283 → 052 283-9	DB	Lehrte	Z 20.12.1972	+ 12.04.1973	
2284 → 50 2284-3	DR	Wismar	Z 17.12.1974	+ 06.12.1974	*
2285	DB	Osterfeld Süd	Z 02.02.1967	+ 22.05.1967	
2286 → 052 286-2	DB	Betzdorf	Z 07.02.1974	+ 09.06.1974	
2287	DB	Gremberg	Z 27.10.1962	+ 15.10.1963	
2288 → 052 288-8	DB	Lehrte	Z 19.05.1967	+ 11.12.1968	
2289 → 052 289-6	DB	Gremberg	Z 06.06.1975	+ 25.07.1975	
2290 → 052 290-4	DB	Hohenbudberg	Z 29.08.1967	+ 10.07.1969	
2291 → 052 291-2	DB	Osterfeld Süd	Z 30.05.1973	+ 24.08.1973	
2292	DB	Gießen	Z 09.02.1967	+ 22.05.1967	
2293 → 052 293-8	DB	Uelzen	Z 05.07.1969	+ 19.09.1969	
2294	DB	Dortmund Rbf	Z 12.10.1966	+ 24.02.1967	
2295 → 052 295-3	DB	Kirchenlaibach	Z 18.06.1972	+ 08.11.1972	
2296 → 052 296-1	DB	Limburg	Z 30.11.1971	+ 18.04.1972	
2297 → 052 297-9	DB	Duisburg-Wedau	Z 18.07.1975	+ 21.08.1975	
2298 → 052 298-7	DB	Lehrte	Z 17.12.1975	+ 15.03.1976	
2299 → 052 299-5	DB	Gremberg	Z 14.11.1974	+ 05.12.1974	
2300	DB	Augsburg	Z 09.07.1965	+ 01.09.1965	
2301	DB	Hmb-Harburg	Z 08.09.1958	+ 30.09.1960	
2302 → 052 302-7	DB	Stolberg	Z 28.07.1972	+ 08.11.1972	
2303	DB	Hamm	Z 08.01.1964	+ 01.09.1965	

2266:   Vom amtlichen DB-Umzeichnungsplan nicht erfasst (Ausmusterung ohne EDV-Nummer)
2267:   Vorherige Z-Stellung:13.10.1969 – 01.07.1970
2270:   RBD Königsberg 11.1942, RBD Berlin 1943, (Karlsruhe 08.1945 – 01.11.1945, Freiburg bis 01.12.1945), SNCF 1945 – 1947 (als Mietlok: Landau bis 20.01.1948, Koblenz-Mosel 21.01.1948 – 02.02.1949), SNCF ab 03.02.1949 (→ 150Z2270); + 14.11.1953
2271:   vorherige Z-Stellung:07.10.1969 – 01.07.1970
2279:   Bombentreffer; vorherige Z-Stellung Stendal 22.02.1945, Ausmusterung am 22.08.1947, danach Wiederaufarbeitung
2281:   Vorherige Z-Stellung:04.09.1968 – 28.02.1970 in Hmb-Rothenburgsort; als Betriebslok (buchmäßig) 29.02.1970: Osterfeld Süd
2284:   Ausmusterung vor Z-Stellung

Die Baureihe 50 – Verbleibsliste

Die Strecke Mainz – Mannheim war 1958 gerade erst elektrifiziert worden, als 50 2292 an der Blockstelle Isenach zwischen Frankenthal und Ludwigshafen-Oggersheim vorbeikam.
Foto: Karl Gerhard Baur, Sammlung Wolfgang Löckel

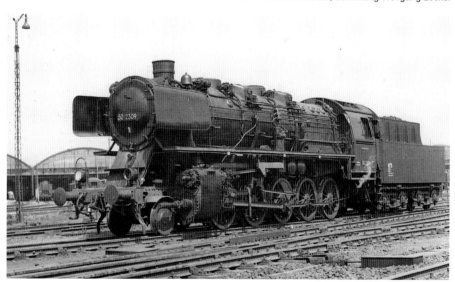

Als 50 2309 1958 in Leipzig Hbf fotografiert wurde, gehörte die Lok zum Bw Aschersleben. Ein Jahr später wurde sie zur 50 3567 rekonstruiert, die 1966 nach erneutem Umbau als erste ölgefeuerte Reichsbahn-50 in Dienst ging.
Foto: Gerhard Illner, Sammlung Peter Melcher

Die Lokomotiven der Baureihen 50 und ihr Verbleib

Die Baureihe 50 – Verbleibsliste   50 2304 – 50 2343

Ordnungsnr.	EDV-Nr.	letzte dt. Bahnverw.	letzte dt. Heimat-Bw	Z oder Umbau	+ oder Abgabe	
2304	→ 052 304-3	DB	Wanne-Eickel	Z 15.07.1968	+ 02.10.1968	
2305	→ 052 305-0	DB	Hohenbudberg	Z 07.08.1970	+ 02.06.1971	
2306	→ 052 306-8	DB	Neuss	Z 16.01.1968	+ 21.06.1968	
2307		DR Reko	Werdau	U 25.07.1958 (→ 50 3533)		
2308		DR Reko	Aschersleben	U 30.07.1959 (→ 50 3570)		
2309		DR Reko	Aschersleben	U 02.07.1959 (→ 50 3567)		
2310	→ 052 310-0	DB	Osterfeld Süd	Z 30.07.1971	+ 15.12.1971	
2311		DR	Wismar	Z 14.11.1968	+ 02.01.1969	
2312		DR Reko	Aschersleben	U 19.06.1959 (→ 50 3565)		
2313		DR Reko	Halberstadt	U 16.09.1960 (→ 50 3627)		
2314		DRB		(ÖStB/ÖBB)		*
2315	→ 052 315-9	DB	Uelzen	Z 01.02.1968	+ 21.06.1968	
2316		DRB	(Stendal)	(VU)		*
2317	→ 052 317-5	DB	Koblenz-Mosel	Z 12.09.1972	+ 21.12.1972	
2318		DB	Osnabrück Rbf	Z 04.05.1967	+ 14.11.1967	*
2319	→ 052 319-1	DB	Kaiserslautern	Z 25.06.1974	+ 18.09.1974	
2320	→ 052 320-9	DB	Lehrte	Z 07.08.1972	+ 08.11.1972	
2321		DB	Flensburg	Z 03.02.1965	+ 03.06.1965	
2322		DB	Neumünster	Z 26.06.1965	+ 06.01.1966	
2323	→ 052 323-3	DB	Saarbrücken	Z 21.01.1976	+ 15.03.1976	
2324	→ 052 324-1	DB	Schweinfurt	Z 21.04.1969	+ 19.09.1969	
2325		DB	Bestwig	Z 09.07.1966	+ 22.11.1966	
2326	→ 052 326-6	DB	Emden	Z 17.10.1967	+ 12.03.1968	
2327	→ 052 327-4	DB	Wanne-Eickel	Z 05.04.1973	+ 24.08.1973	
2328		DB	Hmb-Harburg	Z 25.02.1965	+ 03.06.1965	
2329		DB	Hmb-Rothenburgsort	Z 10.09.1965	+ 06.01.1966	
2330	→ 052 330-8	DB	Lehrte	Z 09.03.1973	+ 24.08.1973	
2331	→ 052 331-6	DB	Gremberg	Z 07.08.1967	+ 21.06.1968	
2332	→ 052 332-4	DB	Gremberg	Z 25.02.1975	+ 16.05.1975	
2333	→ 052 333-2	DB	Lehrte	Z 20.02.1975	+ 16.05.1975	
2334	→ 052 334-0	DB	Nürnberg Rbf	Z 05.05.1969	+ 03.12.1969	
2335		DB	Bremen Hbf	Z 27.10.1966	+ 22.05.1967	
2336	→ 052 336-5	DB	Wt-Vohwinkel	Z 21.03.1969	+ 10.07.1969	
2337	→ 052 337-3	DB	Wt-Vohwinkel	Z 09.05.1969	+ 19.09.1969	
2338		DRB KS	Wittenberge		+ 06.04.1946	*
2339	→ 052 339-9	DB	Crailsheim	Z 30.10.1975	+ 22.12.1975	
2340	→ 052 340-7	DB	Hohenbudberg	Z 20.01.1969	+ 10.07.1969	
2341	→ 052 341-5	DB	Betzdorf	Z 17.12.1973	+ 06.03.1974	
2342		DB	Schwandorf	Z 16.08.1966	+ 22.11.1966	
2343		DB	Uelzen	Z 26.07.1966	+ 22.11.1966	

2314:	1945 an ÖStB/ÖBB (→ 50.2314); + 15.06.1967 in Linz/Donau
2316:	CFR-Mietlok der RBD Hannover (Bw Stendal) ab 21.01.1943, Urziceni/CFR 05.1944, bei CFR noch 07.1944, evtl. CFR/R 1945, SZD 1945?
2318:	Z-Stellung in Münster, als Z-Lok 28.05.1967: Osnabrück Rbf
2338:	Als Kriegsschadlok der RBD Schwerin (Bw Wittenberge) nachgewiesen von 06.1945 bis zur Ausmusterung; Ausmusterung bei RBD Magdeburg nicht zutreffend

Die Baureihe 50 – Verbleibsliste

052 319 gehörte eine zeitlang zum Bw Uelzen. Im März 1973 wurde die Lok hier von Ulf Heitmann fotografiert.

Wenige Wochen vor ihrer z-Stellung steht 50 2349 am 27. April 1977 in ihrem Heimat-Bw Nossen.
Foto: Rudolf Heym, Sammlung Peter Melcher

Die Baureihe 50 – Verbleibsliste   50 2344 – 50 2383

Ordnungsnr., EDV-Nr.	letzte dt. Bahnverw.	letzte dt. Heimat-Bw	Z oder Umbau	+ oder Abgabe	
2344	DB	Husum	Z 17.06.1966	+ 27.09.1966	
2345	DB	Münster	Z 01.09.1966	+ 22.11.1966	
2346	DB	Hof	Z 09.07.1965	+ 01.09.1965	
2347 → 50 2347-8	DR	Nossen	Z 25.10.1977	+ 15.11.1977	
2348	DR Reko	Halberstadt	U 05.08.1958 (→ 50 3538)		
2349 → 50 2349-4	DR	Nossen	Z 07.06.1977	+ 19.08.1977	
2350 (→ 50 2350-2)	DR	Wismar	Z 24.04.1969	+ 27.10.1971	*
2351 → 052 351-4	DB	Osterfeld Süd	Z 27.03.1975	+ 16.05.1975	
2352	DRB KS	Hmb-Harburg		+ 25.05.1946	
2353 → 052 353-0	DB	Duisburg-Wedau	Z 12.04.1976	+ 11.06.1976	
2354 → 052 354-8	DB	Nürnberg Rbf	Z 14.01.1971	+ 15.12.1971	*
2355	DB	Kaiserslautern	Z 07.02.1964	+ 10.03.1965	
2356 → 052 356-3	DB	Stolberg	Z 30.10.1973	+ 06.03.1974	
2357 → 052 357-1	DB	Lehrte	Z 05.12.1972	+ 12.04.1973	
2358 → 052 358-9	DB	Lehrte	Z 29.01.1968	+ 21.06.1968	
2359	DRB	(Wt-Vohwinkel)		(VU)	*
2360	DB	Hmb-Harburg	Z 17.05.1965	+ 06.01.1966	
2361 → 052 361-3	DB	Augsburg	Z 29.01.1969	+ 10.07.1969	
2362	DB	Hmb-Rothenburgsort	Z 20.03.1967	+ 05.07.1967	
2363 → 052 363-9	DB	Neuss	Z 04.06.1968	+ 02.10.1968	
2364	DB	Löhne	Z 10.03.1967	+ 05.07.1967	
2365 → 052 365-4	DB	Kaiserslautern	Z 21.10.1967	+ 19.09.1969	
2366	DB	Hamm	Z 29.03.1967	+ 05.07.1967	
2367 → 052 367-0	DB	Koblenz-Mosel	Z 02.07.1973	+ 06.03.1974	
2368 → 052 368-8	DB	Aachen West	Z 01.04.1968	+ 21.06.1968	
2369 → 052 369-6	DB	Hmb-Rothenburgsort	Z 17.08.1968	+ 11.12.1968	
2370 → 052 370-4	DB	Hohenbudberg	Z 11.01.1971	+ 23.02.1971	*
2371 → 052 371-2	DB	Wanne-Eickel	Z 07.05.1968	+ 02.10.1968	
2372 → 052 372-0	DB	Duisburg-Wedau	Z 28.06.1976	+ 28.09.1976	
2373 → 052 373-8	DB	Hameln	Z 14.06.1966	+ 12.03.1968	*
2374 → 052 374-6	DB	Lehrte	Z 20.06.1975	+ 25.07.1975	
2375 → 052 375-3	DB	Saarbrücken	Z 03.01.1972	+ 18.04.1972	
2376	DR Reko	Werdau	U 06.04.1959 (→ 50 3557)		
2377	DB	Kaiserslautern	Z 19.08.1965	+ 20.06.1966	*
2378 → 50 2378-3	DR	Nossen	Z 07.06.1977	+ 19.08.1977	
2379 → 052 379-5	DB	Lehrte	Z 14.01.1971	+ 15.12.1971	
2380	DB MV	Oldenburg Vbf	U 10.11.1958 (→ DB 50 4016)		
2381 → 052 381-1	DB	Ulm	Z 07.01.1969	+ 10.07.1969	
2382	DB	Kornwestheim	Z 01.03.1961	+ 24.03.1961	
2383 → 50 2383-3	DR	Wismar	Z 18.06.1973	+ 18.06.1973	

2350:	1970 nicht mehr umgezeichnet, im amtlichen DR-Umzeichnungsplan jedoch noch enthalten
2354:	Vorherige Z-Stellung: 12.03.1970 – 06.07.1970
2359:	CFR-Mietlok der RBD Wuppertal (Bw Wt-Vohwinkel) ab 11.01.1943, Urziceni/CFR 05.1944, bei CFR noch 07.1944, evtl. CFR/R 1945, SZD 1945?
2370:	Vorherige Z-Stellung: 25.09.1969 – 03.11.1970; Z-Stellung in Stolberg, als Z-Lok 16.04.1970: Hohenbudberg
2373:	Z-Stellung in Ottbergen (als Z-Lok 01.1967: AW Göttingen), als Z-Lok 01.04.1967: Hameln
2377:	Z-Stellung in Bingerbrück, als Z-Lok 22.05.1966: Kaiserslautern

Die Baureihe 50 – Verbleibsliste

50 2378 vom Bw Karl-Marx-Stadt hatte im November 1973 einen Personenzug in Niederwiesa zu bespannen.
Foto: Rolf Vogel, Sammlung Holger Kaufhold

Kiel Hbf im Sommer 1968: Die noch nicht umgezeichnete 50 2458 und die 220 047 stehen mit modernen Schnellzugwagen für die zahlreich wartenden Fahrgäste bereit.
Foto: Heinz Hansen, Sammlung Holger Kaufhold

Die Baureihe 50 – Verbleibsliste   50 2384 – 50 2423

Ordnungsnr., EDV-Nr.		letzte dt. Bahnverw.	letzte dt. Heimat-Bw	Z oder Umbau	+ oder Abgabe	
2384	→ 052 384-5	DB	Darmstadt	Z 14.07.1967	+ 12.03.1968	
2385		DR Reko	Oebisfelde	U 12.09.1960 (→ 50 3626)		
2386	→ 052 386-0	DB	Saarbrücken	Z 20.12.1975	+ 15.03.1976	
2387	→ 052 387-8	DB	Crailsheim	Z 25.10.1968	+ 03.03.1969	
2388		DR Reko	Stendal	U 28.01.1960 (→ 50 3589)		
2389	→ 052 389-4	DB	Duisburg-Wedau	Z 05.10.1974	+ 05.12.1974	
2390		DRB KS	Frankfurt/Main 2		+ 05.03.1946	
2391	→ 052 391-0	DB	Plattling	Z 06.06.1968	+ 02.10.1968	
2392	→ 052 392-8	DB	Hameln	Z 08.12.1968	+ 03.03.1969	
2393	→ 052 393-6	DB	Osterfeld Süd	Z 06.02.1975	+ 16.05.1975	
2394		DB	Nürnberg Rbf	Z 11.08.1965	+ 04.03.1966	
2395	→ 052 395-1	DB	Wanne-Eickel	Z 25.07.1975	+ 21.08.1975	
2396		DB	Rottweil	Z 03.02.1965	+ 03.06.1965	
2397	→ 052 397-7	DB	Betzdorf	Z 29.03.1973	+ 24.08.1973	
2398		DB	Radolfzell	Z 25.01.1965	+ 01.09.1965	
2399		DB	Löhne	Z 23.09.1966	+ 22.11.1966	
2400		DB	Mannheim	Z 12.08.1964	+ 30.11.1964	
2401	→ 052 401-7	DB	Tübingen	Z 15.10.1969	+ 27.11.1970	
2402	→ 052 402-5	DB	Löhne	Z 08.10.1968	+ 03.03.1969	
2403		DB	Mannheim	Z 08.05.1965	+ 01.09.1965	
2404	→ 052 404-1	DB	Duisburg-Wedau	Z 12.10.1976	+ 22.12.1976	*
2405		DB	Uelzen	Z 13.04.1966	+ 27.09.1966	
2406	→ 052 406-6	DB	Crailsheim	Z 20.01.1976	+ 15.03.1976	
2407	→ 50 2407-0	DR	Karl-Marx-Stadt	Z 10.01.1985	+ 24.07.1985	
2408	→ 052 408-2	DB	Duisburg-Wedau	Z 22.02.1973	+ 12.04.1973	
2409	→ 052 409-0	DB	Lehrte	Z 01.06.1976	+ 11.06.1976	
2410	→ 052 410-8	DB	Wanne-Eickel	Z 14.07.1973	+ 06.03.1974	
2411		DB	Düsseldorf-Derendorf	Z 03.09.1965	+ 19.08.1966	
2412	→ 052 412-4	DB	Heilbronn	Z 04.06.1969	+ 19.09.1969	
2413		DB	Gießen	Z 29.05.1967	+ 14.11.1967	
2414	→ 052 414-0	DB	Osterfeld Süd	Z 18.11.1968	+ 03.03.1969	
2415	→ 052 415-7	DB	Frankfurt/Main 2	Z 15.07.1967	+ 12.03.1968	
2416	→ 50 2416-1	DR	Nossen	Z 08.02.1979	+ 24.04.1979	
2417	→ 052 417-3	DB	Schweinfurt	Z 03.02.1975	+ 16.05.1975	
2418	→ 052 418-1	DB	Radolfzell	Z 28.10.1970	+ 27.11.1970	
2419		DB	Crailsheim	Z 16.06.1965	+ 01.09.1965	
2420	→ 052 420-7	DB	Hof	Z 16.06.1972	+ 08.11.1972	
2421	→ 052 421-5	DB	Kassel	Z 17.10.1968	+ 03.03.1969	
2422		DB	Düsseldorf-Derendorf	Z 23.09.1966	+ 22.11.1966	
2423	→ 052 423-1	DB	Osterfeld Süd	Z 13.02.1968	+ 02.10.1968	

2404:   Heizlok bzw. Denkmal im AW Paderborn; 1998 an Dampflok-Arbeitsgemeinschaft Oberhausen, ab 2001 abg. Bw Gsk-Bismarck

50 2244 – 50 2463 Die Baureihe 50 – Verbleibsliste

Ordnungsnr., EDV-Nr.	letzte dt. Bahnverw.	letzte dt. Heimat-Bw	Z oder Umbau	+ oder Abgabe	
2424 → 052 424-9	DB	Schweinfurt	Z 29.06.1967	+ 03.03.1969	
2425 → 052 425-6	DB	Lehrte	Z 19.04.1976	+ 11.06.1976	
2426 → 052 426-4	DB	Kaiserslautern	Z 14.11.1974	+ 05.12.1974	
2427	DB	Flensburg	Z 25.04.1966	+ 27.09.1966	
2428 → 052 428-0	DB	Mayen	Z 28.01.1975	+ 16.05.1975	
2429 → 052 429-8	DB	Duisburg-Wedau	Z 04.01.1977	+ 21.02.1977	*
2430 → 052 430-6	DB	Duisburg-Wedau	Z 13.11.1975	+ 22.12.1975	
2431 → 052 431-4	DB	Osterfeld Süd	Z 07.05.1975	+ 27.06.1975	
2432	DB	Gremberg	Z 10.06.1962	+ 15.10.1963	
2433 → 052 433-0	DB	Wt-Vohwinkel	Z 14.01.1971	+ 15.12.1971	*
2434	DB	Bestwig	Z 08.02.1967	+ 22.05.1967	
2435	DB	Gremberg	Z 10.12.1962	+ 15.10.1963	
2436	DB	Bamberg	Z 15.09.1966	+ 22.11.1966	
2437 → 052 437-1	DB	Betzdorf	Z 05.06.1973	+ 24.08.1973	
2438 → 052 438-9	DB	Duisburg-Wedau	Z 27.06.1975	+ 25.07.1975	
2439	DB	Schwandorf	Z 04.04.1965	+ 01.09.1965	
2440 → 052 440-5	DB	Weiden	Z 25.06.1975	+ 25.07.1975	
2441	DB	Osterfeld Süd	Z 17.05.1965	+ 01.09.1965	
2442 → 052 442-1	DB	Dillingen	Z 14.01.1971	+ 15.12.1971	*
2443 → 052 443-9	DB	Lehrte	Z 01.02.1975	+ 16.05.1975	
2444 → 052 444-7	DB	Lehrte	Z 03.02.1976	+ 15.03.1976	
2445	DB	Bingerbrück	Z 01.07.1964	+ 01.09.1965	
2446 → 052 446-2	DB	Duisburg-Wedau	Z 23.06.1975	+ 25.07.1975	
2447 → 052 447-0	DB Rück	Neuss	Z 15.01.1974	+ 09.06.1974	*
2448 → 052 448-8	DB	Ulm	Z 30.11.1974	+ 05.12.1974	
2449	DRB KS	Münster		+ 05.08.1946	
2450 → 052 450-4	DB	Bayreuth	Z 25.06.1975	+ 25.07.1975	
2451 → 052 451-2	DB	Duisburg-Wedau	Z 23.02.1974	+ 09.06.1974	
2452 → 052 452-0	DB	Hof	Z 09.10.1972	+ 21.12.1972	
2453	DB	Duisburg-Wedau	Z 15.09.1966	+ 22.11.1966	
2454 → 052 454-6	DB	Duisburg-Wedau	Z 22.12.1972	+ 12.04.1973	
2455	DB	Darmstadt	Z 03.04.1964	+ 10.03.1965	*
2456	DB	Mühldorf	Z 01.04.1965	+ 04.03.1966	
2457	DB	Weiden	Z 15.03.1965	+ 01.09.1965	
2458 → 052 458-7	DB	Lehrte	Z 21.07.1973	+ 06.03.1974	
2459 → 052 459-5	DB	Nürnberg Rbf	Z 24.06.1971	+ 15.12.1971	*
2460 → 052 460-3	DB	Ulm	Z 05.06.1975	+ 25.07.1975	
2461 → 052 461-1	DB	Mannheim	Z 22.01.1971	+ 02.06.1971	*
2462 → 052 462-9	DB	Saarbrücken	Z 31.01.1967	+ 02.10.1968	
2463 → 052 463-7	DB	Schweinfurt	Z 14.01.1971	+ 15.12.1971	*

2429:	Denkmal in Voerde; ab 1995 Rheinisches Industriemuseum Oberhausen
2433:	Vorherige Z-Stellung: 17.05.1970 – 13.09.1970
2442:	Z-Stellung in Mayen, als Z-Lok 01.04.1971: Dillingen
2447:	Wanne-Eickel 07.1944, NS ab 09.1945 (→ 4906), Rückgabe DB 19.09.1947 (Übergabe in Bentheim), Oberhausen Hbf (vmtl. nur buchmäßig) 02.03.1947 – 12.10.1947, Hamm ab 13.10.1947
2455:	Z-Stellung in Mainz-Bischofsheim, als Z-Lok 08.10.1964: Darmstadt
2459:	Vorherige Z-Stellung: 01.02.1969 – 26.01.1970 in Hohenbudberg; Z-Stellung in Hohenbudberg, als Betriebslok (buchmäßig) 27.01.1970: Nürnberg Rbf
2461:	Vorherige Z-Stellung: 01.09.1969 – 21.07.1970
2463:	Vorherige Z-Stellung: 03.05.1970 – 06.07.1970

Die Lokomotiven der Baureihen 50 und ihr Verbleib

Die Baureihe 50 – Verbleibsliste   50 2464 – 50 2503

Ordnungsnr., EDV-Nr.	letzte dt. Bahnverw.	letzte dt. Heimat-Bw	Z oder Umbau	+ oder Abgabe	
2464		DB MV	Rheine	U 06.1959 (→ DB 50 4028)	
2465 → 052 465-2	DB	Uelzen	Z 09.10.1973	+ 06.03.1974	
2466	DB	Uelzen	Z 24.03.1966	+ 27.09.1966	
2467	DB	Hamm	Z 25.11.1966	+ 24.02.1967	
2468 → 052 468-6	DB	Dieringhausen	Z 05.12.1967	+ 12.03.1968	
2469	DB	Bingerbrück	Z 01.07.1964	+ 10.03.1965	
2470	DB	Northeim	Z 27.04.1966	+ 27.09.1966	
2471	DB	Hmb-Harburg	Z 12.10.1966	+ 24.02.1967	
2472 → 052 472-8	DB	Lehrte	Z 25.05.1972	+ 15.08.1972	
2473 → 052 473-6	DB	Stolberg	Z 30.06.1968	+ 02.10.1968	
2474 → 052 474-4	DB	Stolberg	Z 15.08.1975	+ 22.10.1975	
2475 → 052 475-1	DB	Lehrte	Z 01.06.1976	+ 11.06.1976	
2476	DB	Lehrte	Z 18.08.1966	+ 22.11.1966	
2477 → 052 477-7	DB	Lehrte	Z 22.05.1967	+ 11.12.1968	
2478	DB	Hohenbudberg	Z 20.10.1962	+ 15.10.1963	*
2479 → 052 479-3	DB	Osterfeld Süd	Z 23.12.1972	+ 12.04.1973	
2480 → 052 480-1	DB	Braunschweig	Z 21.03.1968	+ 22.09.1970	
2481 → 052 481-9	DB	Crailsheim	Z 16.12.1974	+ 05.12.1974	*
2482	DB	Emden	Z 29.03.1967	+ 05.07.1967	
2483 → 052 483-5	DB	Duisburg-Wedau	Z 26.11.1975	+ 22.12.1975	
2484 → 052 484-3	DB	Gremberg	Z 22.04.1975	+ 09.07.1975	*
2485	DB	Hohenbudberg	Z 15.10.1964	+ 10.03.1965	
2486 → 052 486-8	DB	Lehrte	Z 29.09.1969	+ 22.09.1970	
2487	DB	Goslar	Z 11.04.1964	+ 10.03.1965	
2488 → 052 488-4	DB	Lehrte	Z 04.07.1972	+ 08.11.1972	
2489 → 052 489-2	DB	Lehrte	Z 12.09.1969	+ 22.09.1970	
2490 → 052 490-0	DB	Osterfeld Süd	Z 08.01.1969	+ 03.03.1969	
2491 → 052 491-8	DB	Lehrte	Z 01.06.1976	+ 11.06.1976	
2492	DR Reko	Magdeburg-Buckau	U 21.04.1960 (→ 50 3603)		
2493 → 052 493-4	DB	Neuss	Z 21.09.1973	+ 06.03.1974	*
2494	DR Reko	Aschersleben	U 18.12.1959 (→ 50 3585)		
2495	DB	Saarbrücken	Z 01.08.1964	+ 10.03.1965	
2496 → 052 496-7	DB	Wanne-Eickel	Z 06.07.1972	+ 08.11.1972	
2497 → 052 497-5	DB	Duisburg-Wedau	Z 11.07.1974	+ 05.12.1974	
2498 → 052 498-3	DB	Ulm	Z 30.07.1975	+ 21.08.1975	
2499 → 052 499-1	DB	Wanne-Eickel	Z 18.10.1972	+ 21.12.1972	
2500 → 052 500-6	DB	Schweinfurt	Z 25.06.1975	+ 25.07.1975	
2501 → 052 501-4	DB	Lehrte	Z 01.06.1976	+ 11.06.1976	
2502		DR Reko	Halberstadt	U 18.11.1958 (→ 50 3544)	
2503		DR Reko	Oebisfelde	U 18.12.1959 (→ 50 3584)	

2478: Stolberg vmtl. bis Umbeheimatung am 19.10.1962, als Z-Lok: Hohenbudberg
2481: Ausmusterung gemäß HVB-Verfügung vor Z-Stellung
2484: Z-Stellung in Mayen, als Z-Lok 31.05.1975: Gremberg
2493: Z-Stellung in Hohenbudberg, als Z-Lok 30.09.1973: Neuss

Im Sommer 1973 fährt 052 481 mit einem Güterzug Richtung Ansbach aus Crailsheim aus.
Foto: Joachim Stübben

Die Baureihe 50 – Verbleibsliste   50 2504 – 50 2543

Ordnungsnr., EDV-Nr.	letzte dt. Bahnverw.	letzte dt. Heimat-Bw	Z oder Umbau	+ oder Abgabe	
2504	DR Reko	Magdeburg-Rothensee	U 03.09.1959 (→ 50 3577)		
2505	DRB	(Magdeburg-Buckau)		(SZD/CFR)	*
2506	DR Reko	Oebisfelde	U 03.09.1960 (→ 50 3625)		
2507 → 50 2507-7	DR	Reichenbach	Z 23.04.1970	+ 22.11.1971	*
2508 → 052 508-9	DB	Duisburg-Wedau	Z 04.08.1975	+ 22.10.1975	
2509 → 052 509-7	DB	Rottweil	Z 01.01.1975	+ 16.05.1975	
2510	DB	Kassel	Z 01.11.1966	+ 05.07.1967	
2511 → 052 511-3	DB	Uelzen	Z 14.03.1974	+ 09.06.1974	
2512 → 052 512-1	DB	Kaiserslautern	Z 21.08.1974	+ 05.12.1974	
2513 → 052 513-9	DB	Lehrte	Z 01.06.1976	+ 11.06.1976	
2514 → 052 514-7	DB	Bestwig	Z 11.12.1968	+ 03.03.1969	
2515	DB	München Hbf	Z 09.06.1966	+ 22.11.1966	
2516 → 052 516-2	DB	Hamm	Z 19.09.1967	+ 10.07.1969	
2517	DR	Wittenberg		+ 14.10.1955	*
2518	DB	Limburg	Z 26.02.1964	+ 01.09.1965	
2519 → 052 519-6	DB	Osterfeld Süd	Z 25.02.1975	+ 16.05.1975	
2520 → 052 520-4	DB	Köln-Eifeltor	Z 30.08.1967	+ 10.07.1969	
2521 → 052 521-2	DB	Husum	Z 01.07.1968	+ 02.10.1968	
2522 → 052 522-0	DB	Flensburg	Z 21.12.1970	+ 02.06.1971	*
2523	DR Reko	Magdeburg-Rothensee	U 01.04.1960 (→ 50 3601)		
2524 → 052 524-6	DB	Schweinfurt	Z 28.08.1975	+ 22.10.1975	
2525 → 052 525-3	DB	Kassel	Z 20.05.1973	+ 24.08.1973	
2526 → 052 526-1	DB	Hamm	Z 08.09.1972	+ 21.12.1972	
2527	DB	Hagen Gbf	Z 19.06.1964	+ 10.03.1965	
2528	DB	Dortmund Rbf	Z 19.02.1965	+ 01.09.1965	
2529 → 052 529-5	DB	Lehrte	Z 01.06.1976	+ 11.06.1976	
2530 → 052 530-3	DB	Duisburg-Wedau	Z 25.03.1975	+ 16.05.1975	
2531	DB	Treysa	Z 11.09.1964	+ 10.03.1965	
2532 → 052 532-9	DB	Mayen	Z 14.01.1971	+ 02.06.1971	*
2533	DB	Nördlingen	Z 01.06.1964	+ 30.11.1964	
2534 → 50 2534-1	DR	Wismar	Z 18.07.1973	+ 03.08.1973	
2535 → 052 535-2	DB	Wanne-Eickel	Z 15.12.1972	+ 12.04.1973	
2536 → 50 2536-6	DR	Reichenbach	Z 27.03.1979	+ 07.08.1979	
2537 → 052 537-8	DB	Mayen	Z 27.05.1974	+ 18.09.1974	
2538	DR Reko	Aschersleben	U 1960 (→ 50 3591)		
2539 → 052 539-4	DB	Flensburg	Z 01.10.1968	+ 11.12.1968	
2540	DB	Koblenz-Mosel	Z 08.06.1959	+ 12.11.1962	*
2541	DB	Bremen Hbf	Z 30.03.1965	+ 03.06.1965	
2542	DB	Saarbrücken Vbf	Z 01.07.1960	+ 29.05.1961	
2543	DB	Hmb-Rothenburgsort	Z 16.12.1963	+ 30.11.1964	

2505:   Magdeburg-Buckau 06.1945, SZD (ohne Umzeichnung) 09.1945, vmtl. CFR nach 1945. Im CFR-Nummernschema wird die ex DRB 52 2607 als 150.1115 aufgeführt. Diese Lok erhielt mutmaßlich Barrenrahmen, Zylinder und Kessel von 50 2505, so dass der Verbleib letzterer bei der CFR als wahrscheinlich angesehen werden kann.
2507:   Nach anderen Angaben zuletzt Bw Adorf
2517:   09.1948 Unfall auf Korridor Frankfurt/Oder – Brest
2522:   Vorherige Z-Stellung: 05.07.1968 in Husum, als Z-Lok 29.09.1968: Flensburg, als Betriebslok (buchmäßig) 26.02.1970: Ulm, als Betriebslok (buchmäßig) 21.12.1970: Flensburg
2532:   vorherige Z-Stellung: 01.12.1969 – 01.07.1970
2540:   Z-Stellung in Oberlahnstein, als Z-Lok 27.05.1962: Koblenz-Mosel

Die Baureihe 50 – Verbleibsliste

Am 11. April 1973 ergänzt die 052 575-8 ihre Kohlenvorräte in ihrem Heimat-Bw Köln-Eifeltor.
Foto: Dr. Daniel Hörnemann

Kurz vor Einstellung des Dampfbetriebs im Südharz weilten 052 501 (Bw Lehrte) und 044 669 (Bw Ottbergen) am 22. April 1976 bei den Versorgungsanlagen des Bahnhofs Herzberg/Harz. Foto: Werner Brutzer

Die Baureihe 50 – Verbleibsliste   50 2544 – 50 2583

Ordnungsnr., EDV-Nr.	letzte dt. Bahnverw.	letzte dt. Heimat-Bw	Z oder Umbau	+ oder Abgabe	
2544 → 052 544-4	DB	Uelzen	Z 08.07.1974	+ 05.12.1974	
2545 → 052 545-1	DB	Duisburg-Wedau	Z 27.10.1975	+ 22.12.1975	
2546	DB	Hmb-Harburg	Z 30.04.1965	+ 01.09.1965	*
2547	DRB	(RBD Karlsruhe)		(SNCF)	*
2548 → 052 548-5	DB	Lehrte	Z 11.06.1975	+ 25.07.1975	
2549 → 052 549-3	DB	Duisburg-Wedau	Z 28.05.1976	+ 28.09.1976	
2550	DB	Frankfurt/Main 2	Z 12.08.1964	+ 10.03.1965	
2551 → 052 551-9	DB	Lehrte	Z 25.07.1972	+ 08.11.1972	
2552 → 052 552-7	DB	Augsburg	Z 23.02.1971	+ 15.12.1971	
2553 → 052 553-5	DB	Ulm	Z 29.11.1968	+ 03.03.1969	
2554	DB	Osterfeld Süd	Z 15.12.1964	+ 01.09.1965	
2555	DRB	(RBD Breslau)		(BDZ)	*
2556 → 052 556-8	DB	Kassel	Z 10.08.1967	+ 12.03.1968	
2557 → 052 557-6	DB	Wt-Vohwinkel	Z 20.02.1969	+ 10.07.1969	
2558 → 052 558-4	DB	Goslar	Z 16.04.1969	+ 22.09.1970	
2559	DB	Hannover Hgbf	Z 16.08.1966	+ 22.11.1966	
2560	DR Reko	Dresden-Friedrichstadt	U 01.04.1959 (→ 50 3561)		
2561 → 052 561-8	DB	Lehrte	Z 01.06.1976	+ 11.06.1976	
2562	DR Reko	Aschersleben	U 11.07.1958 (→ 50 3530)		
2563	DRB	(Breslau-Mochbern)		(PKP)	*
2564 → 052 564-2	DB	Gsk-Bismarck	Z 01.07.1968	+ 02.10.1968	
2565 → 052 565-9	DB	Limburg	Z 11.10.1968	+ 03.03.1969	
2566	DB	Neuss	Z 04.10.1966	+ 24.02.1967	
2567 → 052 567-5	DB	Hmb-Rothenburgsort	Z 27.06.1967	+ 03.03.1969	
2568	DR Reko	Oebisfelde	U 18.02.1961 (→ 50 3650)		
2569 → 052 569-1	DB	Weiden	Z 25.06.1975	+ 25.07.1975	
2570 → 052 570-9	DB	Duisburg-Wedau	Z 19.08.1967	+ 10.07.1969	
2571 → 052 571-7	DB	Lehrte	Z 04.08.1972	+ 08.11.1972	
2572 → 052 572-5	DB	Saarbrücken	Z 29.06.1969	+ 19.09.1969	
2573 → 052 573-3	DB	Wt-Vohwinkel	Z 06.12.1968	+ 03.03.1969	
2574 → 052 574-1	DB	Lehrte	Z 12.02.1975	+ 16.05.1975	
2575 → 052 575-8	DB	Gremberg	Z 15.05.1974	+ 18.09.1974	
2576 → 052 576-6	DB	Wt-Vohwinkel	Z 14.04.1967	+ 02.10.1968	
2577	DB	Bochum-Dahlhausen	Z 03.06.1962	+ 01.07.1964	
2578	DRB	(Darmstadt-Kranichstein)		(SNCF)	*
2579	DB	Worms	Z 12.08.1965	+ 04.03.1966	
2580 → 052 580-8	DB	Crailsheim	Z 19.02.1975	+ 16.05.1975	
2581 → 052 581-6	DB	Betzdorf	Z 24.06.1968	+ 11.12.1968	
2582	DRB KS	Rostock	Z 1945	+ 23.11.1947	
2583	DB	Frankfurt/Main 2	Z 28.12.1958	+ 12.11.1962	

2546:   Hmb-Rothenburgsort bis 29.04.1965, als Z-Lok: Hmb-Harburg
2547:   RBD Posen (Anl.) 06.1942, weiterer Verbleib unbekannt, RBD Karlsruhe 07.1944, SNCF 1945 (→ 150Z2547); + 28.12.1951
2555:   24.10.1943 an BDZ (→ 14.29)
2563:   Breslau-Mochbern 1943/44, Legnica/PKP 1946 (→ Ty5-38); + 1974
2578:   Darmstadt-Kranichstein ab 21.08.1944, SNCF 1945 – 1947 (als Mietlok: Offenburg 15.09.1947 – 24.09.1948, ED Trier 25.09.1948 – 1949), SNCF 1949 (→ 150Z2578); + 14.11.1953

Ordnungsnr., EDV-Nr.		letzte dt. Bahnverw.	letzte dt. Heimat-Bw	Z oder Umbau	+ oder Abgabe	
2584		DB	Hmb-Harburg	Z 20.01.1959	+ 30.09.1960	
2585		DR Reko	Oebisfelde	U 1960 (→ 50 3602)		
2586	→ 052 586-5	DB	Uelzen	Z 27.03.1973	+ 24.08.1973	
2587		DB	Soest	Z 23.04.1964	+ 01.09.1965	
2588		DRB	(Saarbrücken Vbf)		(PKP)	*
2589		DRB KS	Neumünster	Z 04.03.1945	+ 06.03.1948	
2590	→ 052 590-7	DB	Hohenbudberg	Z 09.05.1973	+ 24.08.1973	
2591		DB	Neumünster	Z 25.07.1966	+ 22.11.1966	
2592		DB	Mühldorf	Z 18.05.1967	+ 14.11.1967	
2593		DB	Hmb-Harburg	Z 04.01.1965	+ 03.06.1965	
2594		DRB KS	Itzehoe		+ 06.03.1948	
2595		DB	Hmb-Harburg	Z 10.01.1967	+ 22.05.1967	
2596	→ 052 596-4	DB	Duisburg-Wedau	Z 19.06.1967	+ 11.12.1968	
2597	→ 052 597-2	DB	Uelzen	Z 12.10.1968	+ 03.03.1969	
2598	→ 052 598-0	DB	Lehrte	Z 10.04.1974	+ 18.09.1974	
2599	→ 052 599-8	DB	Saarbrücken	Z 30.07.1975	+ 21.08.1975	
2600	→ 052 600-4	DB	Limburg	Z 26.04.1973	+ 24.08.1973	
2601		DB	Kassel	Z 12.05.1962	+ 12.11.1962	
2602	→ 052 602-0	DB	Lehrte	Z 23.12.1975	+ 15.03.1976	
2603	→ 052 603-8	DB	Heilbronn	Z 31.07.1969	+ 03.12.1969	
2604	→ 052 604-6	DB	Duisburg-Wedau	Z 16.07.1976	+ 28.09.1976	
2605		DRB	(Beuthen)		(PKP)	*
2606		DRB	(Gedob)		(SZD/PKP)	*
2607	→ 052 607-9	DB	Saarbrücken	Z 31.05.1976	+ 11.06.1976	
2608		DR Reko	Magdeburg-Rothensee	U 04.07.1960 (→ 50 3615)		
2609	→ 052 609-5	DB	Nürnberg Rbf	Z 14.01.1971	+ 15.12.1971	*
2610	→ 052 610-3	DB	Duisburg-Wedau	Z 25.07.1975	+ 21.08.1975	
2611		DB	Saarbrücken	Z 25.05.1966	+ 19.08.1966	
2612		DRB KS	Itzehoe		+ 06.03.1948	
2613	→ 052 613-7	DB	Ulm	Z 30.05.1976	+ 11.06.1976	*
2614		DB	Emden	Z 21.03.1967	+ 05.07.1967	*
2615		DB	Wanne-Eickel	Z 02.10.1963	+ 10.03.1965	
2616	→ 052 616-0	DB	Saarbrücken	Z 20.12.1975	+ 15.03.1976	
2617	→ 052 617-8	DB Rück	Kaiserslautern	Z 08.03.1968	+ 02.10.1968	*
2618	→ 052 618-6	DB	Augsburg	Z 14.01.1971	+ 15.12.1971	
2619	→ 052 619-4	DB	Duisburg-Wedau	Z 25.01.1971	+ 02.06.1971	*
2620	→ 052 620-2	DB	Wanne-Eickel	Z 19.12.1972	+ 12.04.1973	
2621		DR Reko	Halberstadt	U 1959 (→ 50 3566)		
2622		DRB	(Wittenberge)		(SZD/PKP)	*
2623		DRB	Osnabrück Rbf	Z 14.05.1965	+ 01.09.1965	

2588: Saarbrücken Vbf noch 30.10.1944, DOKP Wrocław/PKP 1946 (→ Ty5-44); + 1973
2605: Ostbahn 1942, Beuthen 06.1944, DOKP Poznań/PKP 1946 (→ Ty5-45); + 1977
2606: Ostbahn 03.1942, weiterer Verbleib unbekannt, Przemyśl/PKP/SZD 1945 (→ TE-2606, formell erst 1951 → TZ-2606), bei PKP 1946, DOKP Poznań/PKP 10.1947 (→ Ty5-46); + 1976
2609: Vorherige Z-Stellung: 16.05.1970 – 06.07.1970
2613: Seit 1996 ausgestellt im Schwäbischen Bauern- und Technik-Museum, Eschach-Seifertshofen
2614: Z-Stellung in Oldenburg Rbf, als Z-Lok 28.05.1967: Emden
2617: CFR-Mietlok der RBD Oppeln (Bw Gleiwitz) ab 07.01.1943, Urziceni/CFR 05.1944, MAV 1945 – Rückgabe DB 02.05.1952, vmtl. AW-Aufenthalt, Bingerbrück ab 08.1953
2619: Vorherige Z-Stellung in Husum: 05.07.1968, als Z-Lok 29.09.1968: Flensburg, als Betriebslok (buchmäßig) 15.05.1970: Duisburg-Wedau
2622: Wittenberge 05.1942 – 01.1944, Przemyśl/PKP/SZD 1945 (→ TZ-2622), DOKP Katowice/PKP 1946, DOKP Poznań/PKP 10.1947 (→ Ty5-47); + 1977

Die Baureihe 50 – Verbleibsliste   50 2624 – 50 2662

Ordnungsnr., EDV-Nr.	letzte dt. Bahnverw.	letzte dt. Heimat-Bw	Z oder Umbau	+ oder Abgabe	
2624	DB	Hmb-Harburg	Z 01.06.1966	+ 27.09.1966	
2625 → 052 625-1	DB	Duisburg-Wedau	Z 03.05.1974	+ 18.09.1974	
2626 → 052 626-9	DB	Duisburg-Wedau	Z 01.10.1976	+ 22.12.1976	
2627	DB	Hmb-Harburg	Z 06.04.1966	+ 27.09.1966	
2628 → 052 628-5	DB	Crailsheim	Z 23.08.1968	+ 11.12.1968	
2629	DB	Hmb-Harburg	Z 21.10.1960	+ 15.10.1963	
2630 → 50 2630-7	DR	Güstrow	Z 01.12.1970	+ 27.10.1971	
2631	DRB KV	(Hmb-Harburg)		(VU)	*
2632	DB	Hmb-Harburg	Z 14.04.1960	+ 30.09.1960	
2633	DB	Hmb-Harburg	Z 20.01.1960	+ 09.06.1960	
2634	DB	Hmb-Harburg	Z 05.04.1966	+ 27.09.1966	
2635 → 052 635-0	DB	Osterfeld Süd	Z 03.01.1969	+ 03.03.1969	
2636 → 052 636-8	DB	Hmb-Harburg	Z 15.07.1967	+ 12.03.1968	
2637	DR Reko	(Magdeburg-Buckau)	U 1960 (→ 50 3606)		*
2638 → 052 638-4	DB	Ehrang	Z 24.03.1974	+ 09.06.1974	
2639	DB	Ulm	Z 06.08.1965	+ 04.03.1966	
2640 → 052 640-0	DB	Crailsheim	Z 02.06.1976	+ 11.06.1976	
2641 → 50 2641-4	DR	Reichenbach	Z 26.09.1977	+ 04.11.1977	
2642	DB	Kornwestheim	Z 08.1954	+ 29.08.1955	
2643	DB	Plochingen	Z 21.07.1954	+ 29.08.1955	
2644 → 052 644-2	DB	Ulm	Z 14.01.1971	+ 02.06.1971	*
2645	DB	Heilbronn	Z 21.07.1952	+ 29.08.1955	*
2646 → 052 646-7	DB	Rottweil	Z 27.01.1975	+ 16.05.1975	
2647	DB	Lindau	Z 24.07.1964	+ 30.11.1964	
2648	DR Reko	Elsterwerda	U 19.12.1958 (→ 50 3550)		
2649	DB	Hildesheim	Z 16.05.1950	+ 16.12.1959	
2650	DB	Buchholz		+ 20.11.1958	
2651	DB	Schwerte	Z 1953	+ 29.08.1955	*
2652 → 50 2652-1	DR	Reichenbach	Z 28.09.1984	+ 1986	*
2653 → 052 653-3	DB	Uelzen	Z 12.10.1969	+ 03.12.1969	
2654 → 50 2654-7	DR	Wismar	Z 18.07.1973	+ 03.08.1973	
2655	DRB	(Schwerin)		(SZD/CFR)	*
2656	DB	Gronau	Z 22.02.1951	+ 20.11.1958	
2657	DB	Duisburg-Wedau	Z 20.03.1967	+ 22.05.1967	
2658	DB	Lehrte	Z 23.11.1950	+ 10.04.1957	
2659	DB	Buchholz		+ 20.11.1958	
2660	DR Reko	Werdau	U 1961 (→ 50 3660)		
2661	DB	Neumünster		+ 10.04.1957	
2662	DB Rück	Osterfeld Süd	Z 29.11.1951	+ 15.11.1957	*

2631:   noch 03.1945 im Bestand des Bw Hmb-Harburg (18.03.1945 bei Bombenangriff in Buchholz beschädigt); vmtl. Kriegsverlust
2637:   Magdeburg-Buckau 1958
2644:   Vorherige Z-Stellung: 24.02.1970 – 09.07.1970
2645:   Z-Stellung vmtl. in Heidelberg, als Z-Lok: Heilbronn
2651:   Z-Stellung in Fröndenberg, als Z-Lok 05.1954: Schwerte
2652:   1987 an Industriemuseum Kaiserslautern; ab 09.1993 Denkmal in Kaiserslautern (zunächst am Gaswerk, ab 08.2003 vor AW Kaiserslautern)
2655:   Oebisfelde 1946, Schwerin (Kol. 21) 06.1946, Kowno/SZD 07.1947 (→ TZ-2655), CFR 1963 (→ 150.1133)
2662:   RBD Essen 1944, NS ab 05.1945 (→ 4905), DRB 19.09.1947 (Übergabe in Bentheim), Oberhausen Hbf (vmtl. nur buchmäßig) 01.10.1947 – 12.10.1947, Hamm 13.10.1947 – 16.06.1948; L3 bei Franco-Belge [Belgien] 28.06.1948 – 29.11.1948; L0 im AW Schwerte 03.12.1948 – 16.12.1948; Osterfeld Süd ab 17.12.1948
2663:   Z-Stellung in Köln-Nippes, als Z-Lok: Hohenbudberg

Die Baureihe 50 – Verbleibsliste

Die DRB 50 2662 (ÜK) war bei der Niederländischen Staatsbahn als »4905« im Einsatz, hier abgestellt 1947 in Eindhoven, die Übergabe an die DR-West erfolgte im September 1947.
Foto: Sammlung Dr. D. Hörnemann

1970 dampfte es im Neckartal noch kräftig: Bei Neckarsteinach begegnet die 052 695 einer Schwesterlok.
Foto: Karl Gerhard Baur, Sammlung Wolfgang Löckel

Die Baureihe 50 – Verbleibsliste   50 2663 – 50 2702

Ordnungsnr., EDV-Nr.	letzte dt. Bahnverw.	letzte dt. Heimat-Bw	Z oder Umbau	+ oder Abgabe	
2663	DB	Hohenbudberg	Z 28.11.1947	+ 20.07.1959	*
2664	(nicht mehr an DRB ausgeliefert)				*
2665	(nicht mehr an DRB ausgeliefert)				*
2666	(nicht mehr an DRB ausgeliefert)				*
2667	(nicht mehr an DRB ausgeliefert)				*
2668 → 052 668-1	DB	Bayreuth	Z 01.12.1974	+ 05.12.1974	
2669	DR Reko	Stendal	U 09.02.1959 (→ 50 3551)		
2670	DB	Uelzen	Z 10.04.1967	+ 05.07.1967	
2671	DB	Worms	Z 16.12.1958	+ 30.09.1960	
2672	DRB KS	Minden		+ 30.06.1945	
2673	DB	Dortmund Rbf	Z 15.04.1964	+ 01.09.1965	
2674 → 052 674-9	DB	Nürnberg Rbf	Z 22.03.1969	+ 10.07.1969	
2675	DRB	(Eger)		(ČSD/BDZ)	*
2676 → 052 676-4	DB	Bestwig	Z 08.01.1968	+ 23.02.1971	
2677	DR Reko	Wittenberge	U 27.05.1961 (→ 50 3667)		
2678	DR Reko	Halberstadt	U 16.09.1960 (→ 50 3628)		
2679 → 052 679-8	DB	Radolfzell	Z 15.10.1968	+ 03.03.1969	
2680 → 052 680-6	DB	Osterfeld Süd	Z 21.07.1973	+ 06.03.1974	
2681 → 052 681-4	DB	Duisburg-Wedau	Z 16.01.1976	+ 15.03.1976	
2682	DRB	(Kolmar)		(SNCF)	*
2683	DB	Tübingen	Z 15.05.1966	+ 27.09.1966	
2684	DB	Ottbergen	Z 20.10.1961	+ 08.10.1962	
2685	DB	Hmb-Harburg	Z 05.06.1965	+ 06.01.1966	
2686 → 50 2686-9	DR	Wismar	Z 18.07.1973	+ 03.08.1973	
2687 → 052 687-1	DB	Saarbrücken	Z 01.01.1968	+ 21.06.1968	
2688 → 052 688-9	DB	Schwandorf	Z 27.03.1973	+ 24.08.1973	
2689	DB	Mannheim	Z 13.08.1964	+ 01.09.1965	
2690	DB	Emden	Z 17.05.1967	+ 14.11.1967	*
2691	DB	Tübingen	Z 18.10.1965	+ 04.03.1966	
2692 → 052 692-1	DB	Duisburg-Wedau	Z 16.07.1976	+ 28.09.1976	
2693 → 052 693-9	DB	Neuss	Z 26.10.1967	+ 12.03.1968	
2694 → 052 694-7	DB	Kirchenlaibach	Z 07.10.1970	+ 27.11.1970	
2695 → 052 695-4	DB	Heilbronn	Z 24.03.1973	+ 24.08.1973	
2696 → 052 696-2	DB	Duisburg-Wedau	Z 02.08.1975	+ 22.10.1975	
2697 → 052 697-0	DB	Uelzen	Z 14.11.1972	+ 21.12.1972	
2698 → 052 698-8	DB	Osterfeld Süd	Z 01.07.1968	+ 02.10.1968	
2699 → 052 699-6	DB	Hohenbudberg	Z 07.09.1967	+ 12.03.1968	
2700 → 052 700-2	DB Rück	Lehrte	Z 11.08.1972	+ 08.11.1972	*
2701	DB	Münster	Z 28.05.1965	+ 06.01.1966	
2702 → 052 702-8	DB	Duisburg-Wedau	Z 10.03.1976	+ 11.06.1976	

2664:   Mit DRB-Nummer 12.1946 in Siedlce/PKP in Dienst gestellt (später → Ty5-55). Ab 02.1948 bei SZD (→ Ty 555). 1961 an PKP (→ Ty5-55); + 1973

2665:   Mit DRB-Nummer 12.1946 in Siedlce/PKP in Dienst gestellt (später → Ty5-56). Ab 02.1948 bei SZD (→ Ty 556). 1958 vk. an Mangangrubenbahn Bjelorezk [UdSSR]

2666:   Mit DRB-Nummer 12.1946 in Siedlce/PKP in Dienst gestellt (später → Ty5-57). Ab 02.1948 bei SZD (→ Ty 557). 1958 vk. an Mangangrubenbahn Bjelorezk [UdSSR]

2667:   Mit DRB-Nummer 12.1946 in Siedlce/PKP in Dienst gestellt (später → Ty5-58). Ab 02.1948 bei SZD (→ Ty 558). 1961 an CFR (→ 150.1126)

2675:   RBD Regensburg 1943, Betzdorf 05.1944, Eger ab 12.1944, bei ČSD 1945 (→ 555.126); 1959 an BDZ (→ 14.48)

2682:   Kolmar 07.1944, SNCF 1945 – 1947 (als Mietlok: Landau 18.09.1947 – 17.02.1949, SNCF ab 18.02.1949 (→ 150Z2682); + 14.11.1953

2690:   Z-Stellung in Oldenburg Rbf, als Z-Lok 29.05.1967: Emden

2700:   RBD Köln 1943 – 05.1944, SNCB ab 01.1946 (→ 25.022), Rückgabe DB 06.1950 (BD Köln), Schwerte ab 08.1951

Ordnungsnr., EDV-Nr.	letzte dt. Bahnverw.	letzte dt. Heimat-Bw	Z oder Umbau	+ oder Abgabe	
2703 → 052 703-6	DB	Uelzen	Z 15.05.1972	+ 15.08.1972	
2704 → 052 704-4	DB	Osterfeld Süd	Z 11.01.1971	+ 02.06.1971	*
2705 → 052 705-1	DB	Heilbronn	Z 25.04.1972	+ 15.08.1972	
2706	DB	Hamm G	Z 25.03.1963	+ 28.05.1963	
2707 → 052 707-7	DB	Hameln	Z 27.09.1968	+ 23.02.1971	*
2708	DB	Saarbrücken	Z 14.12.1965	+ 04.03.1966	
2709 → 052 709-3	DB	Bestwig	Z 04.06.1967	+ 11.12.1968	
2710	DB	Hamm G	Z 31.08.1964	+ 01.09.1965	
2711	DB	Worms	Z 23.10.1964	+ 10.03.1965	
2712 → 052 712-7	DB	Ehrang	Z 09.05.1974	+ 18.09.1974	
2713 → 052 713-5	DB	Crailsheim	Z 10.09.1975	+ 22.10.1975	
2714	DB	Bingerbrück	Z 30.01.1965	+ 01.09.1965	
2715 → 052 715-0	DB	Mannheim	Z 01.09.1968	+ 11.12.1968	
2716 → 052 716-8	DB	Kaiserslautern	Z 28.11.1974	+ 05.12.1974	
2717	DB	Bingerbrück	Z 20.02.1965	+ 01.09.1965	
2718	DR Reko	Elsterwerda	U 26.11.1958 (→ 50 3546)		
2719 → 052 719-2	DB	Uelzen	Z 22.12.1972	+ 12.04.1973	
2720	DB	Löhne	Z 13.10.1965	+ 20.06.1966	
2721	DB	Gießen	Z 04.04.1967	+ 05.07.1967	
2722 → 052 722-6	DB	Ulm	Z 13.02.1976	+ 15.03.1976	
2723 → 052 723-4	DB	Uelzen	Z 01.08.1970	+ 02.06.1971	
2724	DB	Saarbrücken	Z 01.08.1964	+ 10.03.1965	
2725 → 50 2725-5	DR	Dresden	Z 31.03.1981	+ 16.09.1981	
2726 → 052 726-7	DB	Saarbrücken	Z 31.05.1976	+ 11.06.1976	
2727 → 052 727-5	DB	Gremberg	Z 02.07.1971	+ 15.12.1971	
2728 → 052 728-3	DB	Betzdorf	Z 17.05.1974	+ 18.09.1974	
2729 → 052 729-1	DB	Lehrte	Z 07.07.1968	+ 11.12.1968	
2730	DRB	(RBD Danzig)	(SZD/CFR)		*
2731	DB	Weiden	Z 28.06.1965	+ 01.09.1965	
2732	DB	Lichtenfels	Z 14.07.1964	+ 10.03.1965	
2733 → 052 733-3	DB	Rottweil	Z 21.12.1973	+ 06.03.1974	
2734 → 052 734-1	DB	Crailsheim	Z 30.10.1967	+ 12.03.1968	
2735	DB	Ulm	Z 28.06.1967	+ 14.11.1967	
2736 → 052 736-6	DB	Gremberg	Z 25.02.1975	+ 16.05.1975	
2737 → 052 737-4	DB	Uelzen	Z 08.01.1969	+ 22.09.1970	
2738	DB	Flensburg	Z 14.10.1966	+ 24.02.1967	
2739 → 052 739-0	DB	Lehrte	Z 28.12.1972	+ 12.04.1973	
2740 → 50 2740-4	DR	Nossen	Z 26.09.1988	+ 20.10.1988	*
2741 → 052 741-6	DB	Hameln	Z 11.12.1968	+ 03.03.1969	
2742 → 052 742-4	DB	Crailsheim	Z 08.08.1973	+ 06.03.1974	

2704: Vorherige Z-Stellung: 01.10.1968 – 11.10.1970
2707: Z-Stellung in Löhne, als Z-Lok 01.03.1970: Hameln
2730: RBD Danzig 1943, DR 1945, Przemyśl/PKP/SZD 1945 (→ TZ-2730), CFR 1956 (→ 150.1125)
2740: Noch 03.1988 Heizlok in Nossen; ab 1989 Museumslok bei Ulmer Eisenbahnfreunde e.V., Sektion Ettlingen (zeitweise betriebsfähig)

Die Baureihe 50 – Verbleibsliste   50 2743 – 50 2781

Ordnungsnr., EDV-Nr.		letzte dt. Bahnverw.	letzte dt. Heimat-Bw	Z oder Umbau	+ oder Abgabe	
2743		DB	Emden	Z 02.02.1967	+ 22.05.1967	
2744		DB	Münster	Z 11.03.1966	+ 27.09.1966	
2745	→ 052 745-7	DB	Crailsheim	Z 27.03.1973	+ 24.08.1973	
2746		DRB KS	Osnabrück Gbf		+ 23.07.1946	*
2747		DB	Bremen Hbf	Z 26.09.1966	+ 22.11.1966	
2748	→ 052 748-1	DB	Hohenbudberg	Z 08.04.1968	+ 02.10.1968	
2749		DB	Emden	Z 15.05.1966	+ 27.09.1966	
2750	→ 052 750-7	DB	Hohenbudberg	Z 13.07.1970	+ 09.09.1971	
2751	→ 052 751-5	DB	Hohenbudberg	Z 11.01.1971	+ 02.06.1971	*
2752	→ 052 752-3	DB	Emden	Z 10.04.1974	+ 18.09.1974	
2753		DR Reko	(RBD Magdeburg)	U 1957 (→ 50 3509)		*
2754		DB	Hmb-Harburg	Z 29.03.1966	+ 27.09.1966	
2755	→ 052 755-6	DB	Bestwig	Z 22.02.1968	+ 21.06.1968	
2756	→ 052 756-4	DB	Minden	Z 17.05.1967	+ 11.12.1968	
2757	→ 052 757-2	DB	Lehrte	Z 13.02.1976	+ 15.03.1976	
2758		DB	Flensburg	Z 14.03.1967	+ 05.07.1967	
2759	→ 052 759-8	DB	Crailsheim	Z 22.08.1975	+ 22.10.1975	
2760	→ 052 760-6	DB	Wt-Vohwinkel	Z 14.01.1971	+ 15.12.1971	
2761	→ 052 761-4	DB	Schweinfurt	Z 14.01.1971	+ 15.12.1971	*
2762		DB	Husum	Z 22.02.1967	+ 22.05.1967	
2763	→ 052 763-0	DB	Wanne-Eickel	Z 13.08.1973	+ 06.03.1974	
2764		DRB	Hmb-Eidelstedt	Z 06.12.1945	+ 14.11.1946	*
2765		DB	Bingerbrück	Z 25.08.1965	+ 04.03.1966	
2766		DB	Münster	Z 30.03.1965	+ 01.09.1965	
2767		DB	Husum	Z 30.08.1966	+ 24.02.1967	
2768	→ 052 768-9	DB	Emden	Z 11.01.1971	+ 02.06.1971	
2769	→ 052 769-7	DB	Weiden	Z 27.02.1974	+ 09.06.1974	
2770	→ 052 770-5	DB	Wanne-Eickel	Z 21.06.1968	+ 02.10.1968	
2771	→ 052 771-3	DB	Stolberg	Z 20.02.1972	+ 18.04.1972	
2772	→ 052 772-1	DB	Lehrte	Z 16.06.1968	+ 02.10.1968	
2773		(DRB)				*
2774		(DRB)				*
2775		(DRB)				*
2776		(DRB)				*
2777		(DRB)				*
2778	→ 052 778-8	DB	Duisburg-Wedau	Z 27.08.1975	+ 22.10.1975	
2779	→ 052 779-6	DB	Lehrte	Z 08.04.1975	+ 27.06.1975	
2780	→ 052 780-4	DB	Wt-Vohwinkel	Z 08.08.1967	+ 10.07.1969	
2781	→ 052 781-2	DB	Duisburg-Wedau	Z 03.11.1973	+ 06.03.1974	

2746:	nach anderen Angaben zuletzt Bw Kirchweyhe (ab 05.1943)
2751:	Vorherige Z-Stellung in Emden: 27.04.1968, als Z-Lok 25.02.1970: Hohenbudberg, dort ab 01.05.1970 wieder im Betriebsbestand
2753:	RBD Magdeburg 1954
2761:	Vorherige Z-Stellung: 05.11.1969 – 06.07.1970
2764:	Kesselzerknall am 05.12.1945 bei Königsmoor
2773:	1942 ausgeliefert als 52 002
2774:	1942 ausgeliefert als 52 003
2775:	1942 ausgeliefert als 52 004
2776:	1942 ausgeliefert als 52 005
2777:	1942 ausgeliefert als 52 006

Die Baureihe 50 – Verbleibsliste

Im April 1977 zeigt sich die 50 2725 (Bw Reichenbach, Est. Werdau) im Bahnhof Wünschendorf/Elster.
Foto: Detlef Hommel, Sammlung Peter Melcher

052 726 rollt am 8. März 1975 im Bw Dillingen auf die Drehscheibe, um ihren nächsten Zug zu übernehmen. Rechts warten noch 052 990 und 050 607. Foto: Werner Brutzer

Die Lokomotiven der Baureihen 50 und ihr Verbleib

Die Baureihe 50 – Verbleibsliste   50 2782 – 50 2821

Ordnungsnr., EDV-Nr.		letzte dt. Bahnverw.	letzte dt. Heimat-Bw	Z oder Umbau	+ oder Abgabe	
2782	→ 052 782-0	DB	Wt-Vohwinkel	Z 24.01.1968	+ 21.06.1968	
2783	→ 052 783-8	DB	Wt-Vohwinkel	Z 29.06.1967	+ 11.12.1968	
2784		DB	Dillingen	Z 23.06.1965	+ 01.09.1965	
2785	→ 052 785-3	DB	Stolberg	Z 11.01.1971	+ 02.06.1971	
2786	→ 052 786-1	DB	Emden	Z 03.11.1972	+ 21.12.1972	
2787		DB	Bestwig	Z 13.04.1965	+ 01.09.1965	
2788		DB	Oldenburg Rbf	Z 05.11.1966	+ 24.02.1967	
2789	→ 052 789-5	DB	Duisburg-Wedau	Z 05.05.1976	+ 11.06.1976	
2790	→ 052 790-3	DB	Kaiserslautern	Z 01.11.1973	+ 06.03.1974	
2791	→ 052 791-1	DB	Uelzen	Z 26.08.1974	+ 05.12.1974	
2792		DRB KS	Gießen	Z 01.11.1945	+ 22.10.1946	
2793		DR Reko	Schwerin	U 1960 (→ 50 3641)		
2794	→ 052 794-5	DB	Bayreuth	Z 31.07.1975	+ 21.08.1975	
2795		DB	Wanne-Eickel	Z 22.04.1967	+ 05.07.1967	
2796		DB	Frankfurt/Main 2	Z 22.01.1965	+ 01.09.1965	
2797	→ 052 797-8	DB	Mannheim	Z 21.07.1972	+ 08.11.1972	
2798	→ 052 798-6	DB	Lehrte	Z 01.06.1976	+ 11.06.1976	
2799	→ 052 799-4	DB	Mannheim	Z 08.11.1972	+ 21.12.1972	
2800		DB	Gronau	Z 08.04.1966	+ 27.09.1966	
2801	→ 052 801-8	DB	Crailsheim	Z 03.02.1976	+ 15.03.1976	
2802		DRB	(RBD Karlsruhe)		(SNCF)	*
2803		DRB			(ÖStB/ÖBB)	*
2804	→ 052 804-2	DB	Emden	Z 17.07.1968	+ 11.12.1968	*
2805		DB	Kassel	Z 25.08.1965	+ 06.01.1966	
2806	→ 052 806-7	DB	Duisburg-Wedau	Z 01.10.1975	+ 22.12.1975	
2807	→ 052 807-5	DB	Hamm	Z 09.10.1967	+ 12.03.1968	
2808	→ 052 808-3	DB	Ehrang	Z 03.09.1974	+ 05.12.1974	
2809		DRB KS	Waldshut	Z 01.01.1948	+ 15.03.1948	*
2810		DR	Wismar	Z 26.04.1969	+ 20.08.1970	*
2811	→ 052 811-7	DB	Ulm	Z 11.07.1975	+ 21.08.1975	
2812	→ 052 812-5	DB	Emden	Z 10.05.1967	+ 02.10.1968	
2813		DRB KS	Paderborn	Z 1945	+ 20.03.1948	
2814		DB MV	Osnabrück Vbf	U 12.08.1958 (→ DB 50 4006)		
2815	→ 052 815-8	DB	Duisburg-Wedau	Z 27.09.1972	+ 21.12.1972	
2816	→ 052 816-6	DB	Löhne	Z 18.09.1968	+ 11.12.1968	
2817	→ 052 817-4	DB	Hof	Z 16.05.1973	+ 24.08.1973	
2818		DB	Ehrang	Z 25.06.1966	+ 19.08.1966	
2819	→ 052 819-0	DB	Bayreuth	Z 28.03.1974	+ 09.06.1974	
2820		DB	Limburg	Z 31.05.1967	+ 14.11.1967	
2821	→ 052 821-6	DB	Weiden	Z 31.12.1972	+ 12.04.1973	

2802:	RBD Karlsruhe 07.1944, SNCF 1945 – 1947 (als Mietlok: Kaiserslautern 19.09.1947 – 31.01.1949), SNCF ab 01.02.1949 (→ 150Z2802); + 14.11.1953
2803:	1945 an ÖStB/ÖBB (→ 50.2803); + 20.09.1972 in Linz/Donau
2804:	Z-Stellung in Osnabrück Rbf, als Z-Lok 29.09.1968: Emden
2809:	Mit Kriegsschäden abg. auf »w« im RAW Offenburg 26.11.1945 – 31.12.1947
2810:	1970 nicht mehr umgezeichnet, im amtlichen DR-Umzeichnungsplan jedoch noch enthalten
2822:	Charkow 1943 (Leihlok des Bw München Ost 1943), RBD Breslau 1943 – 1945, DOKP Poznań/PKP 1946 (→ Ty5-48); + 1977

50 2822 – 50 2861 Die Baureihe 50 – Verbleibsliste

Ordnungsnr., EDV-Nr.	letzte dt. Bahnverw.	letzte dt. Heimat-Bw	Z oder Umbau	+ oder Abgabe	
2822	DRB	(RBD Breslau)		(PKP)	*
2823 → 052 823-2	DB	Limburg	Z 04.04.1968	+ 02.10.1968	
2824	DB	Gsk-Bismarck	Z 26.05.1965	+ 01.09.1965	
2825 → 052 825-7	DB	Ulm	Z 14.04.1975	+ 09.07.1975	
2826	DRB	(Lundenburg)		(ČSD/BDZ)	*
2827 → 052 827-3	DB	Schwandorf	Z 24.03.1975	+ 16.05.1975	
2828	DB MV	(Düsseldorf-Derendorf)	U 24.09.1958 (→ DB 50 4005)		*
2829	DB	Saarbrücken Vbf	Z 01.02.1960	+ 05.01.1962	
2830	DB	Tübingen	Z 31.01.1967	+ 05.07.1967	
2831 → 052 831-5	DB	Hameln	Z 19.09.1967	+ 10.07.1969	
2832	DB	Dillenburg	Z 12.04.1967	+ 05.07.1967	
2833 → 052 833-1	DB	Lehrte	Z 29.03.1973	+ 24.08.1973	
2834 → 052 834-9	DB	Ulm	Z 14.01.1971	+ 02.06.1971	*
2835	DRB			(ÖStB/ÖBB)	*
2836 → 052 836-4	DB	Mannheim	Z 20.12.1972	+ 12.04.1973	
2837 → 052 837-2	DB	Schwandorf	Z 30.06.1969	+ 19.09.1969	
2838 → 052 838-0	DB	Crailsheim	Z 04.06.1976	+ 11.06.1976	*
2839 → 052 839-8	DB	Rottweil	Z 10.05.1974	+ 18.09.1974	
2840 → 052 840-6	DB	Ulm	Z 05.06.1975	+ 25.07.1975	
2841 → 052 841-4	DB	Schwandorf	Z 02.04.1975	+ 27.06.1975	
2842 → 052 842-2	DB	Ulm	Z 19.11.1968	+ 03.03.1969	
2843 → 052 843-0	DB	Wanne-Eickel	Z 18.04.1973	+ 24.08.1973	
2844 → 052 844-8	DB	Ulm	Z 27.07.1972	+ 08.11.1972	
2845 → 052 845-5	DB	Dillenburg	Z 10.09.1969	+ 03.12.1969	
2846 → 052 846-3	DB	Osnabrück Rbf	Z 13.10.1967	+ 12.03.1968	
2847	DB	Wanne-Eickel	Z 23.02.1966	+ 20.06.1966	
2848 → 052 848-9	DB	Flensburg	Z 13.11.1968	+ 10.07.1969	
2849 → 052 849-7	DB	Wanne-Eickel	Z 25.09.1967	+ 12.03.1968	
2850 → 052 850-5	DB	Hamm	Z 19.09.1967	+ 10.07.1969	
2851	DB	Bingerbrück	Z 09.06.1965	+ 01.09.1965	
2852 → 052 852-1	DB	Schwandorf	Z 14.01.1971	+ 15.12.1971	
2853 → 052 853-9	DB	Saarbrücken	Z 22.04.1969	+ 19.09.1969	
2854 → 052 854-7	DB	Tübingen	Z 02.08.1968	+ 11.12.1968	
2855 → 052 855-4	DB	Gremberg	Z 06.06.1975	+ 25.07.1975	
2856 → 052 856-2	DB	Ulm	Z 29.05.1972	+ 15.08.1972	
2857 → 052 857-0	DB	Duisburg-Wedau	Z 28.05.1975	+ 27.06.1975	
2858 → 052 858-8	DB	Lehrte	Z 26.02.1976	+ 15.03.1976	
2859 → 052 859-6	DB	Neuss	Z 09.04.1968	+ 02.10.1968	
2860 → 052 860-4	DB	Kirchenlaibach	Z 05.06.1973	+ 24.08.1973	
2861 → 052 861-2	DB	Wanne-Eickel	Z 11.07.1969	+ 03.12.1969	

2826: Kempten 01.1944, Wr. Neustadt 01.1945, Lundenburg 1945, bei ČSD 1947 (→ 555.120); 1959 an BDZ (→ 14.45)
2828: Düsseldorf-Derendorf 10.1953
2834: Vorherige Z-Stellung: 07.02.1970 – 09.07.1970
2835: 1945 an ÖStB/ÖBB (→ 50.2835); + 20.11.1968 in Linz/Donau
2836: 1973 als Heizlok an AW Offenburg; ab ca. 1982 Ersatzteilspender für Museumslok 50 622; 1993 verschrottet im AW Offenburg
2838: vk. an privat; ab 06.1994 im Eisenbahnmuseum Tuttlingen

Die Lokomotiven der Baureihen 50 und ihr Verbleib

Die Baureihe 50 – Verbleibsliste 50 2862 – 50 2900

Ordnungsnr., EDV-Nr.	letzte dt. Bahnverw.	letzte dt. Heimat-Bw	Z oder Umbau	+ oder Abgabe	
2862 → 052 862-0	DB	Hohenbudberg	Z 09.06.1972	+ 08.11.1972	
2863 → 052 863-8	DB	Augsburg	Z 14.01.1971	+ 15.12.1971	
2864 → 052 864-6	DB	Mannheim	Z 10.08.1967	+ 10.07.1969	*
2865 → 052 865-3	DB	Mannheim	Z 02.04.1968	+ 27.11.1970	
2866 → 052 866-1	DB	Ulm	Z 14.02.1973	+ 12.04.1973	
2867 → 052 867-9	DB	Saarbrücken	Z 30.07.1975	+ 21.08.1975	
2868	DB	Hmb-Harburg	Z 12.08.1965	+ 06.01.1966	
2869 → 052 869-5	DB	Wanne-Eickel	Z 20.10.1972	+ 21.12.1972	
2870 → 052 870-3	DB	Hamm	Z 19.10.1973	+ 06.03.1974	
2871	DRB	(Kolmar)		(SNCF)	*
2872	DB	München Ost	Z 19.06.1967	+ 14.11.1967	
2873 → 052 873-7	DB	Lehrte	Z 11.06.1975	+ 25.07.1975	
2874	DB	Treysa	Z 27.05.1966	+ 27.09.1966	
2875	DR Reko	Köthen	U 05.05.1960 (→ 50 3605)		
2876	DR Reko	Oebisfelde	U 1961 (→ 50 3649)		
2877	DB	Emden	Z 31.01.1967	+ 22.05.1967	
2878 → 052 878-6	DB	Uelzen	Z 26.05.1972	+ 15.08.1972	
2879 → 052 879-4	DB	Hohenbudberg	Z 21.02.1973	+ 12.04.1973	
2880 → 052 880-2	DB	Stolberg	Z 28.07.1967	+ 10.07.1969	
2881	DRB	(Cottbus)		(CFR/JDZ/JZ)	*
2882 → 052 882-8	DB	Gremberg	Z 21.02.1969	+ 10.07.1969	
2883	DR Reko	Aschersleben	U 1958 (→ 50 3532)		
2884 → 052 884-4	DB	Duisburg-Wedau	Z 23.02.1976	+ 15.03.1976	
2885 → 052 885-1	DB	Schweinfurt	Z 25.02.1969	+ 10.07.1969	
2886 → 052 886-9	DB	Saarbrücken	Z 25.02.1975	+ 16.05.1975	
2887	DR Reko	Aschersleben	U 16.06.1960 (→ 50 3612)		
2888 → 052 888-5	DB	Crailsheim	Z 15.11.1973	+ 06.03.1974	
2889	DR Reko	Aschersleben	U 1960 (→ 50 3588)		
2890 → 052 890-1	DB	Crailsheim	Z 02.06.1976	+ 11.06.1976	
2891 → 052 891-9	DB	Rottweil	Z 23.06.1974	+ 18.09.1974	
2892	DRB	(Wittenberge)		(PKP)	*
2893	DR	Zwickau	Z 15.06.1967	+ 03.12.1968	
2894	DB	Wanne-Eickel	Z 14.06.1966	+ 19.08.1966	
2895 → 052 895-0	DB	Lehrte	Z 13.03.1973	+ 24.08.1973	
2896	DRB	(Marienburg)		(SZD/CFR)	*
2897	DR Reko	Werdau	U 04.12.1959 (→ 50 3581)		
2898 → 052 898-4	DB	Ulm	Z 03.05.1974	+ 18.09.1974	
2899 → 052 899-2	DB	Köln-Eifeltor	Z 06.07.1972	+ 08.11.1972	
2900 → 052 900-8	DB	Osterfeld Süd	Z 12.08.1968	+ 11.12.1968	

2864:	Z-Stellung in Karlsruhe, als Z-Lok 26.09.1968: Mannheim
2871:	Kolmar 01.1944 – 24.10.1944, SNCF 1945 – 1947 (als Mietlok: Offenburg 17.09.1947 – 10.11.1947, ED Trier 11.11.1947 – 1949), SNCF 1949 (→ 150Z2871); + 14.11.1953
2881:	CFR-Mietlok der RBD Halle (Bw Cottbus) ab 19.01.1943, Urziceni/CFR 05.1944, evtl. CFR/R 1945, bei JDZ/JZ 1945 (→ 33-230); noch 1986 im Einsatz
2892:	Wittenberge 05.1944, DOKP Katowice/PKP 1946, DOKP Poznań/PKP 1947 (→ Ty5-49); + 1979
2896:	Marienburg 1943, DR 1945, Małbork/PKP 09.1945, Gomel/SZD 1946 (→ TZ-2896), 09.1946 an CFR (→ 150.1106)

Die Baureihe 50 – Verbleibsliste

052 867 stellt ihre Schwesterlok 051 922 sowie 023 073 und 023 004 am 8. März 1975 in Karthaus zur Verschrottung bereit; knapp fünf Monate später sollte auch 052 867 in Saarbrücken den Dienst quittieren.
Foto: Werner Brutzer

Verschubdienste erledigte 50 2836 am 29. Juni 1963 im Rangierbahnhof von Ludwigshafen/Rhein. Im Hintergrund haben die ersten Bauarbeiten für den neuen Hauptbahnhof bereits begonnen; eröffnet wurde dieser jedoch erst 1969.
Foto: Helmut Röth

Die Lokomotiven der Baureihen 50 und ihr Verbleib

Die Baureihe 50 – Verbleibsliste   50 2901 – 50 2940

Ordnungsnr., EDV-Nr.	letzte dt. Bahnverw.	letzte dt. Heimat-Bw	Z oder Umbau	+ oder Abgabe	
2901	DR Reko	Oebisfelde	U 1960 (→ 50 3619)		
2902 → 052 902-4	DB	Lehrte	Z 01.08.1975	+ 22.10.1975	
2903 → 052 903-2	DB	Crailsheim	Z 21.05.1974	+ 18.09.1974	
2904	DB	Saarbrücken Vbf	Z 09.10.1960	+ 05.01.1962	
2905	DB	Münster	Z 19.11.1966	+ 24.02.1967	
2906	DB	Mühldorf	Z 18.05.1967	+ 14.11.1967	
2907 → 052 907-3	DB	Duisburg-Wedau	Z 30.05.1976	+ 11.06.1976	
2908 → 052 908-1	DB	Duisburg-Wedau	Z 21.02.1977	+ 21.02.1977	*
2909 → 052 909-9	DB	Weiden	Z 31.07.1975	+ 21.08.1975	
2910 → 052 910-7	DB	Schweinfurt	Z 07.03.1967	+ 02.10.1968	
2911	DB	München Ost	Z 22.06.1964	+ 10.03.1965	
2912 → 052 912-3	DB	Lehrte	Z 01.07.1975	+ 21.08.1975	
2913 → 052 913-1	DB	Osterfeld Süd	Z 15.04.1975	+ 27.06.1975	
2914 → 052 914-9	DB	Ehrang	Z 09.03.1973	+ 24.08.1973	
2915	DB	Bingerbrück	Z 10.06.1965	+ 04.03.1966	
2916 → 052 916-4	DB	Stolberg	Z 15.08.1975	+ 22.10.1975	
2917	DB	Bestwig	Z 03.06.1964	+ 01.09.1965	
2918 → 052 918-0	DB	Köln-Eifeltor	Z 22.02.1973	+ 12.04.1973	
2919	DB	Osterfeld Süd	Z 10.02.1964	+ 10.03.1965	
2920 → 052 920-6	DB	Stolberg	Z 12.01.1969	+ 10.07.1969	
2921	DB	Flensburg	Z 05.10.1966	+ 24.02.1967	
2922	DB	Hmb-Harburg	Z 14.06.1965	+ 06.01.1966	
2923 → 052 923-0	DB	Emden	Z 14.07.1973	+ 06.03.1974	
2924 → 052 924-8	DB	Stolberg	Z 19.04.1975	+ 09.07.1975	*
2925	DB	Bonn		+ 07.02.1952	
2926	DB	Duisburg-Wedau	Z 03.05.1966	+ 19.08.1966	
2927	DB	Saarbrücken Vbf	Z 05.07.1955	+ 05.01.1962	*
2928 → 052 928-9	DB	Stolberg	Z 01.01.1976	+ 15.03.1976	
2929	DB	Uelzen	Z 31.03.1952	+ 10.04.1957	
2930	DB	Osnabrück Vbf	Z 08.05.1945	+ 20.11.1958	*
2931	DB	Lichtenfels	Z 24.04.1964	+ 10.03.1965	
2932	DB	Duisburg-Wedau	Z 16.09.1966	+ 22.11.1966	
2933	DB	Osnabrück Vbf	Z 01.10.1949	+ 20.11.1958	
2934 → 052 934-7	DB	Wanne-Eickel	Z 05.09.1967	+ 12.03.1968	
2935 → 052 935-4	DB	Duisburg-Wedau	Z 20.06.1968	+ 02.10.1968	
2936	DB	Buchholz	Z 08.10.1949	+ 20.11.1958	*
2937	DR Reko	Oebisfelde	U 1960 (→ 50 3618)		
2938 → 052 938-8	DB	Nürnberg Rbf	Z 29.10.1968	+ 03.03.1969	
2939	DB	Wuppertal-Langerfeld	Z 1953	+ 29.08.1955	
2940	DB	Osterfeld Süd	Z 1952	+ 15.08.1958	

2908:   Seit 1979 Denkmal in Lauda
2924:   Z-Stellung in Neuss, als Z-Lok 31.05.1975: Stolberg
2927:   Völklingen/EdS 1951 – Übernahme DB als Z-Lok 01.01.1957 (buchmäßig: Saarbrücken Vbf)
2930:   Z-Stellung in Rahden, als Z-Lok: Osnabrück Vbf
2936:   Z-Stellung in Hmb-Eidelstedt, als Z-Lok: Buchholz

Die Baureihe 50 – Verbleibsliste

Bei nasskaltem Spätherbstwetter strahlten 052 890 und 053 089 am 12. November 1975 im Bw Heilbronn ein wenig Wärme aus. Foto: Werner Brutzer

Hinter der Ty5-49 der PKP verbarg sich die ehemalige 50 2892 der Deutschen Reichsbahn. Am 23. Mai 1976 rangierte die Lok im Bahnhof Jarocin. Foto: Werner Brutzer

Die Lokomotiven der Baureihen 50 und ihr Verbleib

Die Baureihe 50 – Verbleibsliste   50 2941 – 50 2979

Ordnungsnr., EDV-Nr.	letzte dt. Bahnverw.	letzte dt. Heimat-Bw	Z oder Umbau	+ oder Abgabe	
2941	DB	Duisburg-Wedau	Z 28.04.1967	+ 05.07.1967	
2942 → 052 942-0	DB	Wanne-Eickel	Z 08.01.1969	+ 03.03.1969	
2943	DB	Hohenbudberg	Z 10.05.1951	+ 15.10.1963	*
2944	DB	Hamm	Z 1952	+ 29.08.1955	
2945 → 052 945-3	DB	Bayreuth	Z 25.06.1975	+ 25.07.1975	
2946	DRB KS	Hagen Gbf	Z 01.03.1945	+ 29.04.1946	
2947	DB	Neunkirchen	Z 08.12.1954	+ 20.07.1959	*
2948 → 50 2948-3	DR	Nossen	Z 24.07.1978	+ 29.11.1978	*
2949	DB	Soest	Z 17.05.1951	+ 29.08.1955	
2950	DB	Rottweil	Z 27.03.1967	+ 05.07.1967	
2951	DB	Crailsheim	Z 19.05.1967	+ 14.11.1967	
2952 → 052 952-9	DB	Schweinfurt	Z 04.03.1968	+ 21.06.1968	
2953 → 052 953-7	DB	Ulm	Z 30.05.1976	+ 11.06.1976	
2954	DB	Finnentrop	Z 23.02.1965	+ 01.09.1965	
2955	DB	Schweinfurt	Z 14.07.1964	+ 10.03.1965	
2956	DB	Bremen Hbf	Z 04.01.1966	+ 20.06.1966	
2957 → 052 957-8	DB	Schwandorf	Z 29.06.1971	+ 09.09.1971	
2958	DB	Hmb-Harburg	Z 12.04.1965	+ 01.09.1965	*
2959	DB	Mannheim	Z 01.09.1965	+ 04.03.1966	
2960 → 052 960-2	DB	Hmb-Rothenburgsort	Z 05.07.1968	+ 02.10.1968	
2961 → 052 961-0	DB	Osterfeld Süd	Z 14.06.1973	+ 24.08.1973	
2962	DR Reko	Dresden-Friedrichstadt	U 24.09.1959 (→ 50 3574)		
2963 → 052 963-6	DB	Kassel	Z 14.01.1971	+ 15.12.1971	*
2964 → 052 964-4	DB	Kaiserslautern	Z 12.07.1968	+ 10.07.1969	
2965	DB	Siegen	Z 09.05.1965	+ 01.09.1965	
2966 → 052 966-9	DB	Schweinfurt	Z 19.08.1974	+ 05.12.1974	
2967 → 052 967-7	DB	Kassel	Z 23.06.1969	+ 19.09.1969	
2968 → 052 968-5	DB	Radolfzell	Z 24.03.1969	+ 27.11.1970	
2969 → 052 969-3	DB	Wt-Vohwinkel	Z 14.01.1971	+ 15.12.1971	
2970 → 052 970-1	DB	Radolfzell	Z 01.01.1969	+ 03.03.1969	
2971	DB	Gießen	Z 03.12.1958	+ 17.08.1961	*
2972 → 052 972-7	DB	Dillenburg	Z 11.10.1967	+ 12.03.1968	
2973 → 052 973-5	DB	Braunschweig	Z 01.01.1969	+ 03.03.1969	
2974 → 052 974-3	DB	Kaiserslautern	Z 20.08.1968	+ 11.12.1968	
2975 → 052 975-0	DB	Weiden	Z 01.06.1974	+ 18.09.1974	
2976	DR Reko	Güstrow	U 18.06.1960 (→ 50 3613)		
2977	DB	Wt-Vohwinkel	Z 31.12.1965	+ 19.08.1966	
2978 → 052 978-4	DB	Lehrte	Z 01.07.1975	+ 21.08.1975	
2979 → 052 979-2	DB	Betzdorf	Z 29.06.1967	+ 03.03.1969	

2943:	Z-Stellung in Kleve, als Z-Lok: Hohenbudberg
2947:	Neunkirchen/EdS 1951 – 07.12.1954, als Z-Lok Saarbrücken Vbf/EdS 08.12.1954 – Übernahme DB 01.01.1957, als Z-Lok 1957: Neunkirchen
2948:	29.11.1978 vk. an VEB »Cottana« Mühlhausen, Betriebsteil Arnstadt (ab 12.1978 im Einsatz als Heizlok); 02.1987 – 03.1987 dort verschrottet
2958:	Z-Stellung in Hmb-Rothenburgsort, als Z-Lok 14.06.1965: Hmb-Harburg
2963:	Vorherige Z-Stellung: 01.03.1970 – 30.06.1970
2971:	Z-Stellung in Gießen, als Z-Lok jedoch 04.1960 und 07.1961 bei Bw Kornwestheim gemeldet

Ordnungsnr., EDV-Nr.	letzte dt. Bahnverw.	letzte dt. Heimat-Bw	Z oder Umbau	+ oder Abgabe	
2980 → 052 980-0	DB	Nürnberg Rbf	Z 18.12.1969	+ 22.09.1970	
2981	DB	Finnentrop	Z 04.02.1965	+ 01.09.1965	
2982	DB	Braunschweig Hbf	Z 20.10.1944	+ 21.04.1952	*
2983 → 052 983-4	DB	Duisburg-Wedau	Z 01.06.1976	+ 28.09.1976	
2984	DB	Saarbrücken	Z 25.09.1964	+ 10.03.1965	
2985 → 052 985-9	DB	Schweinfurt	Z 19.01.1971	+ 15.12.1971	
2986 → 052 986-7	DB	Weiden	Z 01.10.1970	+ 27.11.1970	*
2987	DB	München Hbf	Z 01.01.1965	+ 01.09.1965	
2988 → 052 988-3	DB	Crailsheim	Z 01.06.1976	+ 11.06.1976	*
2989 → 052 989-1	DB	Betzdorf	Z 20.06.1967	+ 03.03.1969	
2990 → 052 990-9	DB	Saarbrücken	Z 21.01.1976	+ 15.03.1976	
2991 → 052 991-7	DB	Duisburg-Wedau	Z 19.09.1975	+ 22.10.1975	
2992	DB	Mühldorf	Z 25.05.1965	+ 27.09.1966	
2993 → 052 993-3	DB	Saarbrücken	Z 06.12.1968	+ 03.03.1969	
2994	DB	Mühldorf	Z 29.05.1967	+ 14.11.1967	
2995	DR Reko	Werdau	U 02.03.1959 (→ 50 3555)		
2996 → 052 996-6	DB	Saarbrücken	Z 19.12.1975	+ 15.03.1976	
2997 → 052 997-4	DB	Schweinfurt	Z 14.01.1971	+ 15.12.1971	*
2998	DB	Hagen Gbf	Z 23.01.1965	+ 03.06.1965	
2999	DB	Mühldorf	Z 01.04.1965	+ 01.09.1965	
3000 → 053 003-0	DB	Plattling	Z 27.04.1969	+ 19.09.1969	*
3001 → 053 001-4	DB	Ulm	Z 14.01.1971	+ 02.06.1971	*
3002 → 053 002-2	DB	Schwandorf	Z 01.07.1968	+ 11.12.1968	
3003	DRB KS	Nördlingen	Z 19.04.1945	+ 25.07.1945	*
3004 → 053 004-8	DB	Bestwig	Z 10.08.1967	+ 10.07.1969	
3005 → 053 005-5	DB	Nürnberg Rbf	Z 09.06.1968	+ 02.10.1968	
3006	DB	Hmb-Rothenburgsort	Z 15.06.1965	+ 06.01.1966	
3007	DB	(Schwandorf)	Z 1950	+ 07.08.1956	*
3008	DR Reko	Halberstadt	U 04.12.1961 (→ 50 3701)		
3009 → 053 009-7	DB	Betzdorf	Z 29.04.1975	+ 27.06.1975	
3010 → 053 010-5	DB	Hof	Z 25.06.1974	+ 18.09.1974	
3011 → 053 011-3	DB	Schweinfurt	Z 31.07.1975	+ 22.10.1975	
3012 → 053 012-1	DB	Nürnberg Rbf	Z 13.01.1969	+ 10.07.1969	
3013 → 053 013-9	DB	Uelzen	Z 29.03.1975	+ 16.05.1975	
3014 → 50 3014-3	DR	Dresden	Z 26.10.1979	+ 16.06.1982	*
3015	DB MV	Bochum-Dahlhausen	U 09.12.1958 (→ DB 50 4019)		
3016 → 053 016-2	DB	Duisburg-Wedau	Z 27.04.1972	+ 15.08.1972	
3017	DB	Hohenbudberg	Z 11.03.1964	+ 30.11.1964	
3018 → 053 018-8	DB	Ulm	Z 05.08.1969	+ 03.12.1969	
3019	DR Reko	Güstrow	U 21.08.1957 (→ 50 3513)		

2982: Erste Ausmusterung laut HVE am 20.09.1948 bei ED Hannover, jedoch später aufgehoben. Lok stand bereits am 21.01.1945 im EAW Hannover ohne Tender abgestellt.

2986: Vorherige Z-Stellung: 23.12.1968 – 31.07.1970

2988: 30.07.1976 an Eurovapor [Schweiz]; 11.1984 an Wutachtalbahn, Fützen (dort ab 1986 betriebsfähig)

2997: Vorherige Z-Stellung: 01.06.1969 – 20.10.1970

Die Baureihe 50 – Verbleibsliste   50 3020 – 50 3055

Ordnungsnr., EDV-Nr.	letzte dt. Bahnverw.	letzte dt. Heimat-Bw	Z oder Umbau	+ oder Abgabe	
3020 → 053 020-4	DB	Bestwig	Z 24.09.1967	+ 12.03.1968	
3021	DB	Kirchenlaibach	Z 30.01.1967	+ 05.07.1967	
3022	DRB KV	(RBD Essen)		(VU)	*
3023	DB	Ehrang	Z 07.06.1967	+ 14.11.1967	
3024 → 053 024-6	DB	Mannheim	Z 28.12.1972	+ 12.04.1973	
3025	DB	Löhne	Z 20.01.1965	+ 03.06.1965	
3026	DB	Wanne-Eickel	Z 17.02.1967	+ 22.05.1967	
3027 → 50 3027-5	DR	Nossen	Z 08.06.1978	+ 24.10.1978	
3028 → 053 028-7	DB	Hmb-Rothenburgsort	Z 14.06.1967	+ 03.03.1969	
3029 → 053 029-5	DB	Ehrang	Z 23.04.1974	+ 18.09.1974	
3030 → 053 030-3	DB	Betzdorf	Z 11.04.1974	+ 18.09.1974	
3031 → 053 031-1	DB	Duisburg-Wedau	Z 28.08.1976	+ 28.09.1976	*
3032 → 053 032-9	DB	Weiden	Z 14.01.1971	+ 15.12.1971	*
3033	DB	Stolberg	Z 27.09.1966	+ 22.11.1966	
3034 → 053 034-5	DB	Saarbrücken	Z 09.06.1973	+ 24.08.1973	
3035	DB	Northeim	Z 01.08.1966	+ 22.11.1966	
3036 → 053 036-0	DB	Weiden	Z 14.01.1971	+ 15.12.1971	*
3037	DB	Kassel	Z 01.11.1966	+ 05.07.1967	
3038	DB	Löhne	Z 03.08.1966	+ 22.11.1966	
3039 → 053 039-4	DB	Duisburg-Wedau	Z 23.03.1973	+ 24.08.1973	
3040 → 053 040-2	DB	Lehrte	Z 10.04.1974	+ 18.09.1974	
3041 → 053 041-0	DB	Ulm	Z 28.01.1975	+ 16.05.1975	
3042 → 053 042-8	DB	Bestwig	Z 06.03.1967	+ 02.10.1968	
3043	DRB	Hannover-Linden		+ 20.09.1948	
3044 → 50 3044-0	DR	Dresden	Z 09.09.1978	+ 10.04.1979	
3045 → 053 045-1	DB	Duisburg-Wedau	Z 12.06.1975	+ 25.07.1975	
3046	DB	Ulm	Z 14.06.1965	+ 01.09.1965	
3047	DB	Hohenbudberg	Z 24.07.1965	+ 01.09.1965	
3048 → 50 3048-1	DR	Wittenberge	Z 18.07.1973	+ 03.08.1973	
3049 → 053 049-3	DB	Nürnberg Rbf	Z 08.01.1968	+ 03.03.1969	
3050	DB	Saarbrücken	Z 24.06.1966	+ 19.08.1966	
3051	DRB	Bochum-Langendreer		+ 20.03.1948	
3052	DB Rück				*
3053 → 053 053-5	DB	Duisburg-Wedau	Z 02.09.1968	+ 11.12.1968	
3054	DB	Hohenbudberg	Z 12.06.1963	+ 15.10.1963	*
3055	DB	Bingerbrück	Z 19.03.1965	+ 01.09.1965	

3000:   Ordnungsnummer 1968 auf nächste freie Nummer gesetzt (50 3003 war bereits ausgemustert)
3001:   Vorherige Z-Stellung: 04.02.1969 – 09.07.1970
3003:   nach anderen Angaben zuletzt Bw Neu Ulm
3007:   Z-Stellung in Schwandorf, als Z-Lok evtl.: Regensburg
3014:   06.1982 an Dampflokmuseum Hermeskeil
3022:   Rückführlok des Bw Minsk 21.03.1943, bei RBD Essen 30.03.1943, vmtl. Kriegsverlust
3031:   Ab 12.1976 Denkmal in Linde/Bez. Köln (Privatbesitz); 12.2003 an Süddeutsches Eisenbahnmuseum Heilbronn
3032:   Vorherige Z-Stellung: 25.04.1970 – 21.07.1970
3036:   Vorherige Z-Stellung: 05.04.1970 – 30.06.1970
3052:   Bochum-Langendreer (Anl.) 03.1943, RBD Essen noch 07.1944, SNCB 08.1944 – 10.1944, bei SNCF 10.1944 – 10.1945, SNCB ab 10.1945 (→ 2519, 01.1946 → 25.020), Rückgabe DB 06.1950. Bei SNCB 1946 teilweise demontiert, bei DB vmtl. nicht mehr im Einsatz. Ausmusterung bei DB ohne amtliche HVB-Verfügung (Aktenvermerk: »AW Schwerte, nicht im Bestand erschienen«)
3054:   Aachen West bis 11.06.1963, als Z-Lok: Hohenbudberg

Die Baureihe 50 – Verbleibsliste

Vom Bahnhof Westerburg aus wurden bis 1975 noch Dampflokomotiven des Bw Betzdorf eingesetzt. Am 2. November 1974 traf Peter Illert hier die 053 009 an.

Die Schwandorfer 053 041 rangierte am 24. Juni 1969 in Neukirchen bei Sulzbach-Rosenberg.

Foto: Peter Melcher

Die Baureihe 50 – Verbleibsliste   50 3056 – 50 3095

Ordnungsnr., EDV-Nr.	letzte dt. Bahnverw.	letzte dt. Heimat-Bw	Z oder Umbau	+ oder Abgabe	
3056	DB	Homburg/Saar	Z 05.08.1965	+ 04.03.1966	
3057 → 053 057-6	DB	Nürnberg Rbf	Z 24.06.1971	+ 15.12.1971	*
3058	DB	Bamberg	Z 15.07.1966	+ 27.09.1966	
3059 → 053 059-2	DB	Heilbronn	Z 09.06.1972	+ 08.11.1972	
3060	DB	Saarbrücken Hbf	Z 04.1959	+ 09.06.1960	
3061 → 053 061-8	DB	Koblenz-Mosel	Z 14.07.1972	+ 08.11.1972	
3062 → 053 062-6	DB	Kaiserslautern	Z 14.11.1974	+ 05.12.1974	
3063 → 053 063-4	DB	Weiden	Z 30.10.1975	+ 22.12.1975	
3064	DB	Ehrang	Z 24.10.1959	+ 05.01.1962	
3065 → 053 065-9	DB	Saarbrücken	Z 20.12.1975	+ 15.03.1976	
3066 → 053 066-7	DB	Lehrte	Z 28.03.1973	+ 24.08.1973	
3067	DB	Lichtenfels	Z 26.10.1965	+ 04.03.1966	
3068	DB	Ehrang	Z 18.10.1966	+ 22.05.1967	
3069	DRB	Limburg	Z 12.09.1946	+ 13.09.1946	
3070 → 053 070-9	DB	Weiden	Z 09.07.1974	+ 05.12.1974	
3071 → 053 071-7	DB	Mayen	Z 13.03.1969	+ 10.07.1969	
3072	DB	Mannheim	Z 14.01.1966	+ 20.06.1966	
3073 → 053 073-3	DB	Wanne-Eickel	Z 01.02.1973	+ 12.04.1973	
3074 → 053 074-1	DB	Kaiserslautern	Z 03.05.1974	+ 18.09.1974	
3075 → 053 075-8	DB	Duisburg-Wedau	Z 29.12.1976	+ 22.12.1976	*
3076	DRB	(Oberhausen Hbf)		(SZD/PKP)	*
3077	DB	Mühldorf	Z 03.06.1964	+ 10.03.1965	
3078 → 053 078-2	DB	Nürnberg Rbf	Z 01.03.1968	+ 21.06.1968	
3079	DB	St. Wendel	Z 25.06.1966	+ 19.08.1966	
3080 → 053 080-8	DB	Duisburg-Wedau	Z 26.06.1968	+ 02.10.1968	
3081	DB	Osterfeld Süd	Z 07.04.1966	+ 19.08.1966	
3082 → 053 082-4	DB	Duisburg-Wedau	Z 23.08.1974	+ 05.12.1974	
3083 → 053 083-2	DB	Lehrte	Z 26.06.1968	+ 02.10.1968	
3084 → 053 084-0	DB	Duisburg-Wedau	Z 26.10.1967	+ 12.03.1968	
3085 → 053 085-7	DB	Nürnberg Rbf	Z 09.06.1967	+ 12.03.1968	
3086	DB	Plattling	Z 28.05.1964	+ 10.03.1965	
3087 → 053 087-3	DB	Hof	Z 19.05.1974	+ 18.09.1974	
3088 → 053 088-1	DB	Braunschweig	Z 27.01.1972	+ 18.04.1972	
3089 → 053 089-9	DB	Crailsheim	Z 04.06.1976	+ 11.06.1976	
3090	DB	Mannheim	Z 07.04.1964	+ 30.11.1964	
3091 → 053 091-5	DB	Saarbrücken	Z 21.08.1974	+ 05.12.1974	
3092	DB	Hanau	Z 05.06.1965	+ 01.09.1965	
3093 → 50 3093-7	DR	Karl-Marx-Stadt	Z 01.06.1981	+ 17.08.1981	
3094	DRB	(Saargemünd)		(SNCF)	*
3095	DRB	(Kolmar)		(SNCF)	*

3057:   Vorherige Z-Stellung: 13.05.1970 – 14.07.1970

3075:   Ausmusterung gemäß ZTL-Verfügung vor Z-Stellung. Ab 12.1976 Denkmal in Ratingen-Tiefenbroich (Privatbesitz); 09.1997 als Schenkung an Eisenbahnmuseum Bochum-Dahlhausen

3076:   Oberhausen Hbf bis 29.08.1944, Einsatz an der Ostfront 09.1944, Przemyśl/PKP/SZD 1945 (→ TZ-3076), bei PKP ab 1949 (→ Ty2-1212). Lok wurde nach Abgabe von SZD an PKP fälschlich als Ty2 (= DRB-Baureihe 52) umgezeichnet.

3094:   Saargemünd 06.1944, SNCF 1945 – 1947 (als Mietlok Offenburg 23.09.1947 – 14.11.1947, Koblenz-Mosel 15.11.1947 – 25.03.1949), SNCF ab 26.03.1949 (→ 150Z3094); + 14.11.1953

3095:   Mühlhausen Rbf 06.1944, Kolmar 09.1944, SNCF 1945 – 1947 (als Mietlok: Oberlahnstein 09.01.1948 – 01.02.1949), SNCF ab 02.02.1949 (→ 150Z3095); + 14.11.1953

Die Baureihe 50 – Verbleibsliste

Als eine der letzten 50er vom Bw Weiden bespannte 053 063 am 14. September 1975 einen Sonderzug zwischen Neukirchen und Sulzbach-Rosenberg. Sechs Wochen später wurde die Lok z-gestellt.
Foto: Bernhard Mrugalla

Vor der markanten Kulisse des alten Lokschuppens im Bw Mannheim steht 50 3089 am 23. Juli 1964, umgeben von mehreren Schwesterlokomotiven. Rechts ist 50 2689 zu erkennen. Mannheim war lange Zeit Heimat- und Wende-Bw für Lokomotiven der Baureihe 50.
Foto: Peter Melcher

Die Baureihe 50 – Verbleibsliste   50 3096 – 50 3134

Ordnungsnr., EDV-Nr.	letzte dt. Bahnverw.	letzte dt. Heimat-Bw	Z oder Umbau	+ oder Abgabe	
3096	DB	Homburg/Saar	Z 22.01.1965	+ 01.09.1965	
3097 → 053 097-2	DB	Ulm	Z 15.12.1975	+ 15.03.1976	
3098	DB	Mayen	Z 16.12.1959	+ 09.06.1960	
3099	DB	Regensburg	Z 05.1962	+ 30.11.1964	
3100	DRB			(ÖStB/SZD)	*
3101 → 053 101-2	DB	Duisburg-Wedau	Z 24.06.1975	+ 25.07.1975	
3102 → 50 3102-6	DR	Reichenbach	Z 30.09.1977	+ 15.11.1977	
3103	DRB			(ÖStB/ÖBB)	*
3104 → 053 104-6	DB	Duisburg-Wedau	Z 06.11.1975	+ 22.12.1975	
3105	DB	Duisburg-Wedau	Z 06.11.1964	+ 10.03.1965	
3106 → 053 106-1	DB	Hohenbudberg	Z 13.09.1967	+ 12.03.1968	
3107	DB	Osterfeld Süd	Z 06.04.1966	+ 19.08.1966	
3108 → 50 3108-3	DR	Nossen	Z 25.09.1977	+ 04.11.1977	
3109 → 50 3109-1	DR	Dresden	Z 05.10.1979	+ 01.12.1979	
3110 → 50 3110-9	DR	Wismar	Z 18.01.1973	+ 29.12.1972	
3111 → 50 3111-7	DR	Reichenbach	Z 30.06.1977	+ 19.08.1977	
3112 → 50 3112-5	DR	Reichenbach	Z 26.09.1977	+ 04.11.1977	
3113 → 50 3113-3	DR	Nossen	Z 08.06.1978	+ 24.10.1978	
3114	DR Reko	Stendal	U 20.06.1960 (→ 50 3614)		
3115	DB	Wt-Vohwinkel	Z 10.11.1962	+ 15.10.1963	
3116 → 50 3116-6	DR	Reichenbach	Z 07.12.1977	+ 03.04.1978	
3117	DB	Flensburg	Z 24.02.1967	+ 22.05.1967	
3118 → 053 118-6	DB	Nürnberg Rbf	Z 30.09.1968	+ 03.03.1969	
3119	DB	Flensburg	Z 08.02.1967	+ 22.05.1967	
3120	DB	Osterfeld Süd	Z 19.10.1966	+ 24.02.1967	
3121 → 053 121-0	DB	Weiden	Z 31.07.1975	+ 21.08.1975	
3122 → 053 122-8	DB	Betzdorf	Z 03.09.1974	+ 05.12.1974	
3123 → 053 123-6	DB	Uelzen	Z 25.10.1972	+ 21.12.1972	
3124	DRB KS	Hmb-Harburg		+ 14.06.1946	
3125 → 053 125-1	DB	Ulm	Z 31.01.1975	+ 16.05.1975	
3126 → 50 3126-5	DR	Karl-Marx-Stadt	Z 23.04.1970	+ 27.10.1971	
3127 → 50 3127-3	DR	Karl-Marx-Stadt	Z 01.07.1981	+ 14.08.1981	
3128	DRB			(ÖStB/ÖBB)	*
3129 → 053 129-3	DB	Schweinfurt	Z 19.09.1972	+ 21.12.1972	
3130	DRB	(Diedenhofen)		(SNCF)	*
3131 → 053 131-9	DB	Ulm	Z 08.02.1972	+ 18.04.1972	
3132 → 053 132-7	DB	Betzdorf	Z 21.02.1975	+ 16.05.1975	
3133 → 053 133-5	DB	Bayreuth	Z 28.12.1974	+ 05.12.1974	*
3134	DRB	(Metz)		(SNCF)	*

3100: Straßhof/ÖStB 12.1947, ÖStB/T in Richtung Osten 21.12.1948, SZD (ohne offizielle Umzeichnung) 1949
3103: 1945 an ÖStB/ÖBB (→ 50.3103); + 15.07.1970 in Linz/Donau
3128: 1945 an ÖStB/ÖBB (→ 50.3128); + 20.09.1972 in Linz/Donau
3130: Diedenhofen 07.1944, SNCF 1945 – 1947 (als Mietlok: Offenburg 15.09.1947 – 10.11.1947, Koblenz-Mosel 11.11.1947 – 1949), SNCF 1949 (→ 150Z3130); + 14.11.1953
3133: Ausmusterung gemäß HVB-Verfügung vor Z-Stellung
3134: Metz 06.1944; bei SNCF 1945 mit schweren Kriegsschäden ausgemustert

Die Baureihe 50 – Verbleibsliste

Am 22. Juli 1974 gehörte 053 097 zum Bw Rottweil. An diesem Tag brachte die Lok einen Reisezug nach Freudenstadt Hbf.

Foto: Dietmar Brämert

50 3102 (Bw Reichenbach) rangiert am 20. Juli 1973 in Gera Hbf. Auffällig ist das Schachbrett-Muster auf dem Windleitblech.

Foto: Ulf Heitmann

Die Baureihe 50 – Verbleibsliste   50 3135 – 50 3171

Ordnungsnr., EDV-Nr.	letzte dt. Bahnverw.	letzte dt. Heimat-Bw	Z oder Umbau	+ oder Abgabe	
3135	DB	Braunschweig	Z 21.03.1967	+ 05.07.1967	
3136	DB	Hameln	Z 11.07.1965	+ 06.01.1966	
3137	DRB	(Freiburg)		(SNCF)	*
3138 → 50 3138-0	DR	Nossen	Z 31.05.1981	+ 17.08.1981	
3139 → 053 139-2	DB	Ehrang	Z 25.02.1974	+ 09.06.1974	
3140	DB	Mayen	Z 18.09.1959	+ 05.01.1962	
3141 → 053 141-8	DB	Kassel	Z 04.10.1968	+ 03.03.1969	
3142	DB	Lehrte	Z 29.09.1965	+ 06.01.1966	
3143 → 053 143-4	DB	Stolberg	Z 30.09.1968	+ 03.03.1969	
3144	DB	Braunschweig	Z 12.08.1966	+ 22.11.1966	
3145 → 50 3145-5	DR	Karl-Marx-Stadt	Z 17.12.1987	+ 24.06.1988	
3146	DB	Minden	Z 05.02.1965	+ 03.06.1965	
3147 → 053 147-5	DB	Dortmund Rbf	Z 29.05.1968	+ 02.10.1968	
3148	DB	Hohenbudberg	Z 15.09.1962	+ 15.10.1963	*
3149 → 053 149-1	DB	Osterfeld Süd	Z 27.01.1968	+ 02.10.1968	
3150 → 053 150-9	DB	Duisburg-Wedau	Z 10.08.1967	+ 12.03.1968	
3151 → 053 151-7	DB	Bremen Hbf	Z 27.02.1969	+ 19.09.1969	
3152 → 053 152-5	DB	Osterfeld Süd	Z 28.09.1967	+ 12.03.1968	
3153 → 053 153-3	DB	Wanne-Eickel	Z 23.03.1972	+ 15.08.1972	
3154	DR Reko	Schwerin	U 11.03.1961 (→ 50 3654)		
3155 → 053 155-8	DB	Osterfeld Süd	Z 03.09.1974	+ 05.12.1974	
3156 → 053 156-6	DB	Wanne-Eickel	Z 17.11.1967	+ 12.03.1968	
3157 → 053 157-4	DB	Osterfeld Süd	Z 14.09.1967	+ 12.03.1968	
3158	DB	Bruchsal	Z 27.10.1952	+ 18.03.1955	
3159	DB	München Ost	Z 04.09.1952	+ 10.08.1957	
3160	DB	Crailsheim	Z 18.05.1961	+ 04.12.1961	
3161 → 053 161-6	DB	Duisburg-Wedau	Z 24.08.1967	+ 12.03.1968	
3162	DB	Minden	Z 29.09.1965	+ 06.01.1966	
3163	DB	Ludwigshafen	Z 19.06.1955	+ 07.08.1956	*
3164 → 053 164-0	DB	Duisburg-Wedau	Z 01.09.1975	+ 22.10.1975	*
3165	DB	Löhne	Z 30.12.1964	+ 03.06.1965	*
3166	DB	Löhne	Z 30.08.1965	+ 06.01.1966	*
3167	DB	Löhne	Z 30.05.1965	+ 06.01.1966	*
3168	DB	Löhne	Z 26.02.1965	+ 03.06.1966	*
3169	DB	Löhne	Z 18.10.1964	+ 10.03.1965	*
3170	DB	Löhne	Z 15.09.1964	+ 10.03.1965	*
3171	DB	Löhne	Z 15.01.1965	+ 03.06.1965	*

3137:	Metz 07.1944, Freiburg bis 01.11.1945, SNCF 1945 – 1947 (als Mietlok: Koblenz-Lützel 01.02.1948 – 01.1949, Ludwigshafen 01.1949 – 25.01.1949), SNCF ab 26.01.1949 (→ 150Z3137); + 25.09.1952
3148:	Aachen West bis 14.09.1962, als Z-Lok: Hohenbudberg
3163:	Nach Ausmusterung zeitweise Lehrobjekt bei Technische Hochschule Karlsruhe
3164:	Z-Stellung in Osterfeld Süd, als Z-Lok 01.10.1975: Duisburg-Wedau
3165:	Rahmen von 50 2234, Kessel von 52 129, im Dienst ab 10.07.1957
3166:	Rahmen von 50 1957, Kessel von 52 130, im Dienst ab 27.05.1957
3167:	Rahmen von 50 1935, Kessel von 52 131, im Dienst ab 18.09.1957
3168:	Rahmen von 50 2661, Kessel von 52 132, im Dienst ab 04.03.1957
3169:	Rahmen von 50 1125, Kessel von 52 133, im Dienst ab 31.10.1956
3170:	Rahmen von 50 1939, Kessel von 52 134, im Dienst ab 23.08.1956
3171:	Rahmen von 50 2254, Kessel von 52 135, im Dienst ab 14.01.1957

Die Baureihe 50.40 der DB

Zu Beginn der fünfziger Jahre suchte die DB nach Möglichkeiten, ihren Lokpark zu modernisieren. Vor allem war eine größere Anzahl von Maschinen vorhanden, welche mit nicht alterungsbeständigen St 47 K-Kesseln ausgerüstet waren. Eine preiswerte Möglichkeit war bei der Baureihe 50 hier die Verwendung von aufgearbeiteten Kesseln von ausgemusterten Maschinen der Baureihe 52, welche alterungsbeständig waren. Neben der Entwicklung von Hochleistungskesseln mit Verbrennungskammer und Einbau von Mischvorwärmer-Anlagen wurden auch Rauchgasvorwärmer der Bauart Franco-Crosti (FC) erprobt. Mit Franco-Crosti-Kesseln rüstete bereits 1951 die Firma Henschel & Sohn die 52 893 und 52 894 aus. Auf Grund des nun höheren Gesamtgewichtes erhielten die Maschinen die Betriebsnummern 42 9000 und 42 9001. In Anbetracht der guten Ergebnisse erhielt 1956 die 50 1412 ebenfalls einen Rauchgasvorwärmer.

Die Lokomotiven der Baureihe 42.90 sowie 50 1412 erzielten Kohlenersparnisse bis zu 20 %, so dass es lohnend erschien, weitere Maschinen umzurüsten. Die Entscheidung fiel zugunsten der Baureihe 50, da sie am universellsten eingesetzt werden konnte. In den Jahren 1958 bis

Die Drehklappen für den Kohlekasten waren ein typisches Merkmal der 50.40 der DB. Im Betrieb blieben diese jedoch oft geöffnet, so auch bei 50 4018 am 11. März 1965 in Osnabrück.

Foto: Peter Konzelmann, Sammlung Peter Melcher

1959 wurden weitere 30 Maschinen umgebaut und als 50 4002 – 4031 eingereiht, nachdem man 50 1412 bereits 1958 in 50 4001 umgezeichnet hatte. Während 50 4001 noch mit einem Oberflächenvorwärmer ausgerüstet war, erhielten die restlichen Maschinen einen Mischvorwärmer.

Als einzige Maschine dieser Baureihe rüstete man die 50 4011 im AW Kassel mit einer Ölhauptfeuerung aus.

Für die Unterhaltung der Baureihe 50.40 war das AW Schwerte zuständig, das auch die Loks 50 4002 bis 4031 umgebaut hatte. Größere Probleme mit den FC-Loks gab es im Oktober 1961, als alle Maschinen wegen schwerwiegender Anrostungen in den Rauchgasvorwärmern abgestellt werden mussten. Die Reparatur zog sich über Monate hin, denn das AW Schwerte musste teilweise neue Vorwärmerkessel anfertigen. Bis Mitte 1965 wurde die Baureihe 50.40 voll unterhalten, dann erging eine Verfügung, wonach FC-Loks keine L3 mehr erhalten sollten. So wurden denn auch die meisten 50.40 bis 1967 wegen Erreichens der L3-Frist abgestellt.

Eingesetzt wurden die 50.40 bei den Bw Bingerbrück, Hamm(Westf), Kirchweyhe, Oberlahnstein und Osnabrück Rbf. Hochburg der 50.40 war das Bw Kirchweyhe, bei dem, bis auf wenige Ausnahmen, alle 50.40 Betriebsanlauf hatten. Eine Sonderstellung nimmt das Bw Rahden ein, das selbst zwar keine eigenen 50.40 im Bestand hatte, aber solche des Bw Kirchweyhe einsetzte. Das Bw Rahden wurde zum Auslauf-Bw für manche Lokbaureihe. So beherbergte es die letzten Loks der Baureihen 24 und 56.2 der BD Münster und wurde auch »Auslauf-Bw« für Kirchweyher 50.40. Da man auf der Rollbahn nur noch Lokomotiven mit Indusi einsetzen wollte, die Baureihe 50.40 aber keine besaß und wegen der bevorstehenden Abstellung auch keine mehr bekommen sollte, rüstete man nur noch normale 50er mit Indusi aus. Für die 50.40 sah man Einsätze auf den von Rahden ausgehenden Nebenstrecken vor, da hier keine Indusi benötigt wurde. Letzte Leihlok in Rahden war 50 4028, die im Mai 1967 noch rund 3000 km leistete.

Die Baureihe 50.40

Als einzige 50 der Deutschen Bundesbahn wurde die 50 4011 mit einer Ölfeuerung ausgestattet. Mit dem entsprechend umgebauten Tender präsentiert sich die Lok hier am 8. August 1960 in Osnabrück.
Foto: Peter Konzelmann, Sammlung Peter Melcher

Im Bw Osnabrück Hbf, jahrelang Heimat- und Wende-Bw für die Franco-Crosti-Loks der Baureihe 50, rollt 50 4001 am 6. August 1965 auf die Drehscheibe. Foto: Peter Konzelmann, Sammlung Peter Melcher

Verbleibsliste der Baureihe 50.40 DB

Fast alle DB-50.40 wurden nach ihrem Umbau zunächst dem Bw Kirchweyhe zugewiesen. Es gab folgende Ausnahmen:
50 4001 Bw Bingerbrück, 50 4025 Bw Osnabrück Hbf, 50 4030 und 4031 Bw Oberlahnstein.

U aus (Rahmen von)	Ordnungsnr.	Abnahme nach Umbau	letzte Beheimatung	Z	+	
50 1412 (1412)	4001	11.11.1954	Hamm	Z 31.08.1966	+ 22.11.1966	*
50 1887 (1887)	4002	26.08.1958	Kirchweyhe	Z 28.09.1966	+ 22.05.1967	
50 1509 (591)	4003	03.09.1958	Kirchweyhe	Z 28.09.1966	+ 22.05.1967	
50 044 (534)	4004	09.09.1958	Kirchweyhe	Z 04.05.1967	+ 14.11.1967	
50 2828 (1509)	4005	01.10.1958	Kirchweyhe	Z 28.04.1967	+ 14.11.1967	
50 2814 (596)	4006	01.10.1958	Kirchweyhe	Z 20.12.1966	+ 22.05.1967	
50 346 (2610)	4007	01.10.1958	Kirchweyhe	Z 17.07.1967	+ 14.11.1967	
50 077 (044)	4008	01.10.1958	Kirchweyhe	Z 16.04.1965	+ 01.09.1965	*
50 1434 (1868)	4009	24.10.1958	Kirchweyhe	Z 24.08.1966	+ 22.05.1967	
50 362 (346)	4010	12.10.1958	Kirchweyhe	Z 15.02.1966	+ 22.05.1967	
50 1422 (2540)	4011	04.11.1958	Kirchweyhe	Z 04.08.1966	+ 24.02.1967	*
50 619 (2814)	4012	12.11.1958	Kirchweyhe	Z 24.08.1966	+ 22.05.1967	
50 379 (077)	4013	03.12.1958	Kirchweyhe	Z 18.11.1966	+ 22.05.1967	
50 875 (1434)	4014	02.12.1958	Kirchweyhe	Z 01.03.1966	+ 22.05.1967	
50 969 (761)	4015	09.12.1958	Kirchweyhe	Z 12.04.1967	+ 05.07.1967	
50 2380 (619)	4016	17.12.1958	Hamm	Z 05.09.1966	+ 22.11.1966	
50 1319 (1751)	4017	23.12.1958	Hamm	Z 27.08.1966	+ 22.11.1966	
50 216 (2965)	4018	13.01.1959	Hamm	Z 14.12.1966	+ 24.02.1967	
50 3015 (875)	4019	14.01.1959	Hamm	Z 30.07.1966	+ 22.11.1966	
50 1326 (379)	4020	22.01.1959	Hamm G	Z 12.04.1966	+ 19.08.1966	
50 820 (2380)	4021	28.01.1959	Hamm G	Z 28.02.1966	+ 20.06.1966	
50 097 (969)	4022	16.02.1959	Hamm	Z 23.01.1967	+ 22.05.1967	
50 942 (1319)	4023	08.02.1959	Hamm	Z 15.07.1966	+ 22.11.1966	
50 1272 (216)	4024	23.02.1959	Kirchweyhe	Z 09.05.1964	+ 01.09.1965	
50 1885 (3015)	4025	27.02.1959	Kirchweyhe	Z 24.06.1967	+ 14.11.1967	
50 636 (1326)	4026	10.06.1959	Kirchweyhe	Z 19.05.1967	+ 14.11.1967	
50 1651 (820)	4027	22.06.1959	Kirchweyhe	Z 25.12.1964	+ 01.09.1965	
50 2464 (2464)	4028	30.06.1959	Kirchweyhe	Z 16.06.1967	+ 14.11.1967	
50 980 (980)	4029	13.07.1959	Kirchweyhe	Z 15.02.1966	+ 22.05.1967	
50 194 (194)	4030	05.08.1959	Hamm	Z 19.08.1966	+ 22.11.1966	
50 1781 (1781)	4031	01.09.1959	Hamm	Z 10.04.1967	+ 05.07.1967	

4001:	Umzeichnung auf 50 4001 erst mit HVB-Verfügung vom 10.04.1958
4008:	Z-Stellung in Osnabrück Rbf, als Z-Lok 17.05.1965: Kirchweyhe
4011:	Umbau im Aw Kassel auf Ölfeuerung ab 05.11.1958, erneute Abnahme 04.05.1959

Die Baureihe 50.40 – Verbleibsliste

Eine Ruhepause gönnt sich 50 4020 vom Bw Kirchweyhe im Bw Münster im Herbst 1958.
Foto: Sammlung Dr. D. Hörnemann

Ihr letztes Einsatzjahr war gerade angebrochen, als 50 4026 (Bw Kirchweyhe) am 4. Januar 1967 im Bw Bielefeld fotografiert wurde.
Foto: Peter Melcher

Die Lokomotiven der Baureihen 50 und ihr Verbleib

Die Baureihe 50.35 der DR

Nach dem Krieg verblieben der DR mit rund 350 Lokomotiven der Baureihe 50 nur ein geringer Teil der 3.164 Stück umfassenden Gesamtzahl. Außer der Baureihe 50 und der in größeren Stückzahlen vorhandenen Baureihe 52 besaß die DR keine jüngere Güterzuglokomotive mit nur 15 t Achslast. Der hochfeste Kesselbaustoff St 47 K, der teils für höhere Kesseldrücke, teils zur Gewichtsreduzierung verwendet wurde, neigte schon in den vierziger Jahren zu Rissbildungen. Als Mitte der fünfziger Jahre die Alterungserscheinungen der Kessel aus St 47 K augenfällig wurden, stand die DR vor der Entscheidung: Neubekesselung oder Ausmusterung dieser Maschinen. Bekanntlich entschied man sich für eine Neubekesselung, die mit nicht unerheblichen Kosten verbunden war.

Der Neubaukessel für die Baureihen 23.10 / 50.40 diente als Vorlage für den Entwurf eines Ersatzkessels. Stehkessel und Feuerbüchse mit Verbrennungskammer konnten unverändert von der Baureihe 23.10 übernommen werden, Langkessel und Rauchkammer mussten wegen der unterschiedlichen Fahrwerksabmessungen bei der Baureihe 50 neu konzipiert werden. Der Abstand zwischen den Rohrwänden beträgt beim 50er-Ersatzkessel 4.700 mm gegenüber 4.200 mm bei der Baureihe 23.10. Dadurch konnte die Gesamtheizfläche von 159,6 m² bei der Baureihe 23.10 auf 172,3 m² vergrößert werden. Der Kessel war in allen Teilen geschweißt, im Bereich der Verbrennungskammer war der Langkessel konisch erweitert. Gebaut wurden die Neubaukessel vom Raw Halberstadt, vom VEB Schwermaschinenbau »Karl Liebknecht« (SKL) in Magdeburg und vom VEB Lokomotivbau »Karl Marx« (LKM) in Babelsberg. Der übrige Umbau wurde nach den Rekonstruktionsprinzipien der DR durchgeführt. Verantwortlich für den Umbau war das Raw Stendal, das auch Erhaltungs-Raw für die Baureihen 50 und 52 war.

Die Maschinen erhielten neue Aschkästen Bauart »Stühren«, Mischvorwärmeranlagen, einen neuen Pumpenträger sowie eine Mischvorwärmerpumpe. Der Einbau einer neuen Führerhausvorderwand wurde wegen des größeren Hinterkesseldurchmessers notwendig. Der Naßdampfregler der Bauart Schmidt & Wagner wurde beibehalten, allerdings auf Seitenzugbetätigung umgestellt. Sofern die Maschinen noch große Windleitbleche besaßen, wurden diese gegen Witteblecke ausgetauscht.

Zwischen 1958 und 1963 erhielten 208 Maschinen mit St 47 K-Kesseln einen Neubau-Ersatzkessel und wurden jetzt als Baureihe 50.35 (50 3501 – 3708) bezeichnet. Vorzugsweise erhielten Bahnbetriebswerke im Raum Magdeburg die Rekoloks zugeteilt, die dann auf den Flachlandstrecken der Magdeburger Börde und der Altmark eingesetzt wurden.

Die Baureihe 50.35 der DR

50 3550 vom Bw Halberstadt stand im Oktober 1967 im Hauptbahnhof von Magdeburg. Mit dem Umbau auf Ölfeuerung wurde die Lok 1971 zur 50 0069. Foto: Sammlung Peter Melcher

Das Leistungsprogramm der Baureihe 50.35 lautete: 1.370 t in der Ebene mit 60 km/h, 990 t auf 3 ‰ Steigung und immerhin 480 t auf 10 ‰ mit 45 km/h.

Zur Brennstoffersparnis rüstete die DR 75 Maschinen mit einer Saugzuganlage Bauart »Giesl« (Giesl-Flachejektor) aus, die allerdings dann gegen Ende der siebziger Jahre wieder ausgebaut wurden, um eine erneute Lizenzzahlung und damit eine Ausgabe knapper Devisen zu vermeiden.

Zum Einsatz kam die Baureihe 50.35 ab 1957 vor allem in der Rbd Magdeburg, wo Mitte 1960 die Bw Güsten, Halberstadt, Köthen, Magdeburg-Rothensee, Oebisfelde und Stendal die Rekolok teilweise neben Altbau-50er in ihren Beständen hatten. 1961 erhielten ab Raw in der Rbd Schwerin die Bahnbetriebswerke Hagenow Land, Parchim, Rostock und Schwerin die Rekolok zugewiesen, wo sie neben den Neubauloks der Baureihe 50.40 Dienst taten.

Ab 1966 verringerte sich der Bestand der 50.35 durch Ausrüstung mit Ölhauptfeuerung und damit Umzeichnung in die Baureihe 50.50. Mit der Maßgabe, wertvollen Dieselkraftstoff zu sparen, kam die Baureihe 50.35 auch in die Rbd Dresden und war 1982 in den Bw Dresden, Glauchau, Karl-Marx-Stadt, Nossen und Reichenbach, eingesetzt von der Est Zwickau, zu finden. 1988 endete offiziell der Dampflokbetrieb bei der DR und damit auch der 50.35.

Verbleibsliste der Baureihe 50.35 – 37 DR

Die Umzeichnung in 050 zum 01.01.1992 erfolgte in der Regel nur buchmäßig. Ab Mai 1992 wurden die noch vorhandenen Fahrzeuge wie technische Anlagen behandelt und ohne Ausmusterungsverfügungen aus dem Bestand gestrichen.

U aus	Ordnungsnr., EDV-Nrn. iD nach Reko	erstes Heimat-Bw	letztes Heimat-Bw	Z oder Umbau	+ oder Abgabe	
50 380	3501 → 50 3501-9 13.11.1957	Güsten	Halberstadt	Z 01.08.1985	+ 19.12.1986	*
50 481	3502 → 50 3502-7 22.11.1957	Güsten	Güsten	U 18.06.1971 (→ 50 0072-4)		
50 1879	3503 → 50 3503-5 29.11.1957	Güsten	Roßlau	U .1970 (→ 50 0043-5)		
50 135	3504 → 50 3504-3 03.12.1957	Güsten	Güsten	U 28.05.1970 (→ 50 0046-8)		
50 1330	3505 → 50 3505-0 10.12.1957	Güsten	Güsten	U 26.07.1971 (→ 50 0066-6)		
50 903	3506 → 50 3506-8 (→ DB 050 506-5") 17.12.1957	Oebisfelde	Dresden	Z 21.11.1991	vk. 03.07.1992	*
50 617	3507 → 50 3507-6 21.12.1957	Güsten	Oebisfelde	Z 23.01.1980	+ 17.01.1980	*
50 1448	3508 → 50 3508-4 01.01.1958	Güsten	Jüterbog	Z 11.09.1985	+ 09.08.1988	*
50 2753	3509 → 50 3509-2 31.12.1957	Güsten	Güsten	U 21.05.1970 (→ 50 0044-3)		
50 657	3510 → 50 3510-0 21.01.1958	Köthen	Güsten	U 15.05.1970 (→ 50 0045-0)		
50 1000	3511 → 50 3511-8 25.01.1958	Köthen	Neubrandenburg	Z 17.04.1985	+ 18.11.1986	
50 1629	3512 → 50 3512-6 01.02.1958	Köthen	Halberstadt	Z 10.08.1986	+ 15.08.1988	
50 3019	3513 → 50 3513-4 27.02.1958	Köthen	Güsten	U 24.06.1970 (→ 50 0048-4)		
50 2199	3514 → 50 3514-2 03.03.1958	Köthen	Güsten	U 18.02.1971 (→ 50 0064-1)		

3501:	Ab 27.02.1987 Werklok Raw bzw. Dampflokwerk Meiningen
3506:	07.1992 an Österreichische Gesellschaft für Eisenbahngeschichte
3507:	03.1980 verschrottet Raw Stendal
3508:	01.09.1983 – 31.08.1985 von Bw Salzwedel vermietet an VEG »Havelobst«, Beelitz, danach Bw Jüterbog; 10.1988 verschrottet Bw Frankfurt/Oder

Die Baureihe 50.35 der DR – Verbleibsliste

Bei Lastau war die 50 3516 am 27. Juli 1984 auf der Muldentalbahn im Einsatz.

Foto: Rudolf Heym, Sammlung Peter Melcher

Richtigen Güterverkehr gab es in der DDR auch auf vielen eingleisigen Strecken: Mit dem Dg 54857 (Güstrow – Neustadt/Dosse) fährt 50 3517 am 10. Juli 1984 zwischen Hoppenrade/Meckl. und Klein Grabow an Peter Tadsen vorbei.

Die Baureihe 50.35 der DR – Verbleibsliste   50 3515 – 50 3531

U aus	Ordnungsnr., EDV-Nrn. iD nach Reko	erstes Heimat-Bw	letztes Heimat-Bw	Z oder Umbau	+ oder Abgabe	
50 1497	3515 → 50 3515-9 18.03.1958	Güsten	Magdeburg	Z 04.04.1984	+ 06.09.1984	
50 448	3516 → 50 3516-7 26.03.1958	Halle P	Dresden	Z 21.10.1987	+ 06.09.1988	*
50 1286	3517 → 50 3517-5 (→ DB 050 517-2) 28.03.1958	Güsten	Wittenberge	Z 03.06.1987	vk. 03.06.1993	*
50 1008	3518 → 50 3518-3 (→ DB 050 518-0) 03.04.1958	Güsten	Angermünde	Z 01.06.1992	vk. 22.06.1992	*
50 342	3519 → 50 3519-1 (→ DB 050 519-8) 23.04.1958	Köthen	Glauchau		vk. 03.07.1992	*
50 1339	3520 → 50 3520-9 (→ DB 050 520-6") 28.04.1958	Köthen	Güsten	Z 25.12.1991	vk. 16.09.1993	*
50 334	3521 → 50 3521-7 (→ DB 050 521-4") 08.05.1958	Köthen	Neustrelitz	Z 10.12.1992	vk. 31.12.1994	*
50 1368	3522 → 50 3522-5 (→ DB 050 522-2") 01.06.1958	Köthen	Pasewalk	Z 10.12.1992	(vk.)	*
50 1706	3523 → 50 3523-3 (→ DB 050 523-0) 03.06.1958	Köthen	Reichenbach		vk. 10.09.1992	*
50 539	3524 → 50 3524-1 24.06.1958	Köthen	Wittenberge	U .1970 (→ 50 0050-0)		
50 1876	3525 → 50 3525-8 (→ DB 050 525-5") 27.06.1958	Güsten	Güstrow	Z 03.09.1987	+ 23.03.1992	*
50 1812	3526 → 50 3526-6 02.07.1958	Güsten	Karl-Marx-Stadt	Z 22.12.1986	+ 21.04.1987	
50 1471	3527 → 50 3527-4 (→ DB 050 527-1) 19.07.1958	Magdeburg-Rothensee	Pasewalk		vk. 01.02.1994	*
50 1126	3528 → 50 3528-2 02.08.1958	Magdeburg-Rothensee	Halberstadt	U 16.04.1971 (→ 50 0068-2)		
50 1091	3529 → 50 3529-0 (→ DB 050 529-7") 16.08.1958	Magdeburg-Rothensee	Chemnitz	Z 21.11.1991		*
50 2562	3530 → 50 3530-8 20.08.1958	Magdeburg-Rothensee	Haldensleben	U 30.12.1970 (→ 50 0060-9)		
50 927	3531 → 50 3531-6 23.08.1958	Magdeburg-Buckau	Halberstadt	Z 21.11.1985	+ 15.08.1988	

3516: 1989 verschrottet Bw Aue
3517: Bis 1993/94 abg. Bf. Meyenburg, dann Bw Salzwedel (Privateigentum bei Dampflokfreunde Salzwedel); ab 04.2004 abg. bei OHE-Werkstatt in Bleckede; 08.2006 an Loksammlung Falz, Bw Falkenberg
3518: 1993 an Loksammlung Falz (Museum Basdorf bzw. Jüterbog); ab 09.2001 abg. Bw Falkenberg
3519: 07.1992 an Österreichische Gesellschaft für Eisenbahngeschichte
3520: 1993 vk. an privat; ab 03.1997 bei Veluwsche Stoomtrein Maatschappij, Beekbergen [Niederlande]
3521: Zuletzt Heizlok in Pasewalk; 1994 vk. an privat; jetzt abg. in Putlitz
3522: 1994 an Eisenbahnverein HeiNa Ganzlin e.V., Röbel (Ersatzteilspender)
3523: 1992 an Modell- und Eisenbahnclub Selb-Rehau e.V.
3525: 1993 verschrottet in Wismar
3527: 01.02.1994 vk. an Eisenbahnfreunde Ueckertal, Pasewalk (heute Kommunalgemeinschaft Pomerania e.V.)
3529: 05.1992 verschrottet Raw Meiningen

Die Baureihe 50.35 der DR – Verbleibsliste

Die 50 3526 befuhr am 5. August 1982 die Strecke Berlin – Lübbenau, hier nahe der S-Bahn-Station Eichwalde. Die Lok gehörte damals zum Bw Berlin-Schöneweide.
Foto: Bernd Wüstemann, Sammlung Peter Melcher

In der Einsatzstelle Waren des Bw Neustrelitz trafen am 22. April 1994 anläßlich eines Plandampf-Einsatzes 50 3545, »64 1491« (eigentlich eine DB-Lok) und 50 3527 zusammen.
Foto: Hartmut Duvendack

Die Baureihe 50.35 der DR – Verbleibsliste 50 3532 – 50 3545

U aus	Ordnungsnr., EDV-Nrn. iD nach Reko	erstes Heimat-Bw	letztes Heimat-Bw	Z oder Umbau	+ oder Abgabe	
50 2883	3532 → 50 3532-4 30.08.1958	Magdeburg-Rothensee	Haldensleben	U 29.01.1971 (→ 50 0062-5)		
50 2307	3533 → 50 3533-2 02.09.1958	Magdeburg-Rothensee	Roßlau	U 09.12.1970 (→ 50 0059-1)		
50 1606	3534 → 50 3534-0 17.09.1958	Magdeburg-Rothensee	Rostock Hbf	Z 30.01.1987	+ 06.09.1988	
50 2229	3535 → 50 3535-7 (→ DB 050 535-4") 01.10.1958	Köthen	Salzwedel	Z 16.06.1988	vk. 03.06.1993	*
50 1071	3536 → 50 3536-5 18.10.1958	Magdeburg-Rothensee	Nossen	Z 28.10.1987	(vk.)	*
50 2209	3537 → 50 3537-3 23.10.1958	Magdeburg-Rothensee	Magdeburg	U 11.01.1971 (→ 50 0061-7)		
50 2348	3538 → 50 3538-1 (→ DB 050 538-8") 01.11.1958	Magdeburg-Rothensee	Güstrow	Z 03.09.1987	+ 23.03.1992	*
50 2273	3539 → 50 3539-9 (→ DB 050 539-6) 06.11.1958	Magdeburg-Rothensee	Nossen	Z 21.11.1991	vk. 04.10.1992	*
50 2226	3540 → 50 3540-7 21.11.1958	Köthen	Dresden	Z 21.10.1987	vk. 22.12.1992	*
50 1073	3541 → 50 3541-5 21.11.1958	Magdeburg-Rothensee	Roßlau	Z 26.10.1985	+ 08.08.1988	
50 1279	3542 → 50 3542-3 30.11.1958	Magdeburg-Rothensee	Roßlau	U 02.06.1971 (→ 50 0071-6)		
50 1270	3543 → 50 3543-1 09.12.1958	Magdeburg-Rothensee	Karl-Marx-Stadt	Z 28.02.1990		
50 2502	3544 → 50 3544-9 15.12.1958	Güsten	Halberstadt	U 01.06.1971 (→ 50 0070-8)		
50 1385	3545 → 50 3545-6 (→ DB 050 545-3") 23.12.1958	Magdeburg-Rothensee	Wismar	Z 05.12.1994	(vk.)	

3535:	Noch 1993 abg. Bw Salzwedel; bis 1996 verschrottet
3536:	Zuletzt Dampfspender in Dresden; noch 2007 abg. in Helbra
3538:	1993 verschrottet in Wismar
3539:	Museumslok der Ulmer Eisenbahnfreunde in Ettlingen
3540:	Z-Stellung in Nossen, als Z-Lok 29.01.1990: Dresden; 05.1993 an Eisenbahnmuseum Tuttlingen

U aus	Ordnungsnr., EDV-Nrn. iD nach Reko	erstes Heimat-Bw	letztes Heimat-Bw	Z oder Umbau	+ oder Abgabe	
50 2718	3546 → 50 3546-4 29.12.1958	Magdeburg-Rothensee	Roßlau	U 18.02.1971 (→ 50 0063-3)		
50 1672	3547 → 50 3547-2 02.01.1959	Magdeburg-Rothensee	Roßlau	U 30.03.1971 (→ 50 0065-8)		
50 1890	3548 → 50 3548-0 10.01.1959	Magdeburg-Rothensee	Karl-Marx-Stadt	Z 03.05.1987	+ 06.09.1988	*
50 491	3549 → 50 3549-8 02.02.1959	Magdeburg-Rothensee	Köthen	U 30.03.1971 (→ 50 0067-4)		
50 2648	3550 → 50 3550-6 21.02.1959	Güsten	Halberstadt	U .1971 (→ 50 0069-0)		
50 2669	3551 → 50 3551-4 (→ DB 050 551-1) 01.03.1959	Güsten	Chemnitz	Z 21.11.1991	+ 23.03.1992	*
50 1336	3552 → 50 3552-2 (→ DB 050 552-9) 11.03.1959	Magdeburg-Rothensee	Güsten	Z 01.10.1991	vk. 03.06.1993	*
50 235	3553 → 50 3553-0 (→ DB 050 553-7) 20.03.1959	Magdeburg-Rothensee	Magdeburg	Z 25.12.1991	vk. 23.03.1992	*
50 1320	3554 → 50 3554-8 (→ DB 050 554-5") 27.03.1959	Halberstadt	Chemnitz	Z 21.11.1991	vk. 22.12.1992	*
50 2995	3555 → 50 3555-5 (→ DB 050 555-2") 01.04.1959	Magdeburg-Rothensee	Engelsdorf	Z 25.12.1991	+ 23.03.1992	*
50 1489	3556 → 50 3556-3 (→ DB 050 556-0) 14.04.1959	Halberstadt	Salzwedel	Z 10.10.1990	vk. 16.09.1993	*
50 2376	3557 → 50 3557-1 (→ DB 050 557-8) 04.05.1959	Magdeburg-Rothensee	Halberstadt	Z 31.08.1988	vk. 31.12.1993	*
50 248	3558 → 50 3558-9 16.05.1959	Halberstadt	Jüterbog	Z 11.09.1985	+ 09.08.1988	*
50 1486	3559 → 50 3559-7 (→ DB 050 559-4) 21.05.1959	Halberstadt	Halberstadt	Z 10.10.1990	vk. 24.10.1991	*
50 1065	3560 → 50 3560-5 30.05.1959	Halberstadt	Neubrandenburg	Z 10.10.1985	+ 09.08.1988	
50 2560	3561 → 50 3561-3 12.06.1959	Halberstadt	Wittenberge	Z 19.08.1987	+ 06.09.1988	

3548: 1988 verschrottet Bw Karl-Marx-Stadt
3551: 04.1992 verschrottet Raw Meiningen
3552: Ab 1994 Museumslok bei Dampflokfreunde Salzwedel e.V.; 05.2005 an Museumseisenbahn Hanau
3553: 12.1991 an Dampflokmuseum Hermeskeil
3554: 08.1993 an Eisenbahnmuseum Tuttlingen
3555: 07.1992 an Dampflokmuseum Hermeskeil
3556: Museumslok bei Eisenbahnfreunde Traditionsbahnbetriebswerk Staßfurt e.V.
3557: 1993/94 an Loksammlung Falz (Museum Basdorf bzw. Jüterbog); ab 09.2001 abg. Bw Falkenberg
3558: 01.09.1983 – 31.08.1985 von Bw Jüterbog vermietet an VEG »Havelobst« Beelitz
3559: Denkmal in Erftstadt-Liblar

Die Baureihe 50.35 der DR – Verbleibsliste   50 3562 – 50 3579

U aus	Ordnungsnr., EDV-Nrn. iD nach Reko	erstes Heimat-Bw	letztes Heimat-Bw	Z oder Umbau	+ oder Abgabe	
50 1782	3562 → 50 3562-1 (→ DB 050 562-8) 21.06.1959	Halberstadt	Neustrelitz		vk. 31.12.1993	*
50 1594	3563 → 50 3563-9 30.06.1959	Halberstadt	Reichenbach	Z 02.10.1987	+ 06.09.1988	*
50 307	3564 → 50 3564-7 (→ DB 050 564-4) 30.06.1959	Halberstadt	Güsten	Z 01.10.1992	vk. 14.07.1993	*
50 2312	3565 → 50 3565-4 (→ DB 050 565-1") 15.07.1959	Halberstadt	Dresden	Z 21.11.1991	(vk.)	
50 2621	3566 26.07.1959	Halberstadt	Brandenburg	U 18.01.1966 (→ 50 5002)		
50 2309	3567 30.07.1959	Halberstadt	Magdeburg-Rothensee	U 04.12.1965 (→ 50 5001)		
50 1728	3568 → 50 3568-8 01.08.1959	Halberstadt	Halle G	Z 02.06.1986	+ 19.08.1988	*
50 2221	3569 → 50 3569-6 14.08.1959	Halberstadt	Rostock Hbf	Z 20.01.1987	+ 06.09.1988	
50 2308	3570 → 50 3570-4 (→ DB 050 570-1") 26.08.1959	Magdeburg-Rothensee	Wittenberge	Z 09.01.1988	vk. 23.03.1992	*
50 2238	3571 → 50 3571-2 01.09.1959	Halberstadt	Güstrow	Z 07.02.1986	+ 06.09.1988	
50 1599	3572 13.09.1959	Halberstadt	Halberstadt	U .1965 (→ 50 5005)		
50 1260	3573 21.09.1959	Halberstadt	Stendal	U 18.04.1966 (→ 50 5011)		
50 2962	3574 26.10.1959	Halberstadt	Stendal	U 25.01.1966 (→ 50 5003)		
50 1946	3575 → 50 3575-3 02.11.1959	Halberstadt	Güsten		+ 20.07.1984	*
50 1106	3576 → 50 3576-1 17.11.1959	Halberstadt	Glauchau		vk. 01.09.1991	*
50 2504	3577 → 50 3577-9 01.12.1959	Halberstadt	Falkenberg	Z 30.09.1988	+ 06.03.1991	
50 1222	3578 01.12.1959	Güsten	Güsten	U 01.04.1966 (→ 50 5010)		
50 1492	3579 → 50 3579-5 15.12.1959	Halberstadt	Halberstadt	Z 30.10.1985	+ 19.08.1988	

3562: Denkmal in Kirchweyhe
3563: Ab 01.1987 Heizlok Est. Zwickau; dort 1989 verschrottet
3564: 07.1993 an Veluwsche Stoomtrein Maatschappij, Beekbergen [Niederlande]
3568: Zuletzt Dampfspender Bw Falkenberg; 01.1994 an Loksammlung Falz (Museum Basdorf bzw. Jüterbog); ab 09.2001 abg. Bw Falkenberg
3570: 1992/93 an privat; ab 10.2003 abg. bei Dampflokfreunde Salzwedel e.V.
3575: 20.07.1984 vk. an VEB Gebäudewirtschaft Aschersleben (11.1984 – 01.1989 im Einsatz als Heizlok); ab 1992 abg. bei Fa. Malowa, Klostermansfeld (Ersatzteilspender); später dort verschrottet
3576: 1991 an Dampfbahn Kochertal; 1995 an Schwabendampf, Neuoffingen; 12.2001 an Nassauische Touristikbahn, Wiesbaden-Dotzheim

Die Baureihe 50.35 der DR – Verbleibsliste

Im Bahnhof Ermsleben an der Strecke Quedlinburg – Frose steht 50 3557 am 22. Juli 1983 mit dem Ng 66784 zur Rückfahrt nach Halberstadt bereit. Foto: Peter Tadsen

Am 24. April 1994 absolvierte die 50 3606 einige Plandampf-Einsätze in Mecklenburg. Mit N 14958 nach Gnoien steht die Lok hier in Teterow bereit. Foto: Hartmut Duvendack

Die Baureihe 50.35 der DR — Verbleibsliste   50 3580 – 50 3598

U aus	Ordnungsnr., EDV-Nrn. iD nach Reko	erstes Heimat-Bw	letztes Heimat-Bw	Z oder Umbau	+ oder Abgabe
50 245	3580 → 50 3580-3 20.12.1959	Magdeburg-Rothensee	Güsten	Z 01.12.1991	vk. 27.09.1991 *
50 2897	3581 → 50 3581-1 (→ DB 050 581-8) 30.12.1959	Oebisfelde	Chemnitz	Z 21.11.1991	+ 24.04.1992 *
50 972	3582 06.01.1960	Güsten	Halberstadt	U 18.03.1966 (→ 50 5008)	
50 1839	3583 16.01.1960	Güsten	Stendal	U 18.08.1966 (→ 50 5026)	
50 2503	3584 21.01.1960	Güsten	Güsten	U .1966 (→ 50 5018)	
50 2494	3585 26.01.1960	Oebisfelde	Oebisfelde	U 15.02.1966 (→ 50 5004)	
50 637	3586 → 50 3586-0 02.02.1960	Oebisfelde	Magdeburg	Z 01.10.1985	+ 09.08.1988
50 1517	3587 09.02.1960	Halberstadt	Halberstadt	U 11.01.1966 (→ 50 5016)	
50 2889	3588 13.02.1960	Oebisfelde	Stendal	U .1966 (→ 50 5021)	
50 2388	3589 24.02.1960	Oebisfelde	Halberstadt	U 21.09.1966 (→ 50 5031)	
50 769	3590 04.03.1960	Oebisfelde	Aschersleben	U 19.08.1966 (→ 50 5027)	
50 2538	3591 11.03.1960	Oebisfelde	Oebisfelde	U .1966 (→ 50 5006)	
50 1433	3592 18.03.1960	Oebisfelde	Oebisfelde	U 21.05.1966 (→ 50 5015)	
50 1912	3593 25.03.1960	Oebisfelde	Oebisfelde	U 10.03.1966 (→ 50 5007)	
50 2214	3594 29.03.1960	Oebisfelde	Halberstadt	U 10.05.1966 (→ 50 5014)	
50 1828	3595 31.03.1960	Oebisfelde	Oebisfelde	U 19.08.1966 (→ 50 5028)	
50 2115	3596 01.04.1960	Oebisfelde	Stendal	U 01.08.1966 (→ 50 5023)	
50 1407	3597 03.04.1960	Oebisfelde	Oebisfelde	U 18.04.1966 (→ 50 5012)	
50 1092	3598 15.04.1960	Halberstadt	Halberstadt	U 22.03.1966 (→ 50 5009)	

3580:   09.1991 an Eisenbahnfreunde Zollernbahn e.V. (äußerlich teilweise dem Ursprungszustand angepaßt, bezeichnet als 50 245)
3581:   1992 verschrottet Bw Chemnitz-Hilbersdorf (Meldungen über Verbleib in den Niederlanden sind falsch)

50 3599 – 50 3616 Die Baureihe 50.35 der DR – Verbleibsliste

U aus	Ordnungsnr., EDV-Nrn. iD nach Reko	erstes Heimat-Bw	letztes Heimat-Bw	Z oder Umbau	+ oder Abgabe	
50 2259	3599 → 50 3599-3 23.04.1960	Halberstadt	Wismar	Z 31.01.1987	+ 09.08.1988	
50 775	3600 → 50 3600-9 27.04.1960	Oebisfelde	Chemnitz		vk. 06.09.1991	*
50 2523	3601 30.04.1960	Stendal	Stendal	U 07.06.1966 (→ 50 5017)		
50 2585	3602 11.05.1960	Stendal	Stendal	U .1966 (→ 50 5033)		
50 2492	3603 → 50 3603-3 (→ DB 050 603-0") 20.05.1960	Güsten	Dresden	Z 25.12.1991	vk. 10.07.1993	*
50 398	3604 → 50 3604-1 (→ DB 050 604-8) 21.05.1960	Halberstadt	Chemnitz	Z 25.12.1991	vk. 22.12.1992	*
50 2875	3605 12.06.1960	Stendal	Stendal	U 23.06.1966 (→ 50 5019)		
50 2637	3606 → 50 3606-6 (→ DB 050 606-3") 01.06.1960	Stendal	Oebisfelde		(vk.)	*
50 2233	3607 12.06.1960	Stendal	Stendal	U 15.09.1966 (→ 50 5029)		
50 381	3608 19.06.1960	Stendal	Stendal	U 09.08.1966 (→ 50 5024)		
50 2152	3609 22.06.1960	Stendal	Stendal	U 11.08.1966 (→ 50 5025)		
50 1768	3610 → 50 3610-8 (→ DB 050 610-5") 30.06.1960	Stendal	Wittenberge	Z 09.01.1988	vk. 03.05.1993	*
50 1622	3611 03.07.1960	Stendal	Stendal	U 21.09.1966 (→ 50 5030)		
50 2887	3612 16.07.1960	Oebisfelde	Oebisfelde	U 14.10.1966 (→ 50 5032)		
50 2976	3613 16.07.1960	Stendal	Stendal	U 07.07.1966 (→ 50 5020)		
50 3114	3614 28.07.1960	Halberstadt	Magdeburg-Buckau	U 26.04.1966 (→ 50 5013)		
50 2608	3615 14.08.1960	Magdeburg-Buckau	Oebisfelde	U 26.10.1966 (→ 50 5034)		
50 453	3616 → 50 3616-5 (→ DB 050 616-2) 02.08.1960	Stendal	Chemnitz	Z 25.12.1991	+ 20.03.1992	*

3600: 1991 an Bayerisches Eisenbahnmuseum Nördlingen
3603: 1993 an Eisenbahnmuseum Tuttlingen
3604: zuletzt Dampfspender; 1993 an Eisenbahnmuseum Tuttlingen
3606: Museumslok bei Eisenbahnfreunde Traditionsbahnbetriebswerk Staßfurt e.V. (Eigentum der Magdeburger Eisenbahnfreunde e.V.)
3610: 1993 an Eisenbahnmuseum Dieringhausen; 2008 an Fa. Wedler&Franz Lokomotivdienstleistungen GbR (stationiert in Nossen)
3616: 1993 an Verein Sächsischer Eisenbahnfreunde e.V., stationiert bei Bw Schwarzenberg

Die Lokomotiven der Baureihen 50 und ihr Verbleib

Die Baureihe 50.35 der DR – Verbleibsliste 50 3617 – 50 3634

U aus	Ordnungsnr., EDV-Nrn. iD nach Reko	erstes Heimat-Bw	letztes Heimat-Bw	Z oder Umbau	+ oder Abgabe	
50 1274	3617 03.08.1960	Magdeburg-Buckau	Köthen	U 03.11.1966 (→ 50 5035)		
50 2937	3618 → 50 3618-1 (→ DB 050 618-8) 12.08.1960	Magdeburg-Buckau	Magdeburg	Z 01.10.1990	vk. 16.09.1993	*
50 2901	3619 20.08.1960	Gera	Stendal	U .1966 (→ 50 5037)		
50 655	3620 30.08.1960	Gera	Brandenburg	U 19.07.1966 (→ 50 5022)		
50 1083	3621 01.09.1960	Magdeburg-Buckau	Magdeburg-Buckau	U 09.11.1966 (→ 50 5036)		
50 1020	3622 09.09.1960	Eilsleben	Halberstadt	U 07.12.1966 (→ 50 5039)		
50 824	3623 → 50 3623-1 13.09.1960	Eilsleben	Jüterbog	Z 16.07.1987		*
50 2228	3624 → 50 3624-9 (→ DB 050 624-6) 20.09.1960	Eilsleben	Wittenberge	Z 23.07.1987	vk. 03.06.1993	*
50 2506	3625 → 50 3625-6 28.09.1960	Eilsleben	Pasewalk	Z 31.05.1987	+ 06.09.1988	
50 2385	3626 → 50 3626-4 (→ DB 050 626-1") 07.10.1960	Eilsleben	Magdeburg	Z 25.12.1991	vk. 16.09.1993	*
50 2313	3627 13.10.1960	Halle P	Köthen	U 24.11.1966 (→ 50 5038)		
50 2678	3628 → 50 3628-0 (→ DB 050 628-7) 26.10.1960	Oebisfelde	Chemnitz	Z 11.11.1991	vk. 08.08.1992	
50 2149	3629 → 50 3629-8 30.10.1960	Güsten	Engelsdorf	Z 26.08.1987	+ 06.09.1988	
50 1399	3630 01.11.1960	Eilsleben	Hagenow Land	U 11.01.1967 (→ 50 5042)		
50 160	3631 → 50 3631-4 (→ DB 050 631-1) 10.11.1960	Eilsleben	Halberstadt	Z 01.09.1988	vk. 31.12.1993	
50 1959	3632 → 50 3632-2 19.11.1960	Halberstadt	Halberstadt	Z 01.06.1986	+ 15.08.1988	
50 831	3633 → 50 3633-0 25.11.1960	Güsten	Karl-Marx-Stadt	Z 17.02.1987	+ 21.04.1987	
50 1103	3634 → 50 3634-8 01.12.1960	Köthen	Wismar	U 14.11.1970 (→ 50 0057-5)		

3618:   Ab ca. 1991 abg. Bw Staßfurt (Privateigentum); 2004 an Veluwsche Stoomtrein Maatschappij, Beekbergen [Niederlande] (Ersatzteilspender)

3623:   20.06.1983 – 1985 von Bw Jüterbog vermietet an VEG »Havelobst« Beelitz (11.1983 – 05.1985 im Einsatz als Heizlok); 09.10.1986 – 16.07.1987 von Bw Jüterbog vermietet an VEB Verpackungsmittelwerke Berlin, Werk 5, Betriebsteil Woltersdorf (10.1986 – 1987 im Einsatz als Heizlok); 1988 verschrottet Bw Seddin

3624:   Museumslok bei Dampflokfreunde Salzwedel e.V.

3626:   1995 an Thüringer Eisenbahnverein e.V., Bw Weimar

Die Baureihe 50.35 der DR – Verbleibsliste

Auch vor Schnellzügen in die DDR kamen Lokomotiven der Baureihe 50.35 zum Einsatz, wie dieses Foto vom 8. August 1964 beweist. 50 3632 des Bw Eilsleben in Helmstedt vor dem D-Zug nach Magdeburg.
Foto: Sammlung Dr. D. Hörnemann

Umgeben von zahlreichen anderen historischen Fahrzeugen dämmert die 50 3662 im Dampflokmuseum Hermeskeil einer zweifelhaften Zukunft entgegen. Immerhin ist es dem Engagement des privaten Eigentümers zu verdanken, dass diese Lok nicht schon vor 20 Jahren verschrottet wurde.
Foto (3. August 2008): Egbert von Steuber

Die Lokomotiven der Baureihen 50 und ihr Verbleib 169

Die Baureihe 50.35 der DR – Verbleibsliste 50 3635 – 50 3653

U aus	Ordnungsnr., EDV-Nrn. iD nach Reko	erstes Heimat-Bw	letztes Heimat-Bw	Z oder Umbau	+ oder Abgabe	
50 1493	3635 → 50 3635-5 (→ DB 050 635-2) 10.12.1960	Stendal	Angermünde	Z 25.12.1991	vk. .12.1993	*
50 996	3636 → 50 3636-3 14.12.1960	Eilsleben	Nossen		vk. 30.11.1991	*
50 1626	3637 → 50 3637-1 24.12.1960	Magdeburg-Buckau	Wittenberge	Z 31.01.1988	+ 06.09.1988	*
50 1437	3638 → 50 3638-9 (→ DB 050 638-6") 11.01.1961	Eilsleben	Wittenberge	Z 27.08.1986	+ 15.08.1988	*
50 911	3639 → 50 3639-7 20.01.1961	Magdeburg-Buckau	Güsten	Z 27.08.1986	+ 15.08.1988	*
50 154	3640 → 50 3640-5 21.01.1961	Werdau	Wittenberge	Z 16.12.1986	+ 09.08.1988	
50 2793	3641 → 50 3641-3 29.01.1961	Rostock Hbf	Wittenberge	Z 22.08.1986	+ 09.08.1988	
50 1306	3642 → 50 3642-1 (→ DB 050 642-8) 01.02.1961	Stendal	Wittenberge	Z 23.07.1987	(vk.)	*
50 1499	3643 → 50 3643-9 12.02.1961	Rostock Hbf	Rostock Hbf	U .1970 (→ 50 0049-2)		
50 1759	3644 → 50 3644-7 11.02.1961	Parchim	Karl-Marx-Stadt	Z 30.06.1986	+ 09.08.1988	
50 2245	3645 → 50 3645-4 (→ DB 050 645-1") 18.02.1961	Oebisfelde	Wittenberge	Z 23.07.1987	vk. 03.06.1993	*
50 1831	3646 → 50 3646-2 (→ DB 050 646-9") 23.02.1961	Parchim	Chemnitz	Z 21.11.1991	+ 23.03.1992	
50 1951	3647 → 50 3647-0 02.03.1961	Gera	Nossen	Z 31.10.1986	+ 19.08.1988	
50 967	3648 → 50 3648-8 (→ DB 050 648-5) 10.03.1961	Eilsleben	Eberswalde	Z 24.12.1991	vk. 18.01.1993	*
50 2876	3649 → 50 3649-6 (→ DB 050 649-3) 15.03.1961	Eilsleben	Güsten	Z 04.09.1991	+ 23.03.1992	*
50 2568	3650 → 50 3650-4 23.03.1961	Aschersleben	Karl-Marx-Stadt	Z 01.11.1986	+ 21.04.1987	
50 1064	3651 30.03.1961	Parchim	Parchim	U 05.12.1966 (→ 50 5040)		
50 575	3652 → 50 3652-0 (→ DB 050 652-7") 30.03.1961	Parchim	Halberstadt	Z 01.08.1989	vk. 31.12.1993	*
50 461	3653 → 50 3653-8 01.04.1961	Aschersleben	Halberstadt	Z 27.11.1985	+ 24.04.1987	

3635: Zuletzt Dampfspender; 12.1993 an Loksammlung Falz (Museum Basdorf bzw. Jüterbog); ab 09.2001 abg. Bw Falkenberg
3636: Zuletzt Heizlok in Dresden; 12.1991 vk. an privat für Gesellschaft zur Erhaltung von Schienenfahrzeugen, Kornwestheim
3637: 1993 an Eisenbahnverein HeiNa Ganzlin e.V., Röbel; andere Angabe: 12.1991 verschrottet Bw Wittenberge
3638: 1992/93 an Eisenbahnverein HeiNa Ganzlin e.V., Röbel
3639: 06.1989 verschrottet Raw Meiningen
3642: 12.1993 an Loksammlung Falz (Museum Basdorf bzw. Jüterbog); ab 09.2001 abg. Bw Falkenberg
3645: Zeitweise abg. Bw Salzwedel und in Walburg/Hessen-Nassau (Privateigentum); 2006 an Stadskanaal Rail, Veendam [Niederlande]
3648: 1995 an Sächsisches Eisenbahnmuseum, Bw Chemnitz-Hilbersdorf
3649: 06.1992 an Dampflokmuseum Hermeskeil
3652: 01.1994 an Loksammlung Falz (Museum Basdorf bzw. Jüterbog; ab 09.2001 abg. Bw Falkenberg?); nach anderen Angaben verschrottet

Die Baureihe 50.35 der DR – Verbleibsliste

U aus	Ordnungsnr., EDV-Nrn. iD nach Reko	erstes Heimat-Bw	letztes Heimat-Bw	Z oder Umbau	+ oder Abgabe	
50 3154	3654 → 50 3654-6 13.04.1961	Dresden-Friedrichstadt	Reichenbach	Z 08.11.1990	+ 20.12.1991	*
50 2220	3655 → 50 3655-3 (→ DB 050 655-0) 21.04.1961	Werdau	Chemnitz	Z 25.12.1991	vk. 12.06.1992	*
50 974	3656 → 50 3656-1 21.04.1961	Dresden-Friedrichstadt	Güsten	Z 01.09.1986	+ 09.08.1988	
50 1094	3657 → 50 3657-9 (→ DB 050 657-6) 29.04.1961	Eilsleben	Dresden	Z 25.12.1991	vk. 22.12.1992	*
50 901	3658 → 50 3658-7 (→ DB 050 658-4) 30.04.1961	Hagenow Land	Chemnitz	Z 21.11.1991	+ 15.09.1992	*
50 1194	3659 → 50 3659-5 11.05.1961	Adorf	Reichenbach	Z 21.10.1987		*
50 2660	3660 14.05.1961	Parchim	Parchim	U .1966 (→ 50 5041)		
50 1224	3661 → 50 3661-1 (→ DB 050 661-8") 21.05.1961	Hagenow Land	Dresden		vk. 25.08.1994	*
50 1249	3662 → 50 3662-9 27.05.1961	Adorf	Magdeburg	Z 10.10.1990	+ 23.03.1992	*
50 468	3663 → 50 3663-7 03.06.1961	Magdeburg-Rothensee	Wittenberge	Z 22.06.1987	+ 09.08.1988	
50 338	3664 → 50 3664-5 11.06.1961	Magdeburg-Rothensee	Wismar	U 27.11.1970 (→ 50 0058-3)		
50 418	3665 → 50 3665-2 16.06.1961	Magdeburg-Rothensee	Wismar	Z 20.04.1986	+ 09.08.1988	
50 2145	3666 → 50 3666-0 (→ DB 050 666-7") 18.06.1961	Dresden-Friedrichstadt	Chemnitz	Z 25.12.1991	vk. 10.06.1992	*
50 2677	3667 → 50 3667-8 25.06.1961	Hagenow Land	Rostock Hbf	U .1970 (→ 50 0051-8)		
50 1367	3668 → 50 3668-6 (→ DB 050 668-3") 28.06.1961	Hagenow Land	Güstrow	Z 03.09.1987	+ 23.03.1992	*
50 2046	3669 → 50 3669-4 01.07.1961	Rostock Hbf	Wittenberge	U 18.06.1970 (→ 50 0047-6)		

3654: 12.1991 vk. an privat [Niederlande], Einsatzlok bei Veluwsche Stoomtrein Maatschappij, Beekbergen [Niederlande]
3655: 1992/93 an Eisenbahn-Tradition e.V., Lengerich-Hohne
3636: 09.1988 verschrottet Raw Meiningen
3657: 1993 an Eisenbahnmuseum Tuttlingen
3658: 09.1992 an Eisenbahnfreunde Klingenthal; weiter an Vogtländischer Eisenbahnverein Adorf; seit 03.2007 Denkmal in Wattenheim (b. Biblis)
3659: 07.1991 verschrottet
3661: Bis 1994 Heizlok (Bw Chemnitz-Hilbersdorf, dann Bautzen); ab 1995 abg. AW Meiningen; 03.2003 an Chemin de Fer Touristique Pontarlier-Vallorbe, Les Hôpitaux Neufs [Frankreich]
3662: 12.1991 an Dampflokmuseum Hermeskeil
3666: 1992 im Raw Meiningen auf Ölfeuerung umgebaut und vk. an Vennbahn, Raeren [Belgien]; 05.2003 an Fa. Spitzke Logistik GmbH; 05.2006 an Veluwsche Stoomtrein Maatschappij, Beekbergen [Niederlande]
3668: 1992 verschrottet Bw Wismar

Die Baureihe 50.35 der DR – Verbleibsliste 50 3670 – 50 3685

U aus	Ordnungsnr., EDV-Nrn. iD nach Reko	erstes Heimat-Bw	letztes Heimat-Bw	Z oder Umbau	+ oder Abgabe	
50 1120	3670 → 50 3670-2 (→ DB 050 670-9) 10.07.1961	Dresden-Friedrichstadt	Reichenbach	Z 21.11.1991	vk. 03.07.1992	*
50 012	3671 → 50 3671-0 14.07.1961	Gera	Reichenbach	Z 18.04.1986	+ 21.04.1987	
50 1303	3672 → 50 3672-8 22.07.1961	Dresden-Friedrichstadt	Dresden	Z 19.02.1987		*
50 1347	3673 → 50 3673-6 (→ DB 050 673-3) 25.07.1961	Hagenow Land	Chemnitz	Z 21.11.1991	vk. 02.06.1992	*
50 930	3674 → 50 3674-4 31.07.1961	Parchim	Rostock Hbf	U .1970 (→ 50 0053-4)		
50 1700	3675 → 50 3675-1 05.08.1961	Rostock Hbf	Güstrow	Z 24.05.1988	+ 06.02.1990	
50 1571	3676 → 50 3676-9 13.08.1961	Hagenow Land	Rostock Hbf	U 31.08.1970 (→ 50 0052-6)		
50 734	3677 → 50 3677-7 17.08.1961	Schwerin	Rostock Hbf	U 19.10.1970 (→ 50 0055-9)		
50 1598	3678 → 50 3678-5 24.08.1961	Dresden-Friedrichstadt	Stendal	Z 09.04.1985	+ 11.06.1985	
50 743	3679 → 50 3679-3 01.09.1961	Hagenow Land	Rostock Hbf	U .1970 (→ 50 0056-7)		
50 096	3680 → 50 3680-1 (→ DB 050 680-8") 27.08.1961	Werdau	Wittenberge	Z 03.09.1987	vk. 03.05.1993	*
50 110	3681 → 50 3681-9 (→ DB 050 681-6") 10.09.1961	Magdeburg-Rothensee	Magdeburg	Z 12.08.1987	vk. 14.07.1993	*
50 255	3682 → 50 3682-7 (→ DB 050 682-4") 13.09.1961	Hagenow Land	Magdeburg	Z 07.08.1990	vk. 03.06.1993	*
50 728	3683 → 50 3683-5 20.09.1961	Hagenow Land	Wittenberge	Z 24.06.1986	+ 09.08.1988	
50 490	3684 → 50 3684-3 (→ DB 050 684-0) 23.09.1961	Dresden-Friedrichstadt	Halberstadt	Z 08.10.1990	vk. 02.07.1992	*
50 828	3685 → 50 3685-0 (→ DB 050 685-7) 01.10.1961	Adorf	Wittenberge	Z 23.01.1987	vk. 03.06.1993	*

3670:   1992 vk., Eigentumsverhältnisse jedoch unklar; als Eigentümer oder Nutzer werden genannt: K&K Exclusiv-Reisen Eisenbahn-Betriebs GmbH, Berlin; K&K Eisenbahn-Salon und Speisewagen-Betriebs GmbH, Wien; Nostalgie-Express-Berlin e.V.; TransEurop Eisenbahn AG Suisse; Standort: Groß Schwechat [Österreich]
3672:   1991 verschrottet Bw Dresden-Altstadt
3673:   1992 vk. an privat(?); 1995 leihweise bei Dampfbahnfreunde Kahlgrund e.V.; ab 1996 bei Eurovapor Kandertal; ab 2005 bei »Club 41 073«, Haltingen
3680:   1993 an Eisenbahnmuseum Dieringhausen; ab 12.2003 Denkmal am ehem. Bf. Linde [Bez. Köln]
3681:   Vk. an Veluwsche Stoomtrein Maatschappij, Beekbergen [Niederlande] (Privatbesitz)
3682:   1993/94 an Dampflokfreunde Salzwedel e.V.
3684:   1992 an Eisenbahnfreunde Schwalm-Knüll e.V., Treysa; 2005 an Dampflok-Gemeinschaft e.V. Braunschweig-Weferlingen (abg. Bw Oebisfelde)
3685:   1993/94 an Dampflokfreunde Salzwedel e.V.

Die Baureihe 50.35 der DR – Verbleibsliste

Als Lok des Bw Wittenberge war 50 3665 am 19. April 1980 nach Wittstock/Dosse gekommen.
Foto: Kleiber, Sammlung Peter Melcher

Die von den Dampflokfreunden Salzwedel gepflegte 50 3682 ist am 23. September 2000 mit einem Foto-Güterzug im Bahnhof Karow/Meckl. eingetroffen. Foto: Hartmut Duvendack

Die Baureihe 50.35 der DR – Verbleibsliste 50 3686 – 50 3702

U aus	Ordnungsnr., EDV-Nrn. iD nach Reko	erstes Heimat-Bw	letztes Heimat-Bw	Z oder Umbau	+ oder Abgabe	
50 333	3686 → 50 3686-8 01.10.1961	Schwerin	Wittenberge	U 02.10.1970 (→ 50 0054-2)		
50 1245	3687 → 50 3687-6 15.10.1961	Roßlau	Rostock Hbf	Z 01.08.1979	+ 01.10.1979	*
50 1096	3688 → 50 3688-4 (→ DB 050 688-1) 19.10.1961	Aschersleben				*
50 547	3689 → 50 3689-2 (→ DB 050 689-9) 31.10.1961	Schwerin	Reichenbach		vk. 03.07.1992	*
50 1465	3690 → 50 3690-0 (→ DB 050 690-7") 29.10.1961	Schwerin	Chemnitz	Z 21.11.1991	vk. 04.05.1993	*
50 1205	3691 → 50 3691-8 (→ DB 050 691-5) 01.11.1961	Stendal	Wittenberge	Z 25.12.1991	vk. 20.01.1993	*
50 2012	3692 → 50 3692-6 17.11.1961	Schwerin	Oebisfelde	Z 01.04.1976	+ 14.04.1976	*
50 1614	3693 → 50 3693-4 16.11.1961	Magdeburg-Rothensee	Angermünde	Z 10.11.1987	+ 19.07.1991	*
50 405	3694 → 50 3694-2 21.11.1961	Oebisfelde	Dresden	Z 08.11.1990		*
50 1066	3695 → 50 3695-9 (→ DB 050 695-6) 29.11.1961	Rostock Hbf	Güsten		vk. 01.02.1994	
50 193	3696 → 50 3696-7 (→ DB 050 696-4") 29.11.1961	Oebisfelde	Glauchau	Z 19.05.1992	vk. 31.07.1992	
50 1488	3697 → 50 3697-5 07.12.1961	Oebisfelde	Dresden			*
50 1627	3698 → 50 3698-3 10.12.1961	Schwerin	Reichenbach	Z 11.12.1986		*
50 1483	3699 → 50 3699-1 18.12.1961	Werdau	Roßlau	Z 01.08.1979	vk. 01.10.1979	*
50 217	3700 → 50 3700-7 (→ DB 050 700-4) 20.12.1961	Halberstadt	Brandenburg	Z 01.10.1992	vk. 17.05.1993	*
50 3008	3701 → 50 3701-5 31.12.1961	Stendal	Magdeburg	Z 14.10.1986		*
50 1041	3702 → 50 3702-3 07.02.1962	Dresden-Friedrichstadt	Magdeburg	Z 11.08.1986	+ 15.08.1988	

3687:	Ab 01.11.1976 von Bw Roßlau vermietet an VEB »Maizena«, Zerbst (01.10.1979 dorthin vk.); 1985 verschrottet in Dessau
3688:	Museumslok des DB-Museums, betreut durch Förderverein Bw Arnstadt hist. e.V.
3689:	07.1992 an Österreichische Gesellschaft für Eisenbahngeschichte
3690:	08.1992 vk. an privat; ab ca. 1996 abg. Bw Nossen; jetzt abg. in Neuenmarkt-Wirsberg
3691:	1993/94 vk. an Hessencourier e.V., Kassel; 03.2003 an Westfälische Almetalbahn GmbH; 07.2007 an Loksammlung Falz, Bw Falkenberg
3692:	1976 verschrottet Raw Stendal
3693:	1993 an Loksammlung Falz (Museum Basdorf bzw. Jüterbog); ab 09.2001 abg. Bw Falkenberg
3694:	1991–1996 Denkmal in Hamburg-Eidelstedt; danach an Rendsburger Eisenbahnfreunde e.V., abg. Bw Neumünster
3697:	10.1991 abg. Bw Dresden-Altstadt (Heizlok)
3698:	1992 verschrottet Bw Zwickau
3699:	Ab 01.11.1976 von Bw Roßlau vermietet an VEB »Maizena«, Zerbst (01.10.1979 dorthin vk.); 1985 verschrottet in Dessau
3700:	1993 vk. an privat für Eisenbahnfreunde Traditionsbahnbetriebswerk Staßfurt e.V.
3701:	12.1991 verschrottet

50 3703 – 50 3708 Die Baureihe 50.35 der DR – Verbleibsliste

U aus	Ordnungsnr., EDV-Nrn. iD nach Reko	erstes Heimat-Bw	letztes Heimat-Bw	Z oder Umbau	+ oder Abgabe	
50 877	3703 → 50 3703-1 06.03.1962	Magdeburg-Buckau	Blankenburg		+ 20.07.1984	*
50 499	3704 → 50 3704-9 (→ DB 050 704-6) 01.04.1962	Stendal	Chemnitz	Z 11.11.1991	+ 23.03.1992	
50 1280	3705 → 50 3705-6 (→ DB 050 705-3") 17.04.1962	Schwerin	Güsten	Z 01.10.1992	vk. 16.09.1993	*
50 938	3706 → 50 3706-4 06.06.1962	Rostock Hbf	Magdeburg	Z 01.06.1986	+ 15.08.1988	
50 624	3707 → 50 3707-2 (→ DB 050 707-9) 29.06.1962	Brandenburg	Magdeburg	Z 25.12.1991	vk. 31.12.1993	*
50 1309	3708 → 50 3708-0 (→ DB 050 708-7") 19.09.1962	Halberstadt	Halberstadt	Z 11.08.1986	vk. 22.10.1993	*

3703: 20.07.1984 vk. an VEB Gebäudewirtschaft Aschersleben (11.1984 – 01.1989 im Einsatz als Heizlok); 07.1991 vk. an Eisenbahn-Betriebsgesellschaft; 1994/95 an Eisenbahn&Technik-Museum Rügen, Prora
3705: 1994 an Eisenbahnfreunde Schwalm-Knüll e.V., Treysa
3706: Exponat im Skulpturen- und Naturpark Schöneberger Südgelände, Berlin
3708: Ab 1988 DR-Traditionslok bei Bw Halberstadt; jetzt Museumslok bei Traditionsgemeinschaft 50 3708 e.V. in Blankenburg

50 3708 war schon 1988 DR-Traditionslok in Halberstadt. Als Plandampf-Leistung bespannte die Lok am 14. April 2000 die RB 81109 (Güstrow – Neustadt/Dosse), hier bei der Ausfahrt aus Meyenburg.
Foto: Hartmut Duvendack

Die Lokomotiven der Baureihen 50 und ihr Verbleib

Die Baureihe 50.50 der DR

Bereits 1959 erprobte die DR bei der Baureihe 44 eine Ölhauptfeuerung, da man das bei der Ölweiterverarbeitung anfallende schwere »Bunkeröl D« zur Verfeuerung bei besonders stark belasteten Dampfloks verwenden wollte. Zunächst rüstete man die Baureihen 01.5, 03.10, 44 und 95 mit einer Ölfeuerung aus. Erst 1966 begann man damit, auch Loks der Baureihe 50.35 mit einer Ölhauptfeuerung auszurüsten. Bis März 1967 baute das zuständige Erhaltungs-Raw Stendal 42 Maschinen auf Ölfeuerung um und reihte sie, um sie besser von den Kohleloks unterscheiden zu können, als 50.50 ein. Probleme beim Umbau ergaben sich mit den Karl-Schulz-Schiebern, da diese Schieberbauart gegenüber den höheren Heißdampftemperaturen der Ölfeuerung anfällig waren. Deshalb entschied die HvM, von ausgemusterten Lokomotiven der Baureihe 52 die Regelkolbenschieber und die Winterthur-Druckausgleicher auszubauen und sie bei der Baureihe 50.50 zu verwenden.

Nach den guten Erfahrungen mit der 50.50 entschloss man sich 1970, weitere 30 Maschinen der Reihe 50.35 mit einer Ölhauptfeuerung auszurüsten. Da die DR inzwischen ihren Fahr-

Im südlichen Thüringen waren die Öl-50er nur seltene Gäste. Am 5. Juli 1978 war 50 0064 auf einer Probefahrt vom RAW Meiningen nach Hildburghausen gekommen.   Foto: Rudolf Heym, Sammlung Peter Melcher

zeugpark auf EDV-Nummern umgestellt hatte – der Baureihe 50.50 war dabei die neue Bezeichnung 50.00 zugeteilt worden – verließ die erste 1970 umgebaute Maschine das Raw als 50 0043-5. Augenfälligster Unterschied zwischen der Baureihe 50.35 und 50.50 war der Öltank auf dem Tender, der 11,2 m³ Öl gegenüber 10 t Kohle bei der 50.35 fasste.

Die ersten Maschinen der Baureihe 50.50 gingen an die Rbd Schwerin, hier ausschließlich an das Bw Wittenberge, und an die Rbd Greifswald, hier an das Bw Angermünde. Mit dem weiteren Umbau ab 1970 erhielten die Bw Rostock und Wismar in der Rbd Schwerin und Pasewalk in der Rbd Greifswald ölgefeuerte 50er. Diese Verteilung blieb bis zum Ende der Ära 50.50 bestehen. Die Ölkrise des Jahres 1980 setzte den »Ölern« der Rbd Greifswald bis Ende des Jahres ein schnelles Ende. Angermünde und Pasewalk erhielten als Ersatz für die 50.00 wieder Maschinen der Reihe 50.35 und 52.80. In der Rbd Schwerin erfolgte die Abstellung der 50.00 zum Ende 1981. Wittenberge erhielt Ersatz in Form der 50.35, Rostock und Wismar benötigten Dampfloks nur noch zu Heizzwecken. Die Ausmusterung der Öl-50er zog sich bis 1986 hin, hier wurde am 25.11.1986 die 50 0056 als letzte ihrer Art ausgemustert. Lediglich 50 0047 und 50 0072 überlebten als Heizlokomotiven in Görlitz, und nur deshalb konnte 50 0072 vom Bayrischen Eisenbahnmuseum (BEM) erworben und so der Nachwelt als einzige ölgefeuerte 50er erhalten bleiben.

Am 8. August 1981 hatten sich 50 0014, 0028, 0011 und 0020 in ihrem Heimat-Bw Angermünde versammelt. Zu diesem Zeitpunkt war das Ende der ölgefeuerten Güterzug-Dampfloks hier bereits absehbar.

Foto: Eckhard Ebert, Sammlung Peter Melcher

Die Baureihe 50.50 der DR – Verbleibsliste   50 0001 – 50 0033

Verbleibsliste Baureihe 50.50 der DR

Ut aus (Rahmen)	Ordnungsnr., EDV-Nr.	iD nach U	Erst-Bw	letztes Bw	Z	+ oder Abgabe
50 3567	5001 → 50 0001-3	19.02.1966	Wittenberge	Wismar	Z 02.06.1982	+ 18.11.1986
50 3566	5002 → 50 0002-1	04.03.1966	Wittenberge	Wittenberge	Z 05.10.1980	+ 15.10.1980
50 3574	5003 → 50 0003-9	20.03.1966	Wittenberge	Görlitz	Z 24.01.1982	+ 19.11.1984
50 3585	5004 → 50 0004-7	26.03.1966	Wittenberge	Pasewalk	Z 17.03.1983	+ 11.06.1985
50 3572	5005 → 50 0005-4	01.04.1966	Wittenberge	Wittenberge	Z 19.08.1982	+ 24.06.1985
50 3591	5006 → 50 0006-2	07.04.1966	Angermünde	Görlitz	Z 03.10.1985	+ 18.11.1986
50 3593	5007 → 50 0007-0	17.04.1966	Wittenberge	Wittenberge	Z 19.06.1982	+ 16.07.1985
50 3582	5008 → 50 0008-8	29.04.1966	Wittenberge	Wittenberge	Z 15.01.1982	+ 24.06.1985
50 3598	5009 → 50 0009-6	01.05.1966	Wittenberge	Angermünde	Z 12.07.1980	+ 01.11.1982 *
50 3578	5010 → 50 0010-4	12.05.1966	Wittenberge	Wittenberge	Z 13.12.1979	+ 12.02.1980
50 3573	5011 → 50 0011-2	24.05.1966	Angermünde	Angermünde	Z 09.04.1982	+ 01.11.1982 *
50 3597	5012 → 50 0012-0	25.05.1966	Wittenberge	Glauchau	Z 13.10.1982	+ 04.01.1985 *
50 3614	5013 → 50 0013-8	04.06.1966	Angermünde	Angermünde	Z 05.04.1983	+ 11.06.1985
50 3594	5014 → 50 0014-6	13.06.1966	Angermünde	Angermünde	Z 09.04.1982	+ 18.11.1983
50 3592	5015 → 50 0015-3	23.06.1966	Wittenberge	Wismar	Z 18.06.1982	+ 20.09.1983
50 3587	5016 → 50 0016-1	01.07.1966	Angermünde	Angermünde	Z 20.03.1980	+ 22.12.1980
50 3601	5017 → 50 0017-9	01.07.1966	Angermünde	Angermünde	Z 17.02.1979	+ 14.05.1979
50 3584	5018 → 50 0018-7	15.07.1966	Wittenberge	Wittenberge	Z 10.05.1982	+ 18.11.1983
50 3605	5019 → 50 0019-5	29.07.1966	Angermünde	Angermünde	Z 09.04.1982	+ 20.09.1983
50 3613	5020 → 50 0020-3	03.08.1966	Angermünde	Angermünde	Z 30.11.1982	+ 11.06.1985
50 3588	5021 → 50 0021-1	11.08.1966	Wittenberge	Wittenberge	Z 06.09.1981	+ 04.01.1985
50 3620	5022 → 50 0022-9	21.08.1966	Angermünde	Angermünde	Z 01.10.1982	+ 11.06.1985
50 3596	5023 → 50 0023-7	27.08.1966	Angermünde	Angermünde	Z 01.10.1982	+ 11.06.1985
50 3608	5024 → 50 0024-5	04.09.1966	Wittenberge	Wittenberge	Z 22.03.1982	+ 20.09.1983
50 3609	5025 → 50 0025-2	11.09.1966	Angermünde	Angermünde	Z 20.05.1980	+ 24.11.1982
50 3583	5026 → 50 0026-0	21.09.1966	Angermünde	Angermünde	Z 01.08.1980	+ 01.11.1982 *
50 3590	5027 → 50 0027-8	01.10.1966	Wittenberge	Wittenberge	Z 21.07.1980	+ 01.09.1980
50 3595	5028 → 50 0028-6	01.10.1966	Angermünde	Angermünde	Z 09.04.1982	+ 25.11.1983
50 3607	5029 → 50 0029-4	17.10.1966	Angermünde	Angermünde	Z 26.07.1981	+ 19.11.1984
50 3611	5030 → 50 0030-2	26.10.1966	Angermünde	Angermünde	Z 20.01.1980	+ 13.10.1980
50 3589	5031 → 50 0031-0	01.11.1966	Wittenberge	Görlitz	Z 25.10.1983	+ 03.01.1985
50 3612	5032 → 50 0032-8	21.11.1966	Angermünde	Angermünde	Z 31.08.1982	+ 04.01.1985
50 3602	5033 → 50 0033-6	18.11.1966	Angermünde	Angermünde	Z 24.09.1981	+ 19.11.1984

50 5009: Ab 01.09.1982 vermietet an VEB Fischwerk Saßnitz (09.1982 – 09.1988 im Einsatz als Heizlok); erneute Ausmusterung: 01.03.1989; 19.06.1990 zurück an DR (Est. Saßnitz); 11.1993 – 1994 verschrottet im Bf. Lauterbach/Rügen

50 5011: Ab 08.1982 vermietet an VEB Fischwerk Saßnitz (09.1982 – 09.1988 im Einsatz als Heizlok); erneute Ausmusterung: 01.03.1989; 19.06.1990 zurück an DR (Est. Saßnitz); dort 1991 – 1994 verschrottet

50 5012: Ab 10.1982 abg. Bf. Oelsnitz (Erzgebirge); verschrottet in Zwickau

50 5583: Ab 01.09.1982 vermietet an VEB Fischwerk Saßnitz (09.1982 – 09.1988 im Einsatz als Heizlok); erneute Ausmusterung: 01.03.1989; 18.06.1990 zurück an DR (Est. Saßnitz); 11.1993 – 1994 verschrottet im Bf. Lauterbach/Rügen

50 5024: Noch 1988/89 als Heizlok im Einsatz; 08.1992 an Raw Meiningen; vmtl. dort verschrottet

Die Baureihe 50.50 der DR – Verbleibsliste

Die 50 0007 war nach ihrem Umbau auf Ölfeuerung im Jahre 1966 noch 16 Jahre lang ausschließlich in Wittenberge stationiert. Im dortigen Bahnhof rollt die Lok im September 1971 an den Bahnsteig.
Foto: Kleiber, Sammlung Peter Melcher

Bis Ende der achtziger Jahre konnte sich 50 0047 als Heizlok in Görlitz halten. Am 27. Februar 1988 heizt die Lok hier einen langen Reisezug vor. Erst 1992 wurde die Lok verschrottet. Foto: Sammlung Peter Melcher

Die Baureihe 50.50 der DR – Verbleibsliste   50 0034 – 50 0072

Ut aus (Rahmen)	Ordnungsnr., EDV-Nr.	iD nach U	Erst-Bw	letztes Bw	Z	+ oder Abgabe
50 3615	5034 → 50 0034-4	30.11.1966	Angermünde	Angermünde	Z 09.04.1982	+ 18.11.1983
50 3617	5035 → 50 0035-1	07.12.1966	Angermünde	Angermünde	Z 31.07.1982	+ 04.01.1985
50 3621	5036 → 50 0036-9	14.12.1966	Angermünde	Angermünde	Z 01.11.1982	+ 04.01.1985
50 3619	5037 → 50 0037-7	24.12.1966	Angermünde	Görlitz	Z 21.04.1982	+ 19.11.1984
50 3627	5038 → 50 0038-5	24.12.1966	Angermünde	Angermünde	Z 29.12.1982	+ 11.06.1985
50 3622	5039 → 50 0039-3	01.01.1967	Angermünde	Angermünde	Z 25.07.1982	+ 24.06.1985
50 3651	5040 → 50 0040-1	18.01.1967	Angermünde	Angermünde	Z 01.08.1980	+ 19.11.1984
50 3660	5041 → 50 0041-9	31.01.1967	Angermünde	Angermünde	Z 20.05.1980	+ 24.11.1982
50 3630	5042 → 50 0042-7	15.03.1967	Wittenberge	Wittenberge	Z 28.12.1982	+ 25.11.1983
50 3503-5	→ 50 0043-5	25.06.1970	Rostock Hbf	Angermünde	Z 14.09.1980	+ 19.11.1984
50 3509-2	→ 50 0044-3	02.06.1970	Wittenberge	Wismar	Z 18.02.1983	+ 04.01.1985
50 3510-0	→ 50 0045-0	23.06.1970	Rostock Hbf	Wismar	Z 01.02.1981	+ 02.03.1981
50 3504-3	→ 50 0046-8	14.07.1970	Rostock Hbf	Rostock Hbf	Z 31.12.1981	+ 04.01.1985
50 3669-4	→ 50 0047-6	21.07.1970	Rostock Hbf	Görlitz	Z 17.05.1989	+ 04.01.1990 *
50 3513-4	→ 50 0048-4	01.08.1970	Rostock Hbf	Angermünde	Z 31.08.1982	+ 24.06.1985
50 3643-9	→ 50 0049-2	12.08.1970	Rostock Hbf	Pasewalk	Z 01.11.1982	+ 24.06.1985
50 3524-1	→ 50 0050-0	07.09.1970	Rostock Hbf	Pasewalk	Z 16.08.1982	+ 20.09.1983
50 3667-8	→ 50 0051-8	21.09.1970	Rostock Hbf	Pasewalk	Z 16.08.1982	+ 24.06.1985
50 3676-9	→ 50 0052-6	01.10.1970	Rostock Hbf	Wittenberge	Z 04.02.1983	+ 14.10.1985
50 3674-4	→ 50 0053-4	23.10.1970	Rostock Hbf	Wittenberge	Z 09.07.1982	+ 16.07.1985 *
50 3686-8	→ 50 0054-2	06.11.1970	Rostock Hbf	Wismar	Z 22.09.1980	+ 13.02.1981
50 3677-7	→ 50 0055-9	27.11.1970	Rostock Hbf	Wittenberge	Z 03.03.1981	+ 25.11.1983
50 3679-3	→ 50 0056-7	01.12.1970	Rostock Hbf	Pasewalk	Z 12.04.1981	+ 25.07.1986
50 3634-8	→ 50 0057-5	16.12.1970	Angermünde	Pasewalk	Z 01.11.1982	+ 20.09.1983
50 3664-5	→ 50 0058-3	30.12.1970	Angermünde	Pasewalk	Z 02.11.1982	+ 04.01.1985 *
50 3533-2	→ 50 0059-1	21.01.1971	Pasewalk	Pasewalk	Z 18.03.1980	+ 19.12.1980
50 3530-8	→ 50 0060-9	31.01.1971	Pasewalk	Pasewalk	Z 22.01.1980	+ 01.09.1980
50 3537-3	→ 50 0061-7	17.02.1971	Halle G	Pasewalk	Z 18.06.1981	+ 04.01.1985
50 3532-4	→ 50 0062-5	03.03.1971	Pasewalk	Pasewalk	Z 01.08.1980	+ 19.11.1984
50 3546-4	→ 50 0063-3	17.03.1971	Wismar	Wittenberge	Z 07.07.1982	+ 04.01.1985
50 3514-2	→ 50 0064-1	01.04.1971	Wismar	Wismar	Z 21.07.1980	+ 01.09.1980
50 3547-2	→ 50 0065-8	15.04.1971	Wismar	Wittenberge	Z 15.08.1984	+ 14.10.1986
50 3505-0	→ 50 0066-6	28.04.1971	Wismar	Wismar	Z 25.02.1980	+ 19.06.1981
50 3549-8	→ 50 0067-4	14.05.1971	Rostock Hbf	Wittenberge	Z 09.03.1982	+ 20.09.1983
50 3528-2	→ 50 0068-2	01.06.1971	Pasewalk	Pasewalk	Z 01.08.1980	+ 19.11.1984
50 3550-6	→ 50 0069-0	16.06.1971	Wismar	Wismar	Z 27.08.1981	+ 16.09.1981
50 3544-9	→ 50 0070-8	05.07.1971	Wittenberge	Wittenberge	Z 19.05.1982	+ 04.01.1985
50 3542-3	→ 50 0071-6	27.07.1971	Angermünde	Angermünde	Z 11.01.1981	+ 19.06.1981
50 3502-7	→ 50 0072-4	04.08.1971	Pasewalk	Halle G	Z 23.01.1990	+ 22.05.1991 *

50 0047:   Ausmusterung nach anderen Angaben 1981, Lok bekam jedoch am 23.10.1981 eine L5 (Zerlegung erst 1985 im Raw Meiningen)
50 0053:   24.01.1982 vk. an Fährschiffamt Saßnitz; 03.1985 verschrottet in Guben
50 0072:   1991 an Bayerisches Eisenbahnmuseum, Nördlingen

Die Baureihe 50.40 der DR (Neubau)

Ebenso wie bei der Deutschen Bundesbahn bestand auch bei der Deutschen Reichsbahn Anfang der fünfziger Jahre die Notwendigkeit, Ersatz für ältere, zur Ausmusterung anstehende Lokbaureihen zu schaffen. Dass die Ausgangslage für Neuentwicklungen in der DDR wesentlich schlechter waren als im Westen, ist unbestritten und hinreichend bekannt. Unter der Leitung von Dipl.-Ing. Johannes Töpelmann begann man 1952 im Institut für Schienenfahrzeuge (IfS) in Berlin-Adlershof mit den Entwürfen neuer Dampflokomotiven. 1954/55 wurden mit 25 001 und 25 1001 zwei Versuchslokomotiven in Dienst gestellt.

Das Ministerium für Verkehrswesen (MfV) und Vertreter der einzelnen Reichsbahndirektionen entschieden sich nach längeren Beratungen zum Bau einer Lokomotive, welche die vorhandenen Baureihen 50 und 52 ergänzen sollte. Etwa zeitgleich mit der Neubaulok der Baureihe 23.10 wurde die Baureihe 50.40 entwickelt, wobei die modernsten Erkenntnisse des

50 4055 steht am 25. Mai 1969 in ihrem Heimat-Bw Güstrow. Die erst neun Jahre alte Lok hat zu diesem Zeitpunkt bereits mehr als die Hälfte ihrer Dienstzeit hinter sich. Foto: Peter Melcher

Dampflokomotivbaus berücksichtigt wurden. Großen Wert legte man auf die weitgehende Austauschbarkeit von Bauteilen mit den anderen Neubaulokomotiven der Baureihen 23.10, 65.10 und 83.10.

Der Auftrag zum Bau der Baureihe 50.40 erging an den VEB Lokomotivbau »Karl Marx« in Babelsberg, der früheren Maschinenbau u. Bahnbedarf AG, vorm. Orenstein & Koppel. Bereits 1956 konnten die beiden Baumusterlokomotiven 50 4001 und 50 4002 der Reichsbahn übergeben werden. Beide Maschinen wurden einer eingehenden Erprobung unterzogen, und erst 1959 begann mit 50 4003 die Serienproduktion. Zwölf Maschinen konnten noch 1959 fertiggestellt werden, der Rest folgte 1960, wobei die am 28. Dezember 1960 abgelieferte 50 4088 zugleich die letzte an eine deutsche Eisenbahnverwaltung gelieferte Dampflokomotive war.

Besondere Merkmale der Baureihe 50.40 waren:
- ein vollständig geschweißter Kessel mit einer großen Strahlungsheizfläche, die durch eine Verbrennungskammer erzielt wurde,
- ein durch Seitenzug betätigter Regler im Heißdampfteil,
- ein Aschkasten der Bauart »Stühren« mit verbessertem Lufteintritt,
- eine Mischvorwärmeranlage, dazu eine verbesserte Saugzuganlage,
- ein vollständig geschweißter Rahmen,
- ein neu entwickelter Steuerbock, an dem die wichtigsten Instrumente in einem Pult untergebracht waren,
- hochgesetzte, weit auseinandergerückte Signallaternen.

Ausgerüstet wurden die Maschinen mit dem Neubautender 2'2'T28. Da die Fertigstellung der Tender anscheinend nicht Schritt mit dem Bau der Lokomotiven halten konnte, wurden einige Loks zunächst mit den Tendern der Bauart 2'2'T26 gekuppelt, so geschehen bei 50 4080, 50 4082 und 50 4084. Sobald genügend Neubautender zur Verfügung standen, wurden sie mit diesen ausgerüstet.

Mit einer Höchstgeschwindigkeit von 80 km/h war die Baureihe 50.40 auch für einen Einsatz vor Personenzügen auf Haupt- und Nebenbahnen geeignet, ihr Haupteinsatzgebiet war aber der mittelschwere Güterzugdienst im Flachland. Mit einer Achslast von 14,7 Mp konnte die 50.40 auf fast allen Strecken eingesetzt werden. Die Maschinen waren in der Lage, einen 1.200 t schweren Zug in der Ebene mit 65 km/h zu befördern, bei gleicher Zuglast betrug die Geschwindigkeit bei 5 ‰ Steigung immer noch 35 km/h. Die Zugkraft mit 16.300 kp und die Leistung von 1.760 PS waren mit der Ursprungsausführung identisch, jedoch erwies sich die 50.40 oberhalb von 500 PS als sparsamer im Kohleverbrauch. Bei geringerer Leistung lag der Verbrauch allerdings etwas höher.

Die gute Verdampfungswilligkeit des Kessels und der sparsame Verbrauch an Brennstoffen machten die Maschinen beim Personal beliebt, auch wenn es einige Mängel gab. Vor allem der Heißdampfregler und die Mischvorwärmeranlage erwiesen sich als störanfällig. Auch die Laufeigenschaften bei Geschwindigkeiten über 65 km/h befriedigten nicht. Dazu kamen immer wieder auftretende Risse am Blechrahmen, welche die Maschinen dem Betriebsdienst entzogen. Letztlich dürften diese Rahmenrisse auch der Grund für das vorzeitige Ausscheiden der Baureihe 50.40 gewesen sein.

Für Ausbesserungen und Aufarbeitung in allen Schadgruppen war stets das Raw Stendal zuständig.

Ausgerüstet mit den Neubaulokomotiven der Baureihe 50.40 wurden nur die Reichsbahndirektionen Greifswald und Schwerin. Zum Ende des Jahres 1960 hatten in der Rbd Greifswald die Bahnbetriebswerke Neubrandenburg, Neustrelitz und Stralsund die Neubauloks in ihrem Bestand, bei der Rbd Schwerin waren es die Bw Rostock, Schwerin und Wittenberge, wobei Wittenberge mit 34 Loks den Löwenanteil besaß. Mit der Auslieferung von ölgefeuerten Maschinen der Baureihe 50.50 an die Rbd Greifswald ab 1966 gab diese ihre 50.40 an die Rbd Schwerin ab, so dass bis Sommer 1971 alle betriebsfähigen 50.40 hier beheimatet waren. 79 betriebsfähige Maschinen verteilten sich auf die Bw Güstrow (28), Hagenow Land (17), Schwerin (3) und Wittenberge(31) sowie die Z-Lok 50 4001, welche beim Bw Wismar noch als Heizlok eingesetzt wurde. Ab 1975 wurde die 50.40 in größeren Stückzahlen ausgemustert, so schieden in diesem Jahr 13 Maschinen aus dem Bestand, 1976 waren es neun und 1977 weitere zehn. Nachdem bis zum 31.08.1978 weitere sieben Loks der Ausmusterung anheim fielen, verteilten sich 24 verbliebene Maschinen auf folgende Bw: Güstrow (5), Neuruppin (3), Rostock (3), Schwerin (1), Wismar (2) und Wittenberge (10) als Hochburg.

Ende 1980 endete für die Baureihe 50.40 der planmäßige Einsatz, wobei ohnehin nur noch die Einsatzstelle (Est) Parchim des Bw Wittenberge Loks einsetzte. Zum 31.12.1981 stand nur noch 50 4072 unter Dampf, allerdings diente sie nur als Heizlok beim Bw Wismar.

Die Baureihe 50.40 der DR – Verbleibsliste 50 4001 – 50 4033

Verbleibsliste Baureihe 50 DRB (DB, DR)

Ordnungsnr., EDV-Nr.		letztes Heimat-Bw	z	+ oder Abgabe	
4001	→ 50 4001-9	Wismar	Z 18.01.1973	+ 29.12.1972	*
4002	→ 50 4002-7	Hagenow Land	Z 04.04.1974	+ 23.09.1975	
4003	→ 50 4003-5	Hagenow Land	Z 02.09.1975	+ 06.09.1975	
4004	→ 50 4004-3	Schwerin	Z 25.11.1976	+ 10.10.1978	
4005	→ 50 4005-0	Rostock Hbf	Z 15.08.1979	+ 12.02.1980	
4006	→ 50 4006-8	Schwerin	Z 11.07.1978	+ 06.03.1979	
4007	→ 50 4007-6	Hagenow Land	Z 25.03.1980	+ 13.10.1980	
4008	→ 50 4008-4	Rostock Hbf	Z 12.07.1978	+ 06.03.1979	
4009	→ 50 4009-2	Wismar	Z 10.05.1978	+ 31.01.1979	
4010	→ 50 4010-0	Wittenberge	Z 28.05.1975	+ 30.07.1975	
4011	→ 50 4011-8	Wittenberge	Z 28.05.1975	+ 30.07.1975	
4012	→ 50 4012-6	Wittenberge	Z 28.05.1975	+ 30.07.1975	
4013	→ 50 4013-4	Güstrow	Z 30.03.1978	+ 01.09.1980	
4014	→ 50 4014-2	Güstrow	Z 28.05.1975	+ 30.07.1975	
4015	→ 50 4015-9	Wittenberge	Z 08.05.1978	+ 23.01.1979	
4016	→ 50 4016-7	Rostock Hbf	Z 15.08.1979	+ 05.02.1981	
4017	→ 50 4017-5	Hagenow Land	Z 23.12.1970	+ 13.05.1971	
4018	→ 50 4018-3	Güstrow	Z 01.09.1975	+ 06.09.1975	
4019	→ 50 4019-1	Güstrow	Z 14.11.1977	+ 29.09.1980	
4020	→ 50 4020-9	Wittenberge	Z 25.02.1977	+ 28.07.1977	
4021	→ 50 4021-7	Güstrow	Z 27.05.1975	+ 23.09.1975	
4022	→ 50 4022-5	Wittenberge	Z 08.03.1980	+ 01.03.1983	*
4023	→ 50 4023-3	Güstrow	Z 02.06.1979	+ 05.02.1981	
4024	→ 50 4024-1	Hagenow Land	Z 01.08.1970	+ 19.10.1970	
4025	→ 50 4025-8	Wittenberge	Z 30.05.1974	+ 27.11.1974	
4026	→ 50 4026-6	Güstrow	Z 15.07.1977	+ 22.07.1977	
4027	→ 50 4027-4	Güstrow	Z 23.10.1973	+ 29.11.1973	
4028	→ 50 4028-2	Neuruppin	Z 20.05.1976	+ 02.06.1976	
4029	→ 50 4029-0	Güstrow	Z 01.01.1978	+ 02.03.1978	
4030	→ 50 4030-8	Güstrow	Z 07.08.1977	+ 28.10.1977	
4031	→ 50 4031-6	Neuruppin	Z 02.06.1979	+ 29.09.1980	
4032	→ 50 4032-4	Wittenberge	Z 17.01.1974	+ 28.07.1977	*
4033	→ 50 4033-2	Wittenberge	Z 18.11.1980	+ 16.09.1981	

4001:	Unfall am 23.05.1970, danach Heizlok Bw Wismar
4019:	18.02.1980 vk. an VEB Landmaschinenbau Güstrow, Standort Güstrow-Rövertannen (bis 1984/85 im Einsatz als Heizlok); 02.1986 – 1989 dort verschrottet
4022:	01.03.1983 vk. an Krankenhaus West, Stralsund (06.1983 – 05.1990 im Einsatz als Heizlok); 01.1991 – 05.1991 dort verschrottet
4032:	28.07.1977 vk. an VEB Landmaschinenbau Güstrow, Standort Güstrow-Rövertannen (1978 – 1984 im Einsatz als Heizlok); 02.1986 - 02.1988 dort verschrottet
4037:	1980 – 1981 vermietet an VEB Verkehrs- und Tiefbaukombinat Schwerin, Schwerin-Görries; 1981 – 1983 abg. Bf. Meyenburg; 01.04.1983 vk. an Krankenhaus West, Stralsund (06.1983 – 05.1990 im Einsatz als Heizlok); 01.1991 - 05.1991 dort verschrottet
4039:	Z-Stellung nach Unfall, danach Heizlok
4040:	20.07.1978 vk. an VEB Landmaschinenbau Güstrow, Standort Güstrow-Rövertannen (1979 – 1982 im Einsatz als Heizlok);

Die Baureihe 50.40 der DR – Verbleibsliste

Der westdeutsche Grenzbahnhof Büchen wurde von DDR-Dampfloks noch angefahren, als die BD Hamburg im Übrigen schon dampffrei war. Am 14. Juni 1974 hatten hier 50 4038 und 50 4082 (beide Bw Hagenow Land) an der östlichen Ausfahrgruppe des Bahnhofs Aufstellung genommen. Foto: Ulf Heitmann

In Höhe der S-Bahn-Station Frankfurter Allee rollt die 50 4006 durch das Stadtgebiet von Ost-Berlin.
Foto (1964): Zentrale Bildstelle der DR, Sammlung Peter Melcher

Die Baureihe 50.40 der DR – Verbleibsliste 50 4034 – 50 4073

Ordnungsnr., EDV-Nr.	letztes Heimat-Bw	z	+ oder Abgabe	
4034 → 50 4034-0	Wittenberge	Z 25.10.1979	+ 19.06.1981	
4035 → 50 4035-7	Wismar	Z 01.09.1980	+ 05.02.1981	
4036 → 50 4036-5	Güstrow	Z 15.08.1979	+ 29.09.1980	
4037 → 50 4037-3	Wittenberge	Z 18.02.1980	+ 01.04.1983	*
4038 → 50 4038-1	Güstrow	Z 02.04.1977	+ 21.02.1977	
4039	Rostock	Z 26.01.1963	+ 13.01.1969	*
4040 → 50 4040-7	Wismar	Z 09.05.1978	+ 20.07.1978	*
4041 → 50 4041-5	Wittenberge	Z 21.05.1980	+ 16.01.1981	*
4042 → 50 4042-3	Hagenow Land	Z 19.05.1976	+ 02.06.1976	
4043 → 50 4043-1	Wittenberge	Z 22.03.1978	+ 17.05.1978	
4044 → 50 4044-9	Wittenberge	Z 02.06.1979	+ 12.02.1980	
4045 → 50 4045-6	Wittenberge	Z 21.11.1979	+ 19.11.1980	
4046 → 50 4046-4	Güstrow	Z 29.01.1976	+ 01.03.1976	
4047 → 50 4047-2	Güstrow	Z 19.05.1976	+ 02.06.1976	
4048 → 50 4048-0	Güstrow	Z 31.05.1973	+ 11.05.1973	
4049 → 50 4049-8	Wittenberge	Z 23.02.1980	+ 23.03.1983	
4050 → 50 4050-6	Wittenberge	Z 30.11.1979	+ 05.02.1981	
4051 → 50 4051-4	Schwerin	Z 05.04.1977	+ 13.06.1977	*
4052 → 50 4052-2	Wittenberge	Z 19.05.1976	+ 02.06.1976	
4053 → 50 4053-0	Wismar	Z 19.05.1976	+ 02.06.1976	
4054 → 50 4054-8	Güstrow	Z 02.04.1977	+ 20.04.1977	
4055 → 50 4055-5	Wittenberge	Z 04.09.1975	+ 23.09.1975	
4056 → 50 4056-3	Wismar	Z 23.10.1980	+ 16.09.1981	
4057 → 50 4057-1	Güstrow	Z 01.06.1973	+ 03.08.1973	
4058 → 50 4058-9	Wismar	Z 23.10.1979	+ 25.05.1983	*
4059 → 50 4059-7	Wittenberge	Z 15.11.1977	+ 02.06.1978	
4060 → 50 4060-5	Güstrow	Z 01.01.1980	+ 29.09.1980	
4061 → 50 4061-3	Hagenow Land	Z 28.07.1981	+ 10.05.1983	*
4062 → 50 4062-1	Hagenow Land	Z 07.08.1977	+ 04.01.1978	
4063 → 50 4063-9	Güstrow	Z 02.09.1975	+ 24.10.1975	
4064 → 50 4064-7	Güstrow	Z 03.01.1978	+ 06.02.1978	
4065	Wittenberge	Z 02.06.1964	+ 02.10.1968	
4066 → 50 4066-2	Güstrow	Z 09.05.1978	+ 22.11.1978	
4067 → 50 4067-0	Hagenow Land	Z 16.01.1976	+ 29.01.1976	
4068 → 50 4068-8	Wismar	Z 07.08.1977	+ 30.11.1977	
4069 → 50 4069-6	Neuruppin	Z 30.05.1974	+ 12.09.1974	*
4070 → 50 4070-4	Wismar	Z 27.05.1975	+ 24.10.1975	
4071 → 50 4071-2	Wittenberge	Z 02.12.1977	+ 07.12.1977	
4072 → 50 4072-0	Rostock Hbf	Z 02.06.1982	+ 29.04.1983	*
4073 → 50 4073-8	Neuruppin	Z 15.06.1981	+ 30.06.1981	*

	02.1986 – 03.1988 dort verschrottet
4041:	16.01.1981 vk. an VEB Uhrenwerk Weimar; 05.1981 verschrottet RAW Meiningen (Kessel weiter an Kernkraftwerk Rheinsberg)
4043:	17.05.1978 vk. an VEB Spezialbaukombinat Magdeburg, Betriebsteil Beton- und Kühlturmbau Leipzig; 03.1985 zurück an DR; 08.1987 verschrottet in Leipzig-Wahren
4051:	13.06.1977 vk. an Kreisbetrieb für Landtechnik Sternberg, Betriebsteil Holzendorf (1977 – 10.1985 im Einsatz als Heizlok); ab 10.1988 dort verschrottet
4058:	25.05.1983 vk. an Sanatorium Heiligendamm (1983 – 03.1987 im Einsatz als Heizlok); 18.07.1988 zurück an DR; 12.1988 bis Sommer 1989 verschrottet im Bw Hagenow Land
4061:	10.05.1983 vk. an Sanatorium Heiligendamm (1983 – 03.1987 im Einsatz als Heizlok); 07.1988 zurück an DR; 08.1990 verschrottet im Bw Rostock
4069:	12.1972 – 09.1974 vermietet an Nervenklinik Neuruppin

50 4074 – 50 4088 Die Baureihe 50.40 der DR – Verbleibsliste

Ordnungsnr., EDV-Nr.	letztes Heimat-Bw	z	+ oder Abgabe	
4074 → 50 4074-6	Rostock	Z 30.05.1974	+ 05.05.1975	
4075 → 50 4075-3	Wittenberge	Z 15.11.1977	+ 04.01.1978	
4076 → 50 4076-1	Wittenberge	Z 30.05.1974	+ 12.09.1974	*
4077 → 50 4077-9	Wittenberge	Z 22.11.1980	+ 02.03.1981	
4078 → 50 4078-7	Güstrow	Z 06.11.1977	+ 30.11.1977	
4079 → 50 4079-5	Wittenberge	Z 24.09.1980	+ 22.07.1981	
4080 → 50 4080-3	Neuruppin	Z 02.12.1977	+ 07.12.1977	*
4081 → 50 4081-1	Güstrow	Z 02.06.1979	+ 19.06.1981	
4082 → 50 4082-9	Hagenow Land	Z 07.01.1976	+ 01.03.1976	
4083 → 50 4083-7	Wittenberge	Z 14.11.1977	+ 30.11.1977	
4084 → 50 4084-5	Güstrow	Z 28.05.1975	+ 24.10.1975	
4085	Riesa	Z 11.09.1964	+ 30.06.1968	*
4086 → 50 4086-0	Wittenberge	Z 07.08.1977	+ 02.06.1978	
4087 → 50 4087-8	Wittenberge	Z 09.06.1973	+ 03.08.1973	
4088 → 50 4088-6	Wittenberge	Z 20.02.1981	+ 30.03.1983	*

4071: Ab 25.08.1977 leihw. Neuruppin; 07.12.1977 vk. an VEB Industrie-Kooperation-Schiffbau Rostock, Wünschendorf (1978 – 1983 im Einsatz als Heizlok); 08.1987 – 10.1987 dort verschrottet

4073: 15.06.1981 vk. an VEB Stärkefabrik Loitz (08.1981 – 06.1983 im Einsatz als Heizlok); 14.06.1983 vk. an Landwirtschaftliches Instandhaltungswerk Demmin (08.1983 – 12.1985 im Einsatz als Heizlok); 01.03.1991 an Bayerisches Eisenbahnmuseum Nördlingen

4076: 10.1973 – 03.1974 vermietet an VEB EBW Neuruppin

4080: 07.12.1977 vk. an VEB Industrie-Kooperation-Schiffbau Rostock, Betriebsteil Wünschendorf (1978 – 1985 im Einsatz als Heizlok); 08.1987 – 10.1987 dort verschrottet

4085: Unfall am 19.10.1961, danach Heizlok; 09.1964 – 04.1968 vermietet an Glasseidenwerk Oschatz; 30.06.1968 vk. an VEB Kaolin- und Tonwerke Kemmlitz; ca. 1976 dort verschrottet

4088: 09.1981 – 10.1981 vermietet an LPG Spornitz

Möglicherweise im Schlepp der 120 294 war 50 4082 (Bw Hagenow Land) am 1. Februar 1974 nach Büchen gekommen; links ist noch 118 116 zu sehen. Aus heutiger Sicht wären auch die Dieselloks museumsreif.

Foto: Dietmar Brämert

Die Lokomotiven der Baureihen 50 und ihr Verbleib

Loknummern	Baujahr/Baujahre	Hersteller	Fabriknummer

Lieferlisten Baureihe 50

Loknummern	Baujahr/Baujahre	Hersteller	Fabriknummer
50 001 – 012	1939	Henschel	24355-24366
50 013 – 085	1939	Henschel	24633-24705
50 086 – 122	1940	Henschel	24706-24742
50 123 – 173	1940	Borsig	14854-14904
50 174 – 233	1939/1940	Krupp	2040-2099
50 234 – 270	1939	Krauss-Maffei	15753-15789
50 271 – 315	1939/1940	WLF	3281-3325
50 316 – 365	1940	Henschel	24950-24999
50 366 – 385	1940	Borsig	14956-14975
50 386 – 405	1940	Krupp	2161-2180
50 406 – 411	1939/1940	Krauss-Maffei	15821-15826
50 412 – 429	1940	BMAG	11410-11427
50 430 – 454	1940	Schichau	3392-3416
50 455 – 460	1940	MBA	13520-13525
50 461 – 475	1940	WLF	3326-3340
50 476 – 485	1940	Krauss-Maffei	15827-15836
50 486 – 505	1940	Borsig	14934-14953
50 506 – 528	1941	Borsig	14982-15004
50 529 – 631	1940	Henschel	25748-25850
50 632 – 635	1941	Henschel	25851-25854
50 636 – 755	1940	WLF	3356-3475
50 756 – 770	1941	WLF	9114-9128
50 771 – 798	1941	Henschel	25855-25882
50 799 – 810	1941	Jung	9271-9282
50 811 – 870	1940/1941	Krauss-Maffei	16020-16079
50 871 – 890	1941	Krauss-Maffei	16081-16100
50 891 – 939	1940/1941	Krupp	2352-2400
50 940 – 986	1941	Krupp	2305-2351
50 987 – 997	1940/1941	MBA	13526-13536
50 998 – 1017	1940/1941	Schichau	3423-3442
50 1018 – 1021	1941	Schichau	3445-3448
50 1022 – 1094	1940/1941	BMAG	11511-11583
50 1095 – 1194	1941/1942	Skoda	1174-1273
50 1195 – 1254	1941	WLF	9129-9188
50 1255 – 1262	1941	Jung	9283-9290
50 1263 – 1274	1941	Jung	9801-9812
50 1275 – 1289	1941	MBA	13537-13551
50 1290 – 1344	1941/1942	BMAG	11584-11638
50 1345 – 1384	1941/1942	Borsig	15060-15099
50 1385 – 1393	1942	MF Esslingen	4460-4468
50 1394 – 1397	1942	MF Esslingen	4473-4476
50 1398 – 1419	1941	WLF	9199-9220
50 1420 – 1589	1941/1942	Henschel	26230-26399
50 1590 – 1609	1941/1942	Jung	9813-9832
50 1610 – 1619	1942	Jung	9980-9989
50 1620 – 1689	1942	Krauss-Maffei	16163-16232
50 1690 – 1749	1941/1942	Krupp	2530-2589
50 1750 – 1767	1941/1942	MBA	13651-13668

Lieferlisten BR 50

Loknummern	Baujahr/Baujahre	Hersteller	Fabriknummer
50 1768 – 1813	1941/1942	Schichau	3469-3514
50 1814 – 1891	1941	BMAG	11712-11789
50 1892 – 1906	1942	Skoda	1274-1288
50 1907 – 1941	1943	CKD	2143-2177
50 1942 – 1971	1941/1942	DWM	369-398
50 1972 – 1995	1943/1944	Couillet	1836-1859
50 1996 – 2033	1943/1944	Nivelles	2267-2304
50 2034 – 2075	1943/1944	Séraing	3294-3335
50 2076 – 2101	1943/1944	Sclessin-LiLge	4149-4174
50 2102 – 2129	1943/1944	Haine-St. Pierre	1850-1877
50 2130 – 2155	1943/1944	Seneffe-Godarville	2552-2577
50 2156 – 2171	1943	Marcinelle	395 –410
50 2172 – 2180	1942	WLF	9334-9342
50 2181 – 2183	1942	WLF	9371-9373
50 2184 – 2199	1942	WLF	9379-9394
50 2200 – 2224	1942	Borsig	15194-15218
50 2225 – 2266	1942	DWM	399-440
50 2267 – 2353	1942	Henschel	26598-26684
50 2354 – 2363	1942	Jung	9991-10000
50 2364 – 2373	1942	Jung	10621-10630
50 2374 – 2425	1942	Krauss-Maffei	16249-16300
50 2426 – 2501	1942	Krupp	2591-2666
50 2502 – 2513	1942	MBA	13701-13712
50 2514 – 2553	1942	Schichau	3515-3554
50 2554 – 2637	1942	BMAG	11804-11887
50 2638 – 2667	1942/1944	Ostrowiec	401-430
50 2668 – 2691	1942	MF Esslingen	4480-4503
50 2692 – 2772	1942	Henschel	26760-26840
50 2773 – 2777	1942	Henschel	26841-26845 (als 52 002-006)
50 2778 – 2800	1942	Jung	10801-10823
50 2801 – 2862	1942/1943	Krauss-Maffei	16318-16379
50 2862 – 2924	1942	BMAG	11919-11980
50 2925 – 2949	1942	Skoda	1337-1361
50 2950 – 3012	1942	WLF	9537-9599
50 3013 – 3044	1942/1943	MF Esslingen	4504-4535
50 3045 – 3056	1943	Krupp	3120-3131
50 3057 – 3069	1943	MBA	14256-14268 (Kessel = Krupp)
50 3070 – 3129	1943	MBA	14196-14255
50 3130 – 3144	1943/1944	MBA	14269-14283
50 3145 – 3164	1942	MBA	13771-13790
50 3165 – 3171	(1956/1957	AW Schwerte	U aus 52 129 – 135)

Bestellte Loks der Baureihe 50 ÜK, die als BR 52 ausgeliefert wurden:

50 3045 – 3113	1942	Henschel	26925-26993 (als 52 007-075)
50 3114 – 3119	1942	Henschel	26994-26999 (als 52 344-349)
50 3120 – 3129	1943	Jung	11091-11100 (als 52 076-085)
50 3130 – 3167	1943	Krauss-Maffei	16397-16434 (als 52 086-123)
50 3168 – 3187	1948/1949*	Henschel	28277-28296 (als 52 124-143)
50 3188 – 3273	1942/1943	BMAG	12149-12234 (als 52 144-229)
50 3274 – 3284	1943	BMAG	12020-12030 (als 52 230-240)
50 3285 – 3387	1942/1943	WLF	9613-9715 (als 52 241-343)

*Nachkriegsneubauten durch die DR-West

Die Lokomotiven der Baureihen 50 und ihr Verbleib

Lieferlisten BR 50

Loknummern	Baujahr/Baujahre	Hersteller	Fabriknummer

Bei den als 50 3045 – 3164 von Krupp und MBA gelieferten Loks handelt es sich um »Ersatzbestellungen«; die Originalbestellungen wurden als Baureihe 52 abgeliefert.

Lieferlisten Baureihe 50.40 DR

50 4001	1958	LKM	656001.1
50 4002	1958	LKM	656001.2
50 4003 – 4088	1959/1960	LKM	124003-124088

Die 50 4081 war am 27. März 1976 im Bw Parchim zu Gast. Zu dieser Zeit gehörte die Maschine zum Bestand des Bw Wittenberge. Foto: Peter Melcher

Erstzuteilungen Baureihe 50

50 001 – 002	Leipzig-Wahren		50 306 – 315	Mürzzuschlag
50 003 – 005	Elsterwerda		50 316 – 325	Hamburg-Eidelstedt
50 006 – 009	Engelsdorf		50 326 – 329	Seelze
50 010	Leipzig-Wahren		50 330 – 335	Angermünde
50 011 – 012	Elsterwerda		50 336 – 345	Engelsdorf
50 013 – 022	Wustermark		50 346 – 355	Ehrang
50 023 – 030	Heilbronn		50 356 – 365	Zeitz
50 031 – 036	Karlsruhe Rbf		50 366 – 375	Güstrow
50 037 – 040	Radolfzell		50 376 – 385	Berlin-Tempelhof
50 041 – 048	Schwerte		50 386 – 392	Oberhausen-Osterfeld Süd
50 049 – 051	Börßum		50 393 – 395	Hamm
50 052 – 055	Bremen Vbf		50 396 – 401	Osnabrück Hbf
50 056 – 059	Wesermünde-Geestemünde		50 402 – 405	Kirchweyhe
50 060 – 064	Coburg		50 406 – 408	Trier
50 065 – 070	Gera		50 409 – 411	Kaiserslautern
50 071 – 076	Nordhausen		50 412 – 415	Jüterbog
50 077 – 080	Sangerhausen		50 416 – 421	Hoyerswerda
50 081 – 082	Oels		50 422 – 429	Frankfurt/oder Vbf
50 083 – 094	Mainz-Bischofsheim		50 430 – 436	Dirschau
50 095 – 104	Sangerhausen		50 437 – 441	Thorn-Mocker
50 105 – 110	Osnabrück Gbf		50 442 – 448	Angermünde
50 111 – 114	Kirchweyhe		50 449 – 451	Jädickendorf
50 115 – 122	Berlin-Lichtenberg		50 452 – 454	Stralsund
50 123 – 142	Peiskretscham		50 455 – 460	Schwerin
50 143 – 147	Konitz		50 461 – 462	Linz/Donau
50 148 – 152	Thorn Hbf		50 463 – 469	Knittelfeld
50 153 – 162	Frankfurt/Oder Vbf		50 470	Villach
50 163 – 173	Dresden-Friedrichstadt		50 471 – 475	Wien West
50 174 – 177	Kempten		50 476 – 480	Rheydt
50 178 – 181	Lindau		50 481 – 485	Krefeld
50 182 – 191	Limburg		50 486 – 492	Schneidemühl Vbf
50 192 – 201	Duisburg-Wedau		50 493 – 500	Frankfurt/Oder Vbf
50 202 – 211	Köln-Eifeltor		50 501 – 510	Berlin-Schöneweide
50 212 – 221	Osnabrück Hbf		50 511 – 512	Engelsdorf
50 222 – 227	Betzdorf		50 513 – 516	Leipzig-Wahren
50 228 – 230	Gießen		50 517 – 518	Hoyerswerda
50 231	Betzdorf		50 519	Leipzig-Wahren
50 232 – 233	Fulda		50 520	Engelsdorf
50 234 – 240	Ingolstadt		50 521 – 526	Güstrow
50 241 – 243	Simbach		50 527 – 528	Lübeck
50 244 – 245	Passau		50 529 – 532	Oberhausen-Osterfeld Süd
50 246 – 253	Plattling		50 533 – 534	Bochum-Langendreer
50 254 – 263	Nürnberg Rbf		50 535 – 536	Oberhausen-Osterfeld Süd
50 264 – 269	Kaiserslautern		50 537 – 538	Duisburg-Wedau
50 270	Ehrang		50 539 – 553	Minden
50 271 – 280	Knittelfeld		50 554 – 559	Köln-Kalk Nord
50 281 – 295	Wien West		50 560 – 563	Rbd Köln
50 296 – 305	Linz/Donau		50 564 – 573	Wuppertal-Vohwinkel

Die Lokomotiven der Baureihen 50 und ihr Verbleib

Erstzuteilung

50 574 – 588	Minden		50 894 – 895	Oberhausen-Osterfeld Süd
50 589 – 598	Saarbrücken Vbf		50 896 – 899	Duisburg-Wedau
50 599 – 608	Dresden-Friedrichstadt		50 900 – 906	Kreuzburg/Oberschlesien
50 609 – 616	Stettin Gbf		50 907 – 910	Aachen West
50 617 – 623	Stralsund		50 911 – 912	Oberhausen-Osterfeld Süd
50 624 – 635	Kirchweyhe		50 913 – 915	Hamm
50 636 – 641	Kamenz/Schlesien		50 916 – 920	Euskirchen
50 642 – 650	Kohlfurt		50 921 – 930	Wuppertal-Vohwinkel
50 651 – 660	Posen		50 931 – 935	Bingerbrück
50 661 – 675	Oppeln		50 936 – 945	Hamm
50 676 – 678	Kamenz/Schlesien		50 946 – 950	Oberhausen-Osterfeld Süd
50 679 – 681	Breslau-Mochbern		50 951 – 952	Bingerbrück
50 682 – 683	Kamenz/Schlesien		50 953 – 955	Mainz-Bischofsheim
50 684 – 690	Breslau-Mochbern		50 956 – 958	Bingerbrück
50 691 – 694	Plattling		50 959 – 960	Mainz-Bischofsheim
50 695 – 700	Passau		50 961 – 963	Osnabrück Hbf
50 701 – 715	Posen		50 964 – 967	Kirchweyhe
50 716 – 721	Lundenburg		50 968 – 970	Emden
50 722 – 725	Wien West		50 971 – 978	Saarbrücken Vbf
50 726 – 727	Rbd Danzig		50 979 – 986	Seelze
50 728 – 742	Dirschau		50 987	Schwerin
50 743 – 745	Marienburg		50 988 – 992	Lübeck
50 746 – 755	Riesa		50 993 – 997	Stettin Gbf
50 756 – 760	Adorf		50 998 – 1000	Dirschau
50 761 – 763	Lundenburg		50 1001 – 1003	Konitz
50 764 – 770	Wien West		50 1004 – 1007	Dirschau
50 771 – 780	Seelze		50 1008	Deutsch Eylau
50 781 – 783	Jünkerath		50 1009 – 1010	Rbd Danzig
50 784 – 785	Rbd Köln		50 1011 – 1012	Deutsch Eylau
50 786 – 790	Koblenz-Lützel		50 1013 – 1014	Konitz
50 791 – 792	Aachen West		50 1015 – 1017	Rbd Danzig
50 793 – 794	Hohenbudberg		50 1018 – 1021	Königsberg
50 795 – 796	Aachen West		50 1022 – 1026	Engelsdorf
50 797 – 798	Koblenz-Lützel		50 1027 – 1031	Hoyerswerda
50 799 – 810	Mainz-Bischofsheim		50 1032 – 1037	Hamburg-Eidelstedt
50 811 – 820	Villach		50 1038 – 1041	Wittenberge
50 821 – 830	Linz/Donau		50 1042 – 1047	Berlin-Lichtenberg
50 831 – 840	Bamberg		50 1048 – 1051	Wustermark
50 841 – 847	Freiburg		50 1052 – 1060	Wittenberge
50 848 – 850	Amstetten		50 1061	Ostrowo
50 851 – 852	Heilbronn		50 1062 – 1065	Frankfurt/Oder Vbf
50 853	Aalen		50 1066 – 1071	Schneidemühl Vbf
50 854	Heilbronn		50 1072 – 1076	Lübeck
50 855	Aulendorf		50 1077 – 1081	Güstrow
50 856 – 859	Rbd Stuttgart		50 1082 – 1084	Deutsch Eylau
50 860	Heilbronn		50 1085 – 1089	Frankfurt/Oder Vbf
50 861 – 864	Neu-Ulm		50 1090 – 1094	Schneidemühl Vbf
50 865 – 868	Augsburg		50 1095 – 1105	Komotau
50 869 – 870	Kempten		50 1106 – 1109	Bodenbach
50 871 – 877	Knittelfeld		50 1110 – 1124	Eger
50 878 – 885	Villach		50 1125 – 1135	Amstetten
50 886 – 887	Calw		50 1136 – 1139	Linz/Donau
50 888 – 890	Rbd Stuttgart		50 1140 – 1144	St. Veit/Glan
50 891 – 893	Hamm		50 1145 – 1149	Villach

Erstzuteilung

Im Bahnhof Wiesau/Oberpfalz wird am 27. September 1974 ein GmP nach Waldsassen bereitgestellt. Zug- und Rangierlok ist an diesem Tag die 051 198 vom Bw Weiden. Foto: Bernhard Mrugalla

Als Zuglok des N 2572 nach Nürnberg passiert 051 954 am 24. Mai 1974 das Einfahrvorsignal des Bahnhofs Hartmannshof aus Richtung Pommelsbrunn. Foto: Bernhard Mrugalla

Die Lokomotiven der Baureihen 50 und ihr Verbleib

Erstzuteilung

50 1150 – 1154	Wien West		50 1401 – 1402	Dresden-Friedrichstadt
50 1155 – 1159	Lundenburg		50 1403	Riesa
50 1160 – 1168	Ingolstadt		50 1404 – 1405	Dresden-Friedrichstadt
50 1169	Pasewalk		50 1406 – 1407	Bodenbach
50 1170 – 1174	Amstetten		50 1408 – 1419	Wien FJB
50 1175 – 1179	Linz/Donau		50 1420 – 1424	Nürnberg Rbf
50 1180 – 1187	Rbd Stuttgart		50 1425 – 1429	Bamberg
50 1188 – 1189	Aulendorf		50 1430 – 1433	Montzen
50 1190 – 1194	Ingolstadt		50 1434 – 1437	Rbd Köln
50 1195 – 1199	Wien West		50 1438 – 1439	Neuss
50 1200 – 1202	Rbd Oppeln		50 1440 – 1441	Hoyerswerda
50 1203 – 1204	Peiskretscham		50 1442	Elsterwerda
50 1205 – 1209	Oppeln		50 1443	Hoyerswerda
50 1210 – 1214	Kreuzburg/Oberschlesien		50 1444 – 1447	Leipzig-Wahren
50 1215 – 1219	Peiskretscham		50 1448 – 1449	Engelsdorf
50 1220 – 1234	Wien West		50 1450 – 1459	Hamburg-Harburg
50 1235 – 1249	Posen		50 1460 – 1467	Wanne-Eickel
50 1250 – 1254	Neustrelitz		50 1468	Duisburg-Wedau
50 1255 – 1260	Mayen Ost		50 1469 – 1472	Rbd Essen
50 1261	Rbd Saarbrücken		50 1473 – 1474	Gelsenkirchen-Bismarck
50 1262 – 1264	Mayen Ost		50 1475 – 1480	Schwandorf
50 1265 – 1267	Ludwigshafen		50 1481 – 1484	Eger
50 1268	Mainz-Bischofsheim		50 1485 – 1494	Magdeburg-Rothensee
50 1269	Ludwigshafen		50 1495 – 1499	Simbach
50 1270	Mainz-Bischofsheim		50 1500 – 1504	Ingolstadt
50 1271 – 1274	Bingerbrück		50 1505 – 1506	Dresden-Friedrichstadt
50 1275 – 1276	Stettin Gbf		50 1507	Tetschen
50 1277 – 1278	Leipzig-Wahren		50 1508 – 1509	Bodenbach
50 1279 – 1283	Elsterwerda		50 1510 – 1514	Werdau
50 1284 – 1289	Wittenberg		50 1515 – 1517	Osnabrück Hbf
50 1290 – 1299	Stendal		50 1518 – 1519	Kirchweyhe
50 1300 – 1301	Minden		50 1520 – 1524	Oberhausen-Osterfeld Süd
50 1302 – 1309	Uelzen		50 1525 – 1527	Rbd Essen
50 1310 – 1314	Breslau-Mochbern		50 1528 – 1531	Gelsenkirchen-Bismarck
50 1315 – 1319	Kohlfurt		50 1532 – 1535	Oberhausen-Osterfeld Süd
50 1320 – 1329	Oppeln		50 1536 – 1539	Hamm
50 1330 – 1331	Seelze		50 1540	Dresden-Friedrichstadt
50 1332 – 1334	Löhne		50 1541	Adorf
50 1335 – 1342	Lehrte		50 1542 – 1544	Rbd Dresden
50 1343 – 1344	Minden		50 1545 – 1546	Düsseldorf-Derendorf
50 1345 – 1349	Arnswalde		50 1547 – 1554	Wuppertal-Vohwinkel
50 1350 – 1352	Schneidemühl Vbf		50 1555 – 1564	Mainz-Bischofsheim
50 1353 – 1354	Frankfurt/Oder Vbf		50 1565 – 1574	Kirchweyhe
50 1355 – 1364	Berlin-Pankow		50 1575 – 1576	Mainz Hbf
50 1365 – 1374	Kreuzburg/Oberschlesien		50 1577 – 1578	Mainz-Bischofsheim
50 1375 – 1377	Seddin		50 1579 – 1580	Bingerbrück
50 1378 – 1382	Berlin-Schöneweide		50 1581 – 1582	Mainz-Bischofsheim
50 1383 – 1384	Berlin-Tempelhof		50 1583 – 1584	Bingerbrück
50 1385 – 1388	Frankfurt/Main 2		50 1585 – 1587	Hohenbudberg
50 1389 – 1390	Rybnik		50 1588 – 1589	Koblenz-Lützel
50 1391 – 1393	Gleiwitz		50 1590 – 1594	Frankfurt/Main 2
50 1394 – 1395	Betzdorf		50 1595 – 1600	Gießen
50 1396 – 1397	Gießen		50 1601 – 1604	Weiden
50 1398 – 1400	Adorf		50 1605 – 1606	Rbd Regensburg

Erstzuteilung

Nummern	Ort	Nummern	Ort
50 1607 – 1609	Plattling	50 1814 – 1816	Löhne
50 1610 – 1614	Falkenberg	50 1817 – 1821	Oebisfelde
50 1615 – 1616	Rbd Halle	50 1822 – 1823	Uelzen
50 1617 – 1619	Cottbus	50 1824 – 1829	Nossen
50 1620 – 1621	Amstetten	50 1830 – 1831	Adorf
50 1622 – 1625	Linz/Donau	50 1832 – 1833	Bodenbach
50 1626 – 1629	Amstetten	50 1834 – 1835	Belgard
50 1630 – 1633	Mannheim Rbf	50 1836 – 1843	Stargard
50 1634 – 1636	Rbd Karlsruhe	50 1844 – 1853	Posen
50 1637 – 1638	Karlsruhe Rbf	50 1854 – 1857	Lübeck
50 1639 – 1641	Oderberg Hbf	50 1858 – 1861	Güstrow
50 1642 – 1644	Rbd Karlsruhe	50 1862 – 1863	Neustrelitz
50 1645 – 1647	Kempten	50 1864 – 1871	Zeitz
50 1648 – 1654	Neu-Ulm	50 1872 – 1873	Coburg
50 1655 – 1657	Rbd Regensburg	50 1874 – 1878	Stargard
50 1658 – 1661	Weiden	50 1879 – 1883	Stolp
50 1662 – 1664	Hof	50 1884 – 1891	Landsberg/Warthe
50 1665 – 1674	Knittelfeld	50 1892 – 1898	Rbd Oppeln
50 1675 – 1679	Bamberg	50 1899 – 1906	Kattowitz
50 1680 – 1689	Nürnberg Rbf	50 1907 – 1910	Sommerfeld
50 1690 – 1693	Hamm	50 1911	Rbd Breslau
50 1694 – 1697	Oberhausen-Osterfeld Süd	50 1912	Liegnitz
50 1698 – 1702	Recklinghausen	50 1913 – 1916	Rbd Breslau
50 1703 – 1704	Gelsenkirchen-Bismarck	50 1917 – 1920	Ehrang
50 1705 – 1709	Köln-Kalk Nord	50 1921 – 1924	Rbd Saarbrücken
50 1710 – 1714	Gremberg	50 1925 – 1926	Eger
50 1715 – 1722	Worms	50 1927 – 1936	Lichtenfels
50 1723 – 1724	Mainz-Bischofsheim	50 1937 – 1941	Seelze
50 1725 – 1731	Duisburg-Wedau	50 1942 – 1945	Königsberg
50 1732 – 1734	Oberhausen Hbf	50 1946 – 1947	Allenstein
50 1735 – 1738	Hamm	50 1948 – 1951	Rbd Königsberg
50 1739 – 1741	Oberhausen-Osterfeld Süd	50 1952 – 1959	Posen
50 1742 – 1743	Gelsenkirchen-Bismarck	50 1960 – 1961	Rbd Posen
50 1744 – 1745	Wanne-Eickel	50 1962 – 1963	Thorn Hbf
50 1746 – 1747	Oberhausen-Osterfeld Süd	50 1964 – 1966	Rbd Danzig
50 1748 – 1749	Hamm	50 1967	Thorn-Mocker
50 1750 – 1759	Buchholz/Kr. Harburg	50 1968	Thorn Hbf
50 1760	Lübeck	50 1969 – 1971	Rbd Danzig
50 1761	Güstrow	50 1972 – 1976	Hagen Gbf
50 1762 – 1766	Neustrelitz	50 1977 – 1981	Brügge
50 1767	Lübeck	50 1982 – 1984	Düsseldorf-Derendorf
50 1768 – 1775	Allenstein	50 1985	Opladen
50 1776 – 1778	Rbd Königsberg	50 1986	Dieringhausen
50 1779 – 1783	Konitz	50 1987 – 1991	Rbd Wuppertal
50 1784 – 1786	Deutsch Eylau	50 1992 – 1994	Saarbrücken Vbf
50 1787 – 1791	Dirschau	50 1995	direkt an SNCB (25 03)
50 1792	Rbd Danzig	50 1996 – 1997	Rbd Münster
50 1793	Königsberg	50 1998 – 1999	Kirchweyhe
50 1794 – 1800	Osterode	50 2000	Rbd Münster
50 1801 – 1802	Allenstein	50 2001 – 2005	Münster
50 1803 – 1804	Dirschau	50 2006 – 2015	Paderborn
50 1805 – 1807	Thorn Hbf	50 2016 – 2025	Diedenhofen
50 1808 – 1812	Konitz	50 2026 – 2033	Rbd Saarbrücken
50 1813	Marienburg	50 2034 – 2041	Lüneburg

Die Lokomotiven der Baureihen 50 und ihr Verbleib

Erstzuteilung

50 2042 – 2044	Buchholz/Kr. Harburg		50 2247	Siedlce
50 2045 – 2053	Neumünster		50 2248 – 2253	(Ostbahn)
50 2054 – 2055	Kolmar		50 2254	Siedlce
50 2056	Rbd Karlsruhe		50 2255 – 2260	(Ostbahn)
50 2057 – 2061	Mühlhausen Rbf		50 2261 – 2262	Bialystok
50 2062 – 2063	Freiburg		50 2263 – 2266	Rbd Posen
50 2064	Münster		50 2267 – 2271	Kaiserslautern
50 2065 – 2071	Osnabrück Hbf		50 2272	Rbd Saarbrücken
50 2072 – 2073	Rbd Köln		50 2273	Saarbrücken Vbf
50 2074	direkt an SNCB (25 00)		50 2274 – 2276	Rbd Saarbrücken
50 2075	direkt an SNCB (25 01)		50 2277 – 2279	Lehrte
50 2076 – 2078	Oberlahnstein		50 2280 – 2281	Hildesheim
50 2079 – 2080	Ludwigshafen		50 2282 – 2286	Stendal
50 2081 – 2083	Rbd Mainz		50 2287 – 2290	Mainz-Bischofsheim
50 2084 – 2085	Worms		50 2291 – 2295	Bingerbrück
50 2086 – 2088	Gießen		50 2296	Worms
50 2089 – 2091	Rbd Frankfurt		50 2297 – 2300	Hohenbudberg
50 2092	direkt an SNCB (25.023)		50 2301 – 2305	Montzen
50 2093	direkt an SNCB (25 04)		50 2306	Koblenz-Lützel
50 2094	direkt an SNCB (25.005)		50 2307 – 2316	Stendal
50 2095	direkt an SNCB (25.006)		50 2317 – 2320	Kirchweyhe
50 2096	direkt an SNCB (25.007)		50 2321 – 2323	Osnabrück Hbf
50 2097	direkt an SNCB (25.008)		50 2324 – 2326	Kirchweyhe
50 2098	direkt an SNCB (25.009)		50 2327 – 2329	Hamburg-Harburg
50 2099	direkt an SNCB (25.010)		50 2330 – 2331	Hamburg-Eidelstedt
50 2100	direkt an SNCB (25.011)		50 2332 – 2336	Wittenberge
50 2101	direkt an SNCB (25.012)		50 2337 – 2346	Seelze
50 2102 – 2104	Rbd Essen		50 2347 – 2348	Hamburg-Harburg
50 2105 – 2107	Bochum-Langendreer		50 2349 – 2353	Wittenberge
50 2108 - 2109	Rbd Essen		50 2354 – 2363	Wuppertal-Vohwinkel
50 2110 – 2113	Rbd Mainz		50 2364 – 2367	Neuss
50 2114 – 2115	Mainz		50 2368 – 2373	Düren
50 2116 – 2117	Rbd Mainz		50 2374 – 2375	Eger
50 2118 – 2123	Darmstadt-Kranichstein		50 2376 – 2383	Weiden
50 2124 – 2125	Rbd Mainz		50 2384 – 2393	Ingolstadt
50 2126 – 2129	Saarbrücken Vbf		50 2394 – 2395	Calw
50 2130 – 2138	Betzdorf		50 2396 – 2399	Aulendorf
50 2139 – 2144	Darmstadt Hbf		50 2400 – 2403	Ulm
50 2145 – 2154	Stendal		50 2404 – 2405	Coburg
50 2155	direkt an SNCB (25 02)		50 2406 – 2407	Saalfeld
50 2156 – 2158	Rbd Essen		50 2408 – 2409	Gotha
50 2159 – 2163	Hamm		50 2410 – 2412	Eisenach
50 2164 – 2166	Rbd Essen		50 2413	Zeitz
50 2167 – 2168	Gelsenkirchen-Bismarck		50 2414 – 2425	Lundenburg
50 2169 – 2171	Hamm		50 2426 – 2430	Köln-Kalk Nord
50 2172 – 2181	Warschau Ost		50 2431 – 2435	Köln-Eifeltor
50 2182 – 2199	Wien West		50 2436 – 2442	Dortmunderfeld
50 2200 – 2209	Dresden-Friedrichstadt		50 2443 – 2446	Wanne-Eickel
50 2210 – 2214	Wustermark		50 2447 – 2451	Duisburg-Wedau
50 2215 – 2219	Berlin-Tempelhof		50 2452 – 2455	Oberhausen-Osterfeld Süd
50 2220 – 2221	Seddin		50 2456 – 2461	Saarbrücken Vbf
50 2222 – 2224	Berlin-Lichtenberg		50 2462 – 2464	Rbd Saarbrücken
50 2225 – 2245	Siedlce		50 2465	Neunkirchen
50 2246	(Ostbahn)		50 2466 – 2468	Gremberg

Erstzuteilung

50 3142 gekuppelt mit einem Wannentender und einem Personenzug, gebildet aus alten Abteilwagen, wie er Anfang der 1950er Jahre noch vielfach verkehrte. Foto: sammlung Hörnemann

Mit einem Güterzug Richtung Mannheim passiert 052 174 im Jahre 1970 die Blockstelle Schlüssel zwischen Heidelberg-Wieblingen und Mannheim-Friedrichsfeld Süd.
Foto: Karl Gerhard Baur, Sammlung Wolfgang Löckel

Die Lokomotiven der Baureihen 50 und ihr Verbleib

Erstzuteilung

50 2469 – 2475	Troisdorf		50 2678 – 2691	Karlsruhe Rbf
50 2476 – 2490	Kirchweyhe		50 2692 – 2696	Stolberg
50 2491 – 2492	Bochum-Langendreer		50 2697 – 2701	Düren
50 2493 – 2495	Dortmunderfeld		50 2702	Bochum-Dahlhausen
50 2496 – 2498	Oberhausen-Osterfeld Süd		50 2703 – 2705	Hamm
50 2499 – 2501	Wanne-Eickel		50 2706 – 2708	Rbd Essen
50 2502 – 2506	Magdeburg-Buckau		50 2709 – 2711	Wanne-Eickel
50 2507	Lehrte		50 2712 – 2715	Darmstadt-Kranichstein
50 2508 – 2509	Minden		50 2716 – 2717	Rbd Mainz
50 2510 – 2513	Lehrte		50 2718 – 2721	Worms
50 2514 – 2518	Königsberg		50 2722 – 2724	Rbd Saarbrücken
50 2519 – 2523	Korschen		50 2725 – 2727	Saarbrücken Vbf
50 2524	Dirschau		50 2728 – 2731	Rbd Saarbrücken
50 2525 – 2526	Thorn-Mocker		50 2732 – 2735	Neu-Ulm
50 2527 – 2528	Bromberg Hbf		50 2736 – 2737	Augsburg
50 2529 – 2532	Thorn Hbf		50 2738	Rbd Augsburg
50 2533	Rbd Danzig		50 2739 – 2741	Kempten
50 2534 – 2538	Insterburg		50 2742 – 2751	Kirchweyhe
50 2539 – 2540	Königsberg		50 2752 – 2757	Hagenow Land
50 2541 – 2543	Rbd Königsberg		50 2758 – 2760	Hamburg-Harburg
50 2544 – 2545	Gnesen		50 2761 – 2764	Hamburg-Eidelstedt
50 2546 – 2551	Rbd Posen		50 2765 – 2772	Wittenberge
50 2552	Gnesen		50 2773	an DRB als 52 002
50 2553	Rbd Posen		50 2774	an DRB als 52 003
50 2554 – 2563	Breslau-Mochbern		50 2775	an DRB als 52 004
50 2564 – 2570	Pasewalk		50 2776	an DRB als 52 005
50 2571	Stettin Gbf		50 2777	an DRB als 52 006
50 2572 – 2573	Stolp		50 2778 – 2779	Düsseldorf-Derendorf
50 2574 – 2575	Franfurt/Oder Vbf		50 2780 – 2782	Wuppertal-Vohwinkel
50 2576	Schneidemühl Vbf		50 2783 – 2787	Dieringhausen
50 2577	Arnswalde		50 2788 – 2792	Gießen
50 2578 – 2580	Küstrin-Neustadt		50 2793 – 2797	Betzdorf
50 2581	Landsberg/Warthe		50 2798 – 2800	Dresden-Friedrichstadt
50 2582 – 2583	Frankfurt/Oder Vbf		50 2801 – 2803	Rbd Frankfurt
50 2584 – 2598	Warschau-Praga		50 2804 – 2810	Karlsruhe Rbf
50 2599 – 2608	Dresden-Friedrichstadt		50 2811 – 2812	Rbd Karlsruhe
50 2609 – 2613	Gleiwitz		50 2813 – 2814	Ingolstadt
50 2614 – 2618	Oppeln		50 2815 – 2817	Rbd München
50 2619 – 2624	Wittenberge		50 2818 – 2823	München Ost
50 2625 – 2626	Hamburg-Eidelstedt		50 2824	Simbach
50 2627 – 2631	Hamburg-Harburg		50 2825 – 2827	München Ost
50 2632 – 2634	Wittenberge		50 2828 – 2830	Amstetten
50 2635 – 2637	Hamburg-Harburg		50 2831 – 2841	Ulm
50 2638 – 2647	Aalen		50 2842 – 2843	Aulendorf
50 2648 – 2657	Oebisfelde		50 2844 – 2851	Aalen
50 2658 – 2659	Warschau-Praga		50 2852 – 2853	Bochum-Langendreer
50 2660 – 2663	Hamburg-Rothenburgsort		50 2854	Oberhausen-Osterfeld Süd
50 2664	direkt an PKP als Ty 5-55		50 2855	Wanne-Eickel
50 2665	direkt an PKP als Ty 5-56		50 2856 – 2857	Koblenz-Lützel
50 2666	direkt an PKP als Ty 5-57		50 2858 – 2859	Hohenbudberg
50 2667	direkt an PKP als Ty 5-58		50 2860	Koblenz-Lützel
50 2668 – 2675	Zeitz		50 2861 – 2862	Gremberg
50 2676	Gotha		50 2863 – 2865	Beuthen
50 2677	Coburg		50 2866 – 2872	Schoppinitz

50 2873 – 2882	Cottbus		50 3023 – 3024	Lübeck
50 2883 – 2886	Komotau		50 3025 – 3027	Güstrow
50 2587 – 2892	Dresden-Friedrichstadt		50 3028 – 3037	Dresden-Friedrichstadt
50 2893 – 2894	Bromberg Ost		50 3038 – 3044	Lehrte
50 2895 – 2896	Marienburg		50 3045 – 3047	Hamm
50 2897 – 2899	Dirschau		50 3048 – 3050	Duisburg-Wedau
50 2900	Deutsch Eylau		50 3051 – 3054	Bochum-Langendreer
50 2901 – 2902	Illowo		50 3055 – 3057	Worms
50 2903	Arnswalde		50 3058 – 3060	Darmstadt-Kranichstein
50 2904 – 2905	Kreuz		50 3061 – 3062	Darmstadt Hbf
50 2906 2908	Neu Bentschen		50 3063 – 3064	Worms
50 2909 – 2910	Landsberg/Warthe		50 3065 – 3068	Frankfurt/M. 1
50 2911 – 2912	Guben		50 3069 – 3074	Frankfurt/M. 3
50 2913 – 2917	Dresden-Friedrichstadt		50 3075 – 3084	Hamm
50 2918 – 2919	Adorf		50 3085 – 3088	Diedenhofen
50 2920 – 2924	Dresden-Friedrichstadt		50 3089 – 3094	Saargemünd
50 2925 – 2934	Rbd Halle		50 3095 – 3100	Tübingen
50 2935	Potsdam		50 3101 – 3104	Crailsheim
50 2936 – 2945	Rbd Berlin		50 3105 – 3109	Magdeburg-Buckau
50 2946 – 2947	Potsdam		50 3110 – 3114	Magdeburg-Rothensee
50 2948	Berlin-Lichtenberg		50 3115 – 3120	Wittenberge
50 2949	Potsdam		50 3121	Hamburg-Harburg
50 2950 – 2959	Wien West		50 3122 – 3123	Neumünster
50 2960 – 2969	Knittelfeld		50 3124	Hamburg-Harburg
50 2970 – 2979	Dzieditz		50 3125 – 3126	Ehrang
50 2980 – 2981	Sommerfeld		50 3127 – 3128	Saargemünd
50 2982 – 2983	Oels		50 3129 – 3134	Diedenhofen
50 2984 – 2985	Arnsdorf/Schlesien		50 3135 – 3138	Hamm
50 2986 – 2987	Liegnitz		50 3139 – 3140	Oberhausen-Osterfeld Süd
50 2988 – 2989	Sagan		50 3141 – 3142	Hamm
50 2990 – 2994	Linz/Donau		50 3143 – 3144	Dortmund Vbf
50 2995 – 2999	Amstetten		50 3145 – 3147	Königsberg
50 3000 – 3010	Wien West		50 3148 – 3154	Korschen
50 3011 – 3012	Köthen		50 3155 – 3164	Zdolbunow
50 3013 – 3017	Falkenberg		50 3165 – 3171	Löhne
50 3018 – 3022	Leipzig-Wahren			

Erstzuteilungen Baureihe 50.40 DR

50 4001 – 4015	Wittenberge			
50 4016 – 4020	Neustrelitz			
50 4021	Stralsund			
50 4022	Neustrelitz		50 4034 – 4035	Rostock
50 4023	Stralsund		50 4036 – 4037	Neustrelitz
50 4024 – 4026	Wittenberge		50 4038 – 4039	Rostock
50 4027	Neustrelitz		50 4040 – 4042	Wittenberge
50 4028 – 4029	Wittenberge		50 4043 – 4044	Schwerin
50 4030	Neustrelitz		50 4045	Wittenberge
50 4031	Stralsund		50 4046	Neustrelitz
50 4032	Wittenberge		50 4047	Schwerin
50 4033	Stralsund		50 4048	Neustrelitz

Erstzuteilung

50 4049	Stralsund		50 4070	Stralsund
50 4050	Wittenberge		50 4071 – 4072	Wittenberge
50 4051	Schwerin		50 4073 – 4074	Neubrandenburg
50 4052	Neustrelitz		50 4075 – 4076	Schwerin
50 4053	Stralsund		50 4077	Wittenberge
50 4054	Neustrelitz		50 4078	Schwerin
50 4055	Stralsund		50 4079	Wittenberge
50 4056 – 4063	Neustrelitz		50 4080	Neuruppin
50 4064	Neubrandenburg		50 4081 – 4083	Neubrandenburg
50 4065 – 4066	Wittenberge		50 4084 – 4085	Neustrelitz
50 4067 – 4068	Neubrandenburg		50 4086	Neubrandenburg
50 4069	Neustrelitz		50 4087 – 4088	Schwerin

Im Dienst für die Einsatzstelle Wittstock befand sich 50 4056 im Februar 1975 bei Strelitz Alt, offenbar auf dem heute nicht mehr vorhandenen Verbindungsgleis von Strelitz Alt in Richtung Mirow.

Foto: Bernd Wüstemann, Sammlung Peter Melcher

Technische Daten

Deutsche Reichsbahn HVM	Güterzug-Lokomotive		Baureihe: **50**
Merkbuch für Triebfahrzeuge 939 Tr	Betriebsgattung: G 56.15	Kurzbezeichnung: 1′ E h 2	Betriebsnummer: 50 005–50 3154

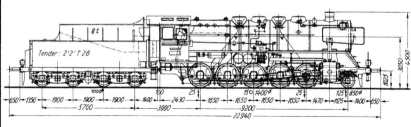

Fahrzeugmassen, Achslasten und technische Daten

Tender
M_{Tl} = 25,5 t Tender leer
M_{Td} = 48,2 t Tender dienstbereit (²⁄₃ Vorräte)
M_{Tv} = 59,5 t Tender mit vollen Vorräten

Lokomotive
M_{Ll} = 78,6 t Lokomotive leer
M_{Ld} = 88,2 t Lokomotive dienstbereit

↓ 14,7   ↓ 14,7   ↓ 15,0   ↓ 15,1   ↓ 15,3   ↓ 15,4   ↓ 15,4   ↓ 15,3   ↓ 15,3   ↓ 11,5   Mp Achslast auf den Schienen

Q_{Lr} = 76,7 Mp Reibungslast
$M_{Ld} + M_{Td}$ = 136,4 t Fahrzeugmasse dienstbereit
$M_{Ld} + M_{Tv}$ = 147,7 t Fahrzeugmasse mit vollen Vorräten

Metermasse $(M_{Ld} + M_{Tv})$/Lüp: 6,43 t/m   Mittlere Kuppelachslast: 15,3 Mp

Lfd. Nr.		Abk.	Dim.	Lfd. Nr.		Abk.	Dim.
1	Fahrgeschwindigkeit vw/rw	V_{max}	80/50 km/h	18	Verdampfungsheizfläche	H_v	177,6 m²
2	Zylinderdurchmesser	d	600 mm	19	Überhitzerrohrdurchmesser	d_{Or}	30×3 mm
3	Kolbenhub	s	660 mm	20	Überhitzerheizfläche	H_O	64,1 m²
4	Art und Lage der Steuerung		Ha	21	Wasserraum des Kessels bei 150 mm Wasserstand über Feuerbuchsdecke	W_K	7,75 m³
5	Kolbenschieberdurchmesser	d_s	300 mm	22	Dampfraum	D_K	2,99 m³
6	Kesselüberdruck	P_k	16 kp/cm²	23	Verdampfungswasseroberfläche	O_W	10,74 m²
7	Rostfläche	R	3,9 m²	24	Masse des Kessels ohne Ausrüstung	M_{klo}	19,15 t
8	Rost (Länge × Breite)	R_{lb}	2,54×1,53 m×m	25	Masse des Kessels mit Ausrüstung	M_{klm}	26,25 t
9	Strahlungsheizfläche	H_{vs}	15,9 m²	26	Ausrüstung mit Vorwärmer		OV
10	Heizrohrdurchmesser	d_{Hr}	54×2,5 mm	27	Ausrüstung mit Läutewerk		(L)
11	Anzahl der Heizrohre	n_{Hr}	113 Stck	28	Heizung		H
12	Rohrlänge zwischen den Rohrwänden	l_r	5200 mm	29	Brennstoffvorrat	B	[8] t
13	Heizrohrheizfläche	H_{Hr}	90,4 m²	30	Wasserkasteninhalt	W	[26] m³
14	Rauchrohrdurchmesser	d_{Rr}	133×4 mm	31	Befahrbarer Bogenlauf-Halbmesser	R	100 m
15	Anzahl der Rauchrohre	n_{Rr}	35 Stck	32	Befahrbarer Ablaufberg-Halbmesser		300 m
16	Rauchrohrheizfläche	H_{Rr}	71,3 m²	33	Bremse		K m. Z
17	Rohrheizfläche	H_{vb}	161,7 m²	34	1. Baujahr		1939

Bemerkungen:

Die Lokomotiven der Baureihen 50 und ihr Verbleib

Technische Daten

Deutsche Reichsbahn HVM	Güterzug-Lokomotive	Baureihe: 50³⁵
Merkbuch für Triebfahrzeuge 939 Tr	Betriebsgattung: G 56.15	Kurzbezeichnung: 1′ E h 2	Betriebsnummer: 50 3501–

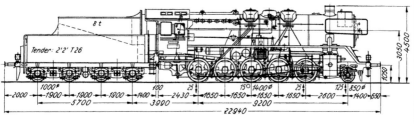

Fahrzeugmassen, Achslasten und technische Daten

Tender
- M_{Tl} = 25,5 t   Tender leer
- M_{Td} = 48,2 t   Tender dienstbereit (²⁄₃ Vorräte)
- M_{Tv} = 59,5 t   Tender mit vollen Vorräten

Lokomotive
- M_{Ll} = 78,1 t   Lokomotive leer
- M_{Ld} = 88,2 t   Lokomotive dienstbereit

Mp Achslast auf den Schienen:
14,7 | 14,7 | 15,0 | 15,1 | 15,1 | 15,5 | 15,5 | 15,6 | 15,3 | 11,2

Q_{Lr} = 77,0 Mp   Reibungslast

$M_{Ld} + M_{Td}$ = 136,4 t   Fahrzeugmasse dienstbereit
$M_{Ld} + M_{Tv}$ = 147,7 t   Fahrzeugmasse mit vollen Vorräten

Metermasse $(M_{Ld} + M_{Tv})/$Lüp: 6,43 t/m

Mittlere Kuppelachslast: 15,4 Mp

Lfd. Nr.		Abk.	Dim.	Lfd. Nr.		Abk.	Dim.
1	Fahrgeschwindigkeit vw/rw	v_{max}	80/50 km/h	18	Verdampfungsheizfläche	H_v	172,3 m²
2	Zylinderdurchmesser	d	600 mm	19	Überhitzerrohrdurchmesser	$d_{Ür}$	38×4 mm
3	Kolbenhub	s	660 mm	20	Überhitzerheizfläche	$H_Ü$	65,4 m²
4	Art und Lage der Steuerung	Ha		21	Wasserraum des Kessels bei 125 mm Wasserstand über Feuerbüchsdecke	W_K	8,36 m³
5	Kolbenschieberdurchmesser	d_s	300 mm	22	Dampfraum	D_K	3,74 m³
6	Kesselüberdruck	P_k	16 kp/cm²	23	Verdampfungswasseroberfläche	O_W	12,37 m²
7	Rostfläche	R	3,71 m²	24	Masse des Kessels ohne Ausrüstung	M_{klo}	18,49 t
8	Rost (Länge × Breite)	R_{lb}	2,35×1,58 m×m	25	Masse des Kessels mit Ausrüstung	M_{klm}	24,6 t
9	Strahlungsheizfläche	H_{vs}	17,9 m²	26	Ausrüstung mit Vorwärmer		MV
10	Heizrohrdurchmesser	d_{Hr}	51×2,5 mm	27	Ausrüstung mit Läutewerk		(L)
11	Anzahl der Heizrohre	n_{Hr}	124 Stck	28	Heizung		H
12	Rohrlänge zwischen den Rohrwänden	l_r	4700 mm	29	Brennstoffvorrat	B	[8] t
13	Heizrohrheizfläche	H_{Hr}	84,2 m²	30	Wasserkasteninhalt	W	[26] m³
14	Rauchrohrdurchmesser	d_{Rr}	133×4 mm	31	Befahrbarer Bogenlauf-Halbmesser	R	100 m
15	Anzahl der Rauchrohre	n_{Rr}	38 Stck	32	Befahrbarer Ablaufberg-Halbmesser		300 m
16	Rauchrohrheizfläche	H_{Rr}	70,2 m²	33	Bremse		K m. Z
17	Rohrheizfläche	H_{vb}	154,4 m²	34	1. Baujahr / rekonstruiert		1939/1957

Bemerkungen:

Technische Daten

Deutsche Reichsbahn HVM	Güterzug-Lokomotive		Baureihe: 50⁴⁰
Merkbuch für Triebfahrzeuge 939 Tr	Betriebsgattung: G 56.15	Kurzbezeichnung: 1′ E h 2	Betriebsnummer: 50 4001–50 4088

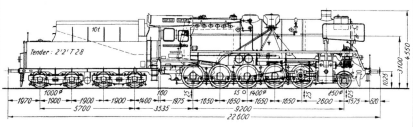

Fahrzeugmassen, Achslasten und technische Daten

Tender
- M_{Tl} = 25,8 t Tender leer
- M_{Td} = 50,8 t Tender dienstbereit (⅔ Vorräte)
- M_{Tv} = 63,4 t Tender mit vollen Vorräten

Lokomotive
- M_{Ll} = 77,1 t Lokomotive leer
- M_{Ld} = 85,9 t Lokomotive dienstbereit

Achslasten ↓: 16,0 | 16,0 | 15,7 | 15,7 | 14,1 | 14,1 | 15,1 | 15,0 | 15,1 | 12,5 (Mp Achslast auf den Schienen)

Q_{Lr} = 73,4 Mp Reibungslast

$M_{Ld} + M_{Td}$ = 136,7 t Fahrzeugmasse dienstbereit
$M_{Ld} + M_{Tv}$ = 149,3 t Fahrzeugmasse mit vollen Vorräten

Metermasse $(M_{Ld} + M_{Tv})$/Lüp: 6,61 t/m   Mittlere Kuppelachslast: 14,68 Mp

Lfd. Nr.		Abk.	Dim.	Lfd. Nr.		Abk.	Dim.
1	Fahrgeschwindigkeit vw/rw	V_{max}	80¹)/50 km/h	18	Verdampfungsheizfläche	H_v	159,6 m²
2	Zylinderdurchmesser	d	600 mm	19	Überhitzerrohrdurchmesser	d_{Or}	38 × 4 mm
3	Kolbenhub	s	660 mm	20	Überhitzerheizfläche	$H_Ü$	68,5 m²
4	Art und Lage der Steuerung		Ha	21	Wasserraum des Kessels bei 125 mm Wasserstand über Feuerbüchsdecke	W_K	7,8 m³
5	Kolbenschieberdurchmesser	d_s	300 mm	22	Dampfraum	D_K	3,45 m³
6	Kesselüberdruck	P_k	16 kp/cm²	23	Verdampfungswasseroberfläche	O_W	11,05 m²
7	Rostfläche	R	3,71 m²	24	Masse des Kessels ohne Ausrüstung	M_{klo}	18,45 t
8	Rost (Länge × Breite)	R_{lb}	2,35 × 1,58 m×m	25	Masse des Kessels mit Ausrüstung	M_{klm}	24,32 t
9	Strahlungsheizfläche	H_{vs}	17,9 m²	26	Ausrüstung mit Vorwärmer		MV
10	Heizrohrdurchmesser	d_{Hr}	44,5 × 2,5 mm	27	Ausrüstung mit Läutewerk		—
11	Anzahl der Heizrohre	n_{Hr}	150 Stck	28	Heizung		H
12	Rohrlänge zwischen den Rohrwänden	l_r	4200 mm	29	Brennstoffvorrat	B	[10] t
13	Heizrohrheizfläche	H_{Hr}	79,0 m²	30	Wasserkasteninhalt	W	[28] m³
14	Rauchrohrdurchmesser	d_{Rr}	133 × 4 mm	31	Befahrbarer Bogenlauf-Halbmesser	R	100 m
15	Anzahl der Rauchrohre	n_{Rr}	38 Stck	32	Befahrbarer Ablaufberg-Halbmesser		300 m
16	Rauchrohrheizfläche	H_{Rr}	62,7 m²	33	Bremse		K m. Z
17	Rohrheizfläche	H_{vb}	141,7 m²	34	1. Baujahr		1956

Bemerkungen: ¹) Lok 50 4001 und 50 4002 haben eine Höchstgeschwindigkeit V_{max} = 70 km/h

Aus: Deutsche Reichsbahn, Merkbuch für Triebfahrzeuge 939 Tr.

Die Lokomotiven der Baureihen 50 und ihr Verbleib

Abkürzungen

abg.	abgestellt	JZ	Jugoslawische Eisenbahnen
Anl.	Anlieferung		(ab 1956)
Ast	Außenstelle (eines Bw)	Kol	Kolonne
AW	Ausbesserungswerk (DB)	KS	Kriegsschadlok
BD	Bundesbahndirektion	KV	Kriegsverlust
BDZ	Bulgarische Staatseisenbahnen	LKM	VEB Lokomotivbau »Karl Marx«,
Bf.	Bahnhof		Babelsberg
BMAG	Berliner Maschinenbau-Actien-Gesellschaft, vormals L. Schwartzkopff	LPG	Landwirtschaftliche Produktions-Genossenschaft
BR	Baureihe	L0	Bedarfsausbesserung
Bw	Bahnbetriebswerk	L3	Zwischenuntersuchung (Frist laut
CFR	Rumänische Eisenbahnen		Gesetz)
CKD	Ceskomoravská-Kolben-Danek A Sp	L4	Hauptuntersuchung (Frist laut
ČSD	Tschechoslowakische Staatsbahnen		Gesetz)
DB	Deutsche Bundesbahn (ab 1949)	L5	Zwischenausbesserung (DR, vgl. L2)
DOKP	Dyrekcja Okregowa Koleji	MAV	Ungarische Staatseisenbahnen
	Panstwowych	MBA	Maschinenbau und Bahnbedarf AG
	(= Eisenbahndirektion bei der PKP)	MF	Maschinenfabrik
DR	Deutsche Reichsbahn in der DDR	MV	Lok wurde mit Mischvorwärmer
DRB	Deutsche Reichsbahn (bis 1945, in Westdeutschland bis 1948)		ausgerüstet
		NS	Niederländische Eisenbahnen
DSB	Dänische Staatsbahnen	ÖBB	Österreichische Bundesbahn
DWM	Deutsche Waffen- und Munitionsfabriken		(ab 1947)
		ÖStB	Österreichische Staatseisenbahnen
EAW	Eisenbahn-Ausbesserungswerk		(1945 – 1947)
ED	Eisenbahn-Direktion	OHE	Osthannoversche Eisenbahn
EdS	Eisenbahnen des Saarlandes	P	Personenbahnhof
	(1951 – 1956)	Pbf	Personenbahnhof
Est.	Einsatzstelle (eines Bw)	PKP	Polnische Staatsbahnen
G	Güterbahnhof	RAW	Reichsbahn-Ausbesserungswerk
Gbf	Güterbahnhof	Raw	Reichsbahn-Ausbesserungswerk
Gedob	Generaldirektion der Ostbahn		(DR ab 1955)
Gsk	Gelsenkirchen	RBD	Reichsbahn-Direktion
Hbf	Hauptbahnhof	Rbd	Reichsbahndirektion
Hgbf	Hauptgüterbahnhof		(DR ab 1955)
Hmb	Hamburg	Rbf	Rangierbahnhof
HVB	Hauptverwaltung der Deutschen Bundesbahn	Reko	Rekonstruktionslokomotive der DR
		Rück	Rückgabelokomotive einer fremden
HVE	Hauptverwaltung der Eisenbahnen des amerikanischen und englischen Besatzungsgebiets		Bahnverwaltung
		RVM	Reichs-Verkehrsministerium
		RZA	Reichsbahn-Zentralamt
iD	in Dienststellung (in Dienst ab.)	SMA	Sowjetische Militäradministration
JDZ	Jugoslawische Staatseisenbahnen		(Deutschland)
	(bis 1956)	SNCB	Belgische

Abkürzungen

SNCF	Staatseisenbahngesellschaft Französische Staatseisenbahngesellschaft	vh	vorhanden
		vk	verkauft
		VU	Verbleib unbekannt
St 34 K	Kesselbaustahl mit Mindestzerreißfestigkeit von 34 kg/mm²	»w«	»warten auf Ausbesserung im AW«
		WLF	Wiener Lokomotivfabrik AG (Floridsdorf)
St 47 K	Kesselbaustahl mit Mindestzerreißfestigkeit von 47 kg/mm²	WM 10	Weißmetall mit nur 10 % Zinnanteil, hoher Bleianteil (73,5 %), »weich«
		WM 80	Weißmetall mit 80 % Zinnanteil, nur 2 % Blei, »hart und robust«
SZD	Sowjetische Staatseisenbahnen	Wt	Wuppertal
U	Umbau	Z	»von der Ausbesserung zurückgestellt«
UdSSR	Sowjetunion		
Vbf	Verschiebebahnhof	ZTL	Zentrale Transport-Leitung (DB)
VEB	Volkseigener Betrieb	+	Ausmusterung, ausgemustert
VEG	Volkseigenes Gut		
vgl.	vergleiche		

In Hohenbudberg gab es einst ein großes Bahnbetriebswerk, das auch Heimatdienststelle für viele Loks der Baureihe 50 war. 1965 waren hier auch 50 220 und 50 1087 stationiert.   Foto: Joachim Stübben

Literaturverzeichnis

Ackermann, Hans-Berthold und Radke, Detlev:
　　　　　　　　　　Die Lokomotiven der Baureihe 50.40; Schwerin 1988, DMV, AG 8/27
Amtsblatt der DR Nr. 8/91:　Kennzeichnung der Triebfahrzeuge der DR, gültig ab 1.1.1992; Berlin 1991,
　　　　　　　　　　DR-Zentrale, Hauptverwaltung
Andreas, Hans-Dieter:　Bauunterschiede bei der Baureihe 50; München 1986, Bufe-Fachbuchverlag
Brakhage, Paul-Albert:　Stationierungsverzeichnis aller DB-Loks zum 01.01.1972; Bensberg 1972,
　　　　　　　　　　Kölner Eisenbahn-Club
Ebel, Jürgen und Gänsfuß, Rüdiger:
　　　　　　　　　　Franco-Crosti – Technik und Geschichte ; der Baureihen 42.90 und 50.40 der
　　　　　　　　　　DB; Erlangen 1980, Lok Report
Ebel, Jürgen U. und Wenzel, Hansjürgen:
　　　　　　　　　　Die Baureihe 50, Band 1 und Band 2; Freiburg 1988, Eisenbahn-Kurier Verlag
Endisch, Dirk:　Neubau-Dampfloks der Deutschen Reichsbahn; Stuttgart 2000,
　　　　　　　　　　transpress Verlag
Endisch, Dirk:　Baureihe 50.35; Stuttgart 1999, transpress Verlag
Endisch, Dirk:　Das Bahnbetriebswerk Halberstadt; Leonberg-Höfingen 2004, Endisch Verlag
Fuhrmann, Matthias (Hrsg):　Deutsche Bahnbetriebswerke, Ausgabe 1 bis 63; München 1991-2008,
　　　　　　　　　　GeraMond (Loseblattsammlung)
Gerlach, Dietmar und Röhr, Gustav:
　　　　　　　　　　Die Triebfahrzeuge der Deutschen Bundesbahn und ihre Heimat-Betriebswerke,
　　　　　　　　　　Stand: ca. 1.12.1964; Krefeld 1980, Röhr
Griebl, Helmut und Wenzel, Hansjürgen:
　　　　　　　　　　Geschichte der deutschen Kriegslokomotiven; Wien 1971, Verlag Slezak
Griebl, Helmut und Schadow, Fr.:
　　　　　　　　　　Verzeichnis der deutschen Lokomotiven 1923 – 1965; Wien 1967, J.O. Slezak
Heitmann, Ulf:　Die Baureihe 50, ein Stationierungsverzeichnis; Hamburg 1972,
　　　　　　　　　　Arbeitsgemeinschaft LOKRUNDSCHAU
Herb, Manfred, Knipping, Andreas, Wenzel, Hansjürgen:
　　　　　　　　　　Die Triebfahrzeuge der Deutschen; Bundesbahn im Jahre 1950; Freiburg 1978,
　　　　　　　　　　Eisenbahn-Kurier Verlag
Jansen, Karl-Heinz und Melcher, Peter:
　　　　　　　　　　Die Lokomotiven der Baureihe 50 und ihr Verbleib; Hamburg 1993,
　　　　　　　　　　Arbeitsgemeinschaft LOKRUNDSCHAU
Knipping, Andreas:　Die Triebfahrzeuge der DB und ihre Heimat-Betriebswerke, Stand 31.12.1958;
　　　　　　　　　　Krefeld 1976, Röhr-Verlag
Knipping, Andreas:　Die Triebfahrzeuge der DB und ihre Heimat-Betriebswerke, Stand 31.12.1962,
　　　　　　　　　　Krefeld 1974, Röhr-Verlag
Maedel, Karl-Ernst:　Die deutschen Dampflokomotiven gestern und heute; 4. Auflage, Berlin (Ost)
　　　　　　　　　　1966, VEB Verlag Technik
Merkbuch für Triebfahrzeuge der Deutschen Reichsbahn (DV 939 Tr.) von 1962/64; ergänzt durch; Fotografien
　　　　　　　　　　zu jeder Baureihe; Leipzig 1986, Reprint-Verlag
Meyer, Kurt und Matthies, Rainer:
　　　　　　　　　　Die Triebfahrzeuge der DB und ihre Heimat-Betriebswerke, Stand Ende 1967;
　　　　　　　　　　Krefeld 1968, Röhr-Verlag

Literaturverzeichnis

Niederstraßer, Leopold:	Leitfaden für den Dampflokomotivdienst, 9. Auflage; Frankfurt/Main 1957, Verkehrswissenschaftl. Lehrmittelges.
Pieper, Oskar:	Lokomotivverzeichnis der Deutschen Reichsbahn DB und DR, Band 4, BR 41 – 51.70; Krefeld 1971, Gustav Röhr
Röhr, Gustav (Hrsg):	Die Triebfahrzeuge der DB und ihre Heimat-Betriebswerke, Stand Ende 1969; Krefeld 1970, Röhr-Verlag; Dto. Stand Ende 1970, Krefeld 1971, Röhr-Verlag; Dto. Stand Ende 1971, Krefeld 1972, Röhr-Verlag; Dto. Stand Ende 1972, Krefeld 1973, Röhr-Verlag
Scharf, Hans Wolfgang:	Eisenbahnen zwischen Oder und Weichsel; Freiburg 1981, Eisenbahn-Kurier Verlag
Slezak, Josef Otto:	Die Lokomotivfabriken Europas; Wien 1962, Slezak
Steuber, Egbert von:	Historische Triebfahrzeuge deutscher Staatsbahnen; Gülzow 2008, LOKRUNDSCHAU Verlag
Stockklausner, Hanns:	25 Jahre Deutsche Eiheitslokomotive 1925 – 1950; Nürnberg 1950, Miba-Verlag
Stumpf, Rolf:	Havarie und Planwirtschaft, 2. Auflage; Gülzow 2004, LOKRUNDSCHAU Verlag
Weisbrod, Manfred, Petznick, Wolfgang, Müller, Hans:	Dampflok-Archiv 2, Baureihe 41 – 59; Berlin (Ost) 1977, transpress
Weisbrod, Manfred und Obermayer, Horst J.:	Die Baureihe 50; Fürstenfeldbruck 1997, H. Merker Verlag

Eisenbahn-Kurier	verschiedene Ausgaben 1966 – 2005
LOKMAGAZIN	verschiedene Ausgaben 1962 – 2000
LOK Report	verschiedene Ausgaben 1975 – 2005
LOKRUNDSCHAU	verschiedene Ausgaben 1969 – 2007

Mit vereinten Kräften geht es leichter: 50 611 vom Bw Hamburg-Harburg, noch mit großen Windleitblechen, leistet der 50 2754 vom Bw Hamburg-Rothenburgsort in Munster Lager Vorspanndienste.

Foto: Sammlng Hörnemann

LOK RUNDSCHAU

LOKRUNDSCHAU Verlag GmbH
Telefon (0 41 51) 89 69 13
Telefax (0 41 51) 8 28 89
Geesthachter Straße 28a, 21483 Gülzow

www.Lokrundschau.de
magazin@Lokrundschau.de

Stationierungsdokumentationen

Karl Heinz Jansen
Peter Melcher

Die Lokomotiven der Baureihen 01 bis 10
und ihr Verbleib

ISBN
978-3-931647-08-7
€ 11,80
sFr 21,00

Umfassend werden die Entwicklungen aus den 20er und 30er Jahren ebenso wie die Umbauten nach 1945 bei DB und DR dargestellt. Neben einer baugeschichtlichen und technischen Einführung werden alle Lokomotiven mit ihrer letzten Bahnverwaltung, dem letzten bekannten Heimat-Bahnbetriebswerk und dem Z-Stellungs- sowie Ausmusterungsdatum aufgelistet. Über 200 Fotos zeigen die Loks im Zustand der verschiedenen Umbauten und in den unterschiedlichsten Einsatzgebieten. Hochformat 15 x 21 cm. 192 Seiten, 236 Fotos.

Karl-Heinz Jansen
Peter Melcher
Dietmar Brämert

Die Lokomotiven der Baureihen 41, 43, 44 und 45 *und ihr Verbleib*

ISBN
978-3-931647-16-2
27,80 Euro
49,00 sFr

Eine umfassende Dokumentation, von den 2.418 Maschinen tragen nur sieben den Vermerk „Verbleib unbekannt". Planung, Bau, Umbauten sowie Einsätze, die bekannten Verbleibslisten, Erstzuteilung und Lieferlisten für alle Loks sind enthalten. Viele bisher unveröffentlichte Fotos zeigen die Loks in allen Epochen und Einsatzgebieten. Technische Daten, Verkäufe an Museumsbahnen und Aufstellung als Denkmal sind auch zu finden.
Hochformat 15 x 21 cm, 192 Seiten, 153 Fotos. Gebunden, fester Farbeinband.

Michael Reimer

Die Lokomotiven der Baureihe 52
Geschichte, Einsatz und Verbleib

ISBN
978-3-931647-03-2
€ 31,70
sFr 56,50

In fast 7.000 Exemplaren wurde die „Kriegslok" der BR 52 zwischen 1942 und 1952 gebaut. Neben einer Bauartbeschreibung inkl. kriegsbedingter Umbauten fehlen natürlich auch die Kondensloks sowie die DR-Reko-Umbauten BR 52^{80} und 52^9 nicht. Der Einsatz der Maschinen in Deutschland und im Ausland wird ausführlich dargestellt. Eine umfangreiche Statistik stellt den Hauptteil des Bandes dar. Hochformat DIN A4. 240 Seiten, 204 Fotos, Grafiken und Karten. Gebunden, Farbeinband.

Karl Heinz Jansen
Peter Melcher

Die Lokomotiven der Baureihe 94
und ihr Verbleib

ISBN
978-3-931647-00-1
€ 20,35
sFr 37,00

Ein Muß für jeden Dampflokfreund: Der bekannten und beliebten Baureihe 94 wird hier ein würdiges Denkmal gesetzt. Im Mittelpunkt steht eine Verbleibsliste aller Loks der Bauarten 94^0, 94^1, 94^{2-4}, 94^{5-17}, 94^{19-21} sowie 94^{70}, die neben einer Übersicht über die Einsätze in den einzelnen Direktionsbezirken bei DB und DR auch technische Einführungen bietet. Den Autoren gelang es, zahlreiche hervorragende und bisher unveröffentlichte Bildraritäten aus allen Einsatzepochen der 94er zusammenzutragen.
Hochformat DIN A4. 194 Seiten, 192 Fotos.

Das vollständige Verlagsprogramm mit vielen weiteren Titeln können Sie anfordern bei:
LOKRUNDSCHAU Verlag GmbH, Postfach 80 01 07, 21001 Hamburg oder im Internet unter
www.lokrundschau.de